ISABELLE GODEFROY
et LAURENCE PIERSON

de la TPS
à la GS

Bien écrire à l'école maternelle

éditions mdi

REMERCIEMENTS

Avant tout, nous remercions Hélène Frydenzon, qui a été à l'origine de la rencontre entre les éditions MDI et Laurence Pierson. Sans elle, rien de tout cela n'aurait existé.
Merci à la formidable équipe éditoriale – Juliette de Abreu, qui a édité le livre de bout en bout, Hugues Vollant, qui l'a mis et remis en page avec une patience infinie, et l'infatigable Marjorie Marlein, qui a initié et piloté le projet avec son exigence habituelle.
Merci également à Frédéric Hanoteau qui a pris de magnifiques photos.
Cet ouvrage a été rédigé grâce à notre triple expérience d'enseignantes, de graphopédagogues et de formatrices. Nous tenons à remercier nos collègues graphopédagogues de l'association 5E, avec qui nous avançons au quotidien dans notre réflexion sur toutes les questions liées à l'écriture manuscrite. Sans cette intelligence collective, notre propos serait beaucoup moins riche.
Nous tenons particulièrement à remercier Catherine Huby, qui nous a beaucoup appris en matière de pédagogie et nous a fait bénéficier de ses précieux conseils.
Un immense merci à toutes les enseignantes qui ont pris des photos dans leurs classes pour illustrer notre propos : Mélissa Balmelle, Sophie Borgnet, Agathe Cymer, Isabelle de Freitas, Caroline Gombert, Christine Groot, Florence Hemar, Nathalie Madelaine, Émilie Pavie, Lucie Pehau et toute l'équipe pédagogique de l'école Colette Magny. En cette période de Covid où il nous était impossible d'aller nous-mêmes dans les classes, leur aide a été particulièrement indispensable !
Merci à Mélissa Balmelle et Martine Peyre pour leur relecture attentive.
Merci aussi à Samirra Trari d'avoir partagé son expérience de la pédagogie Montessori et à Bénédicte Cazals de nous avoir fait bénéficier de ses connaissances approfondies sur les réflexes primitifs.
Merci aux enfants – Anna, Carla, Clémence, Estéban, Hugo, Léo, Lilou, Lily, Linette, Lou, Marwan, et Soline – et à leurs parents qui nous ont permis de les photographier !
Un merci tout particulier à Jean-Benoît Aissaoui pour sa participation, devant et derrière la caméra, aux vidéos des comptines.
Un dernier mot pour exprimer notre profonde gratitude à Hélène Pierson, à nos côtés depuis le début, et dont le soutien a été indispensable à toutes les étapes. Qu'elle soit remerciée pour sa présence et ses conseils.

Isabelle Godefroy et Laurence Pierson

TABLE DES MATIÈRES

COMPTINES ET JEUX DE DOIGTS 75

DÉPLACEMENT DU BRAS 85

DICTÉE À L'ADULTE 93

GRAPHISME DÉCORATIF 103

GRIBOUILLAGES 115

GYM DES DOIGTS 121

LATÉRALITÉ 131

TENUE DU CRAYON 273

TRACÉS PRÉPARATOIRES À L'ÉCRITURE 283

LES RESSOURCES À TÉLÉCHARGER

Toutes les ressources de l'ouvrage *Bien écrire à l'école maternelle*, marquées d'un picto sont disponibles en téléchargement sur le site compagnon : https://ecriture.mdi-editions.com

AVANT-PROPOS

Ce guide pédagogique concerne l'ensemble de l'école maternelle, de la Toute Petite Section (TPS) à la Grande Section (GS).
À partir de 24 entrées thématiques, classées par ordre alphabétique, il décline les apprentissages en de nombreuses fiches « clés en main », présentant ainsi une méthode complète à destination des enseignants. Tous les aspects de la préparation à l'écriture manuscrite sont abordés, des plus techniques – posture, tenue du crayon – aux plus abstraits – développement de la mémoire et de la logique. Le lien avec la lecture est une préoccupation constante, mis en avant de manière transversale dès que possible.
Sur chaque fiche est indiqué le niveau à partir duquel elle peut être abordée. Il s'agit bien d'un niveau *à partir* duquel on peut réaliser telle ou telle activité. Ainsi, celles présentées « à partir de la PS » peuvent parfaitement être menées tout au long de l'école maternelle, y compris en GS. Devenus des « grands », les élèves auront plaisir à refaire des activités qu'ils réalisaient de manière bien plus maladroite quand ils étaient chez les « petits » ! Et l'apprentissage en sortira consolidé.
Les classes à plusieurs niveaux, fréquentes en maternelle, donnent également l'occasion à des enfants d'âge différents de s'essayer à des tâches semblables, chacun à son niveau. Les grands apprennent aussi en aidant les petits et les petits en imitant les grands.
Les différentes thématiques sont toutes liées entre elles. Chaque enseignant pourra construire son propre parcours en choisissant, dans chaque entrée, les activités qui correspondent le mieux à la réalité de sa classe et à son organisation.
Notre but, tout au long de l'ouvrage, est d'accompagner les élèves dans leur apprentissage de l'écriture, pour qu'ils puissent aborder l'école élémentaire avec des connaissances et des compétences solides[1]. Il ne s'agit pas juste de *préparer* à l'écriture, mais bien d'apprendre, de manière structurée, à écrire en cursive de manière lisible, fluide et intelligible pour l'enfant. Même si toutes les lettres ne sont pas forcément abordées, les bases du geste cursif doivent en effet être en place en fin de GS. Nous espérons que ce guide pédagogique permettra de les enseigner sereinement et efficacement.

1 Quand commencer l'apprentissage de l'écriture manuscrite ?

Quel rôle joue la maternelle dans l'apprentissage de l'écriture ?

En maternelle, on entend souvent débattre entre deux positions opposées : d'un côté, les enseignants qui préconisent de « laisser les enfants tranquilles » en estimant qu'ils ont « bien le temps » ; de l'autre, ceux qui pensent qu'il vaut mieux « s'y prendre le plus tôt possible » pour avoir le temps par la suite de consolider les apprentissages.

1 Pour une vue d'ensemble de l'apprentissage de l'écriture durant toute l'école primaire, on pourra se référer à l'ouvrage de Laurence Pierson *Bien écrire et aimer écrire*, éd. MDI, 2020.

Si on considère l'apprentissage de l'écriture dans son ensemble, en prenant en compte tous les prérequis, **il n'y a pas trop de trois ou quatre années de maternelle pour mener l'ensemble de ce travail préparatoire**. Ainsi, le jour où, en Grande Section, les lettres cursives seront effectivement abordées, l'enfant bénéficiera de tout ce qui a été mis en place en amont et pourra ainsi écrire sans difficulté.
Le but de ce guide est justement de baliser le chemin qui va des premiers balbutiements à l'écriture manuscrite et de permettre aux enseignants d'accompagner les jeunes élèves tout au long de ce parcours.
Le **rôle de la motricité** est essentiel, qu'il s'agisse de grande motricité ou de motricité fine. Le travail corporel permet l'intégration des réflexes primitifs, le développement de la coordination main-œil, du tonus musculaire et de la précision du geste. Il est donc à la base de toute la progression.
Dès le début de l'école maternelle, il est également souhaitable de mettre en place un **travail structuré et ritualisé sur la posture, la tenue du crayon, le déplacement du bras** : le fait de s'y prendre tôt évitera de prendre de mauvaises habitudes et permettra une automatisation des gestes adéquats.
Au fil du temps, la **découverte du principe alphabétique** et l'**encodage des gestes de base de l'écriture cursive** permettront de mener en fin de maternelle un apprentissage raisonné, à la fois du tracé des lettres et de leur son. En effet, il n'y a aucun sens à faire copier des mots que l'élève n'est pas du tout capable de déchiffrer, ce qui le conduirait à dessiner les lettres. Le **lien entre écriture et lecture**, qui sont l'avers et le revers de la même médaille, est donc à créer puis consolider à chaque étape de l'apprentissage.
À aucun moment, il n'est question de mettre l'enfant en échec en lui présentant une activité trop difficile pour lui. Selon la situation locale et les élèves qu'il a en face de lui, **l'enseignant est seul à même de juger s'ils sont prêts pour telle ou telle activité, de décider du rythme à donner aux apprentissages**. Chaque activité proposée dans ce guide est présentée comme réalisable « à partir de » tel ou tel niveau, ce qui laisse une grande latitude à l'enseignant pour construire sa progression.

Quel est le bon moment pour apprendre à écrire ?

Même dans une classe à simple niveau, **les différences d'âge sont souvent importantes entre les élèves** : presque un an entre ceux qui sont nés début janvier et ceux qui sont nés fin décembre. En **TPS**, c'est encore plus flagrant : il y a un monde entre un bébé de 24 mois et un petit enfant de 36 mois, tant au niveau du langage que du développement psychomoteur. Les différences individuelles et d'éducation familiale viennent bien entendu s'ajouter aux différences d'âge et accentuent les disparités entre les enfants.
Il n'est donc pas toujours possible de déterminer précisément quand est le bon moment pour mener tel ou tel apprentissage. Si l'enseignant de la classe a un doute, il peut toujours tester une activité pédagogique et la reporter à plus tard s'il constate que les enfants n'ont pas la maturité nécessaire pour en profiter pleinement. Parfois, la même activité, reprise un mois plus tard, trouvera un terrain beaucoup plus favorable. D'ailleurs, nous avons préconisé de répéter la plupart des activités, fréquemment pour certaines, pour permettre un ancrage plus solide.

Cependant, les attendus de fin de cycle sont présents à l'esprit de l'enseignant : à la fin de l'école maternelle, l'élève doit savoir « copier en cursive un mot ou une très courte phrase dont le sens est connu » en plus de savoir « écrire son prénom en écriture cursive »[2] (qu'il s'appelle Léo ou Jean-Hippolyte, Mia ou Shéhérazade).
Il convient donc, pour ne pas risquer de devoir bousculer les apprentissages en fin de cycle, d'anticiper suffisamment et de mettre en place un apprentissage structuré de l'écriture cursive dès le deuxième trimestre de GS.

Par contre, il ne faut pas non plus aller trop vite en besogne et oublier de tenir compte de la maturité des enfants. Aucune activité d'écriture, que ce soit en lettres capitales ou en cursive, n'est à mener en PS. Un apprentissage trop précoce, à un moment où la maturité de l'enfant est insuffisante, risquerait d'être contre-productif : il pourrait automatiser un geste encore immature et avoir du mal ensuite à le faire évoluer.

Quelle doit être la place des capitales d'imprimerie ?

Dans les pays francophones, l'écriture manuscrite est cursive et l'écriture imprimée en script. Cependant, au cours de la MS, on commence souvent l'écriture des lettres bâtonnées, au tracé plus accessible. Il est toutefois à noter que l'écriture en capitales d'imprimerie donne lieu à de très nombreux tracés en miroir, car contrairement à l'écriture cursive, elle n'est pas portée par le mouvement. Ces inversions sont parfaitement normales et ne laissent en rien présager d'une quelconque difficulté ni de lecture, ni d'écriture.
L'écriture en lettres capitales, si elle dépasse un mot, pose aussi le problème de la gestion des espaces interlettres et des espaces intermots. **Il faut donc que l'enseignant ait ces limites en tête s'il choisit de travailler les capitales d'imprimerie.**
L'écriture en lettres bâtonnées, précédée d'exercices préparatoires indispensables, permet aux élèves de MS de signer leurs travaux en autonomie dès le milieu de l'année environ. Elle permet aussi de commencer à travailler la posture, la tenue et le maniement du crayon. Le tracé des capitales d'imprimerie, s'il est travaillé correctement au niveau du geste, permet aussi de préparer l'écriture des chiffres. En effet, il n'existe pas d'écriture cursive des chiffres !
En revanche, **il n'est nullement indispensable de commencer par apprendre à écrire en capitales d'imprimerie pour apprendre à écrire en cursive**. Il s'agit de gestes totalement différents.
Les majuscules bâtonnées sont utilisées en début de phrase et pour les noms propres jusqu'au CP, puis remplacées par les majuscules cursives à partir du CE1.

- **CAPITALES D'IMPRIMERIE, p. 57**
- **MINUSCULES CURSIVES, p. 189**
- **PRÉNOM, p. 235**

2 Programme d'enseignement de l'école maternelle 2021, p. 10.

2 Quels sont les grands principes à adopter ?

Apprendre à écrire, pas à dessiner des lettres

L'écriture comporte trois composantes à la fois distinctes et totalement indissociables : une **composante motrice** (le geste producteur des lettres – on parle de graphomotricité), une **composante symbolique** (le code – quand on écrit une ou plusieurs lettres, on code du son et du langage) et une **composante sémantique** (ce qu'on écrit a un sens). Le geste, le son, le sens : si on enlève une de ces composantes, on n'est plus dans l'écriture manuscrite.

- Si on enlève le geste, on utilise l'écriture au clavier ou des lettres mobiles : on ne met pas en action les mêmes parties du cerveau que l'écriture manuelle.
- Si on enlève le son, on copie des mots comme s'il s'agissait d'idéogrammes.
- Si on enlève le sens, on copie des mots les uns après les autres sans se créer d'image mentale, c'est-à-dire totalement à vide.

Seule la présence simultanée des trois composantes permet de dire véritablement que l'enfant est en train d'écrire. L'apprentissage de l'écriture doit donc impérativement travailler ces trois aspects. Il est possible de préparer chacun d'eux séparément à condition de penser à les réunir et les associer rapidement.

C'est pourquoi on ne dira que l'enfant sait écrire, à proprement parler, que lorsqu'il sera capable d'encoder des mots simples avec les sons qu'il connait. Le lien se fera alors de manière durable dans son cerveau entre le geste, le son et le sens.

Partir du geste pour aller vers la trace

Classiquement, pour apprendre à tracer des lettres, on montre aux élèves un modèle de la lettre et on leur propose de le reproduire. Cette manière de faire a l'inconvénient majeur de mettre en avant le contrôle visuel, ce qui conduit, là encore, à « dessiner » des lettres au lieu de les écrire.

Parfois, on décrit le trajet d'une lettre : « Tu montes en biais, tu tournes en haut, tu descends bien droit, puis tu tournes sur la ligne vers la droite ». Cette manière de faire, couteuse cognitivement (il est difficile de mémoriser tous ces trajets, parfois compliqués), a tendance à ralentir le mouvement.

À l'inverse, nous proposons de partir du geste pour aller vers la trace. On travaillera donc le geste seul, dans un premier temps, pour que la mémoire kinesthésique (mémoire du geste) s'active, et on ne s'intéressera à la trace produite que dans un second temps. Cette approche a été validée par l'apport des neurosciences. Jean-Luc Velay et Marieke Longcamp, tous deux chercheurs au Laboratoire de neurosciences cognitives d'Aix-Marseille, ont mené une étude comparative sur deux groupes d'enfants âgés de 3 à 5 ans, qui a prouvé que l'apprentissage de l'écriture manuscrite était bénéfique pour les apprentissages, grâce à la mémoire motrice. Denis Alamargot, professeur en psychologie cognitive à l'Université Paris-Est Créteil, confirme que « lorsqu'elle est suffisamment maitrisée, la graphomotricité devient une ressource, un outil cognitif, qui facilite et amplifie les apprentissages, notamment orthographiques et rédactionnels. »[3]

3 Laurence Pierson, *Bien écrire et aimer écrire*, éd. MDI, 2020, préface de Denis Alamargot, p. 10.

Danièle Dumont, docteure en sciences du langage, a construit une méthode d'apprentissage de l'écriture fondée sur le geste, avec pour but de « présenter tous les éléments qui entrent en jeu dans l'écriture manuscrite et de montrer comment leurs relations systémiques aident à comprendre la préparation à l'écriture »[4]. Nous nous appuyons sur ses travaux dans cet ouvrage.

Pour la lettre *l*, par exemple, au lieu de dire « on dessine une boucle » ou « on monte vers la droite en arrondissant le trait, on tourne au premier interligne, on tourne sur la ligne et on finit vers la droite », on dira juste « on tourne en avançant ».

Le terme « cursive » vient du verbe latin *currere*, qui signifie « courir ». Il s'agit donc bien de privilégier la fluidité de l'écriture, permettant ainsi au geste de devenir un prolongement de la pensée.

De ce fait, **il faut bien distinguer graphisme et écriture, le premier n'étant aucunement une préparation mécanique à la seconde**. La formation des lettres ne se fait pas comme un puzzle de formes à assembler !

Dans ce guide, nous détaillons les phrases à dire aux enfants pour les aider à tracer les lettres : « tourne », « glisse », « tends le pouce »... Sans décrire la trajectoire de chaque lettre par le menu, on s'appuie à chaque fois sur les gestes déjà connus pour aborder le geste formateur de nouvelles lettres. La vérification visuelle n'interviendra qu'après coup, une fois la lettre écrite.

Respecter la latéralité de l'enfant

La latéralité joue un rôle primordial dans l'apprentissage de l'écriture. Un enfant qui écrit avec la mauvaise main risque d'avoir plus de difficultés pour apprendre à écrire, d'automatiser une écriture de moins bonne qualité, mais aussi d'avoir plus de mal à réfléchir en écrivant.

L'immense majorité des enfants – et des adultes – ont une main dominante.

Selon les estimations, les gauchers représentent entre 8 et 15 % de la population.

Ce pourcentage semble constant à travers les âges, mais il peut être influencé par la plus ou moins grande acceptation des gauchers dans la société. Dans les pays où la main gauche est considérée comme néfaste, le nombre de gauchers chute, ce qui veut simplement dire que les gauchers sont incités à écrire de leur main droite. En France, on ne « contrarie » plus les gauchers depuis plusieurs générations, sauf cas très particulier. Mais la majorité des enseignants, comme le reste de la population, étant droitiers, il est possible qu'ils soient mal à l'aise pour enseigner l'écriture aux gauchers. Ils sont tentés de laisser les enfants tenir le crayon à leur guise car ils ne savent pas comment les aider. Or, les élèves gauchers, tout comme les autres, ont besoin

4 Danièle Dumont, *Le Geste d'écriture*, éd. Hatier, 2016, p. 55.

d'un enseignement structuré de l'écriture. **Il est donc important, pour enseigner l'écriture à tous, de bien connaitre les spécificités des gauchers.**

En effet, la tenue de crayon est la même, mais le déplacement du bras est différent. En français, lorsqu'on écrit de la main droite, le bras s'éloigne progressivement du corps au fil de l'écriture, tandis que lorsqu'on écrit de la main gauche, le bras se rapproche progressivement du corps. Le droitier écrit donc en ouvrant le bras, tandis que le gaucher écrit en le refermant. Il est donc encore plus important pour un gaucher que pour un droitier d'incliner le cahier dans le sens de son bras pour écrire : sinon, il risque de passer son poignet sur ce qui vient d'être écrit ou encore de devoir le fléchir en plaçant la main au-dessus de la ligne pour voir ce qu'il écrit.

La latéralité d'un jeune enfant peut rester latente et ne pas être apparente dans un premier temps. **La période d'incertitude peut couvrir l'ensemble de l'école maternelle : certains enfants n'expriment leur préférence manuelle que vers l'âge de 6 ans !**

La multiplication des expériences sensorielles et motrices permettra à l'enfant de mieux exprimer sa préférence manuelle. Il est à noter que la latéralité de la main n'est pas forcément homogène avec la latéralité du pied et de l'œil : on peut parfaitement être gaucher de la main et droitier du pied ! Il ne faut donc jamais se baser sur une observation des membres inférieurs pour en déduire la latéralité des membres supérieurs.

Il convient donc d'observer quelle main utilise l'enfant dans tous ses gestes spontanés, pour dévisser un bouchon, enfiler des perles, transvaser, secouer une cloche, ramasser un objet par terre...

▸ **LATÉRALITÉ, p. 131**

3 Comment faire de l'écriture un apprentissage transversal ?

Apprendre à écrire en salle de motricité

L'écriture n'est pas seulement l'affaire du papier et du crayon. Tout le corps de l'enfant doit être prêt pour cette activité de grande précision.

Avec de jeunes enfants, on va « du grand vers le petit » : **les gestes doivent être travaillés d'abord avec l'ensemble du corps avant de pouvoir être réinvestis dans le mouvement des doigts**.

C'est ainsi que l'encodage du geste de la boucle sera effectué d'abord grâce au jeu du « pousse-poussière », qui donne le point d'impulsion, puis des foulards, pour tourner et avancer en même temps. Ce n'est que dans un second temps qu'on pourra proposer de laisser, au tableau, une trace du geste effectué.

Quand ce geste sera bien automatisé, on pourra ensuite le réaliser avec les doigts, crayon en main. On passera ainsi du « grand » au « petit »… sans passer par une étape « moyenne », qui risquerait d'inciter l'enfant à mobiliser son poignet et de lui donner de mauvaises habitudes.

Tout le travail sur la latéralisation se commence également en salle de motricité, pour être vécu et intégré corporellement. L'enfant ne repèrera ainsi pas « la droite » et « la gauche » mais bien « sa main droite » et « sa main gauche », ce qui lui permettra de mieux percevoir plus tard la latéralité sur autrui.

Le travail de grande motricité permet également l'intégration des notions spatiales : *haut, bas, dessus, dessous, sur le côté, autour de*… toutes ces notions, transposées par la suite à l'espace de la feuille, permettront à l'élève d'organiser son travail.

Les mouvements croisés, pratiqués de manière régulière, favorisent la circulation des informations entre le cerveau gauche et le cerveau droit, entrainant une meilleure concentration, la vision binoculaire, la coordination et l'équilibre.

Il peut aussi être intéressant de mener des activités motrices aidant à l'intégration de réflexes primitifs. En effet, si vous observez que l'élève :

- pose sa tête et son bras sur la table,
- se penche vers l'avant ou près de son cahier,
- bouge dans tous les sens,
- s'affale sur sa chaise,
- laisse pendre le bras non scripteur sous la table,
- semble fatigué tout le temps ou se plaint d'être fatigué.

Ce sont peut-être les manifestations de réflexes primitifs non intégrés.

▸ **LATÉRALITÉ, p. 131**
▸ **RÉFLEXES PRIMITIFS, p. 245**

Apprendre à écrire en musique : rythme, temps et espace

Les comptines et les jeux de doigts sont des incontournables à la maternelle. Non seulement ils font partie du patrimoine culturel en se transmettant de génération en génération, mais ils permettent tout à la fois de structurer le langage et de développer le schéma corporel. On y a recours pour s'exercer au dénombrement mais aussi pour préparer à l'écriture en musclant les mains et les doigts. Par ailleurs, apprendre des chansons et des comptines favorise la mémoire, ce qui est très utile à l'apprentissage de la lecture et de l'écriture.

L'écriture ne se déroule pas dans le temps, mais dans l'espace. Lorsqu'on voit une ligne écrite, on a pourtant à l'esprit que les mots écrits à gauche sont « avant » les mots écrits à droite, tant nous sommes habitués au sens conventionnel de l'écriture.

Les jeunes enfants qui apprennent à écrire doivent automatiser ce lien entre temps et espace : dérouler les tracés correspondant à des sons de gauche à droite, avec des espaces qui correspondent aux silences.
Dans ce guide, nous insistons beaucoup sur le guidage vocal, tant pour accompagner les gestes de base que l'écriture proprement dite. **Ce guidage nous semble essentiel à la fois pour aider à la fluidité du geste et pour consolider le lien entre le geste et le son**.

▸ **SENS CONVENTIONNEL DE L'ÉCRITURE, p. 265**

Apprendre à écrire avec les activités de manipulation

La préhension se perfectionne tout au long de la petite enfance. La pince pouce-index émerge pendant la première année de vie : il est ainsi possible de saisir des objets très petits en utilisant le bout des doigts. C'est seulement quand le fléchisseur du pouce est suffisamment fort, c'est-à-dire vers 3-4 ans, qu'il est possible d'avoir une préhension tridigitale. Mettre en place des activités de manipulation permettra de développer l'agilité de la main et des doigts.
On relève chez certains élèves un manque de tonus musculaire dans la main ce qui peut engendrer des difficultés à tenir le crayon et exercer une pression suffisante. **Ce manque de tonicité provient souvent d'une motricité fine insuffisamment développée : c'est pourquoi il est bon d'encourager les enfants à faire des exercices** comme manipuler de la pâte à modeler un peu ferme, visser, clouer, serrer, etc. pour que les muscles se renforcent.

Pour être efficaces, les mouvements des mains doivent être bien coordonnés avec la vue. Pratiquement toutes les activités de notre vie quotidienne requièrent la coordination œil-main. C'est une composante essentielle à la précision des gestes. Toutes les activités d'enfilage, de tissage, de pointillage, de laçage, de transvasement sont aussi d'excellents moyens de développer la coordination bilatérale. Pensez également à toutes les occasions en or que permettent l'habillage et le déshabillage, l'enfilage des chaussures, les boutonnages…

▸ **MANIPULATIONS, p. 165**

4 Quelle place pour le dessin, le graphisme, l'écriture du prénom ?

Le dessin libre

Les programmes le prévoient explicitement : « Les enfants doivent disposer de temps pour dessiner librement, dans un espace aménagé où sont disponibles les outils et supports nécessaires »[5]. Le dessin libre est donc reconnu comme étant un moyen d'expression important de l'enfant. Sa place à l'école est d'autant plus essentielle que nombre d'enfants sont aujourd'hui de fait privés d'accès aux crayons et au papier dans leur vie quotidienne, car ils utilisent des écrans de manière de plus en plus précoce et intensive.

Le dessin diffère de l'écriture, puisqu'il a valeur d'expression plastique en lui-même (contrairement à l'écriture qui code du langage), mais il partage avec elle l'usage du papier et du crayon. Historiquement, le tracé de nos lettres correspond d'ailleurs à des dessins attribués à un son particulier et stylisés au fil du temps.

Tout petits, les enfants gribouillent sur différents supports, emportés par le plaisir du geste, et sans intention particulière. **C'est en observant les traces laissées sur le papier qu'ils s'essayeront petit à petit à maitriser leur geste afin de produire une trace intentionnelle**. Cette activité est extrêmement importante car elle permet la maitrise progressive du geste.

Il appartient à l'enseignant de valoriser les dessins de l'enfant et de susciter l'envie de maitriser mieux les tracés. Il peut le faire en légendant régulièrement les dessins. Cette démarche évite également que le dessin libre soit relégué au plan d'activité purement occupationnelle.

Les outils peuvent être variés : craies grasses, pastels, mini-crayons « rocks » ou « toupie », crayons de couleurs, feutres... Il est important de les offrir longuement à l'expérimentation libre de l'enfant, pour qu'il puisse se les approprier progressivement.

Lorsque l'enfant utilise un crayon, il est utile de l'habituer à le tenir correctement, puisque l'outil va être réinvesti dans l'écriture. S'il utilise des outils différents (pinceaux, rouleaux), il est moins nécessaire de corriger sa manière de les prendre en main.

▸ **COLORIAGES ET MANDALAS, p. 69**
▸ **DICTÉE À L'ADULTE, p. 93**
▸ **GRIBOUILLAGES, p. 115**

Le graphisme

Longtemps, **le graphisme « préparatoire à l'écriture »** a fleuri dans les écoles maternelles. Il aura fallu attendre 2015 pour que les programmes scolaires indiquent : « Cette activité [le graphisme] n'a pas pour objectif spécifique de former la main de l'enfant à l'écriture. »

5 Programme d'enseignement de l'école maternelle 2021, p. 12.

Pourtant, on trouve encore de très nombreux ouvrages qui conçoivent l'écriture comme un assemblage de formes. On peut en donner pour exemple une fiche de graphisme demandant de faire des lignes de traits obliques, puis des lignes de ronds et enfin des lignes de cannes pour assembler les trois formes graphiques et dessiner enfin un *a*.

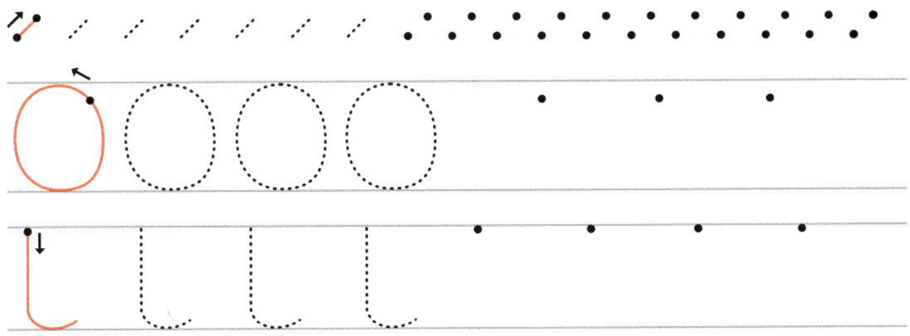

Cette manière de faire, qui bloque toute fluidité du geste, ne permet pas d'acquérir une écriture efficace. Les activités de « graphisme préparatoire à l'écriture » sont généralement à bannir, car elles font privilégier le contrôle visuel sur le contrôle par le mouvement (kinesthésique).

De la même manière, on voit souvent des exercices proposant à l'élève de reproduire des lignes et des lignes de ponts en continu. Ces exercices ont pour conséquence d'habituer les doigts de l'enfant à faire de nombreux ponts consécutifs, alors même que cette configuration n'existe pas dans notre alphabet cursif. On voit alors, à l'école élémentaire, des m terminés en « planté de bâton » qui prouvent bien à quel point les habitudes acquises en maternelle perdurent longtemps.

Le graphisme décoratif, lui, a pour but de développer la maitrise du geste par la reproduction de formes et de motifs identiques, l'alternance, les rythmes… en dehors de tout code. L'habileté gestuelle ainsi acquise sera bien entendu un atout pour aborder le geste d'écriture.

Contrairement au « graphisme préparatoire à l'écriture », il ne doit en aucun cas se présenter sous forme de tracés à reproduire de gauche à droite, encore moins sur des lignes. Bien au contraire, pour que le geste graphique ne soit pas confondu avec le geste d'écriture, il est recommandé de faire décorer de grandes surfaces, en couleurs, sans ordre particulier.

Comme le dessin, le graphisme partage avec l'écriture l'utilisation d'outils et de supports. Il est donc important, lors des activités graphiques, même sans lien avec l'écriture, de rappeler les fondamentaux sur la tenue de crayon et la position du bras.

▸ **GRAPHISME DÉCORATIF, p. 103**

L'écriture du prénom

Les attendus de fin de cycle demandent à ce que l'enfant sache « écrire son prénom en écriture cursive »[6]. Rien n'est indiqué sur la lecture dudit prénom, même s'il semble sous-entendu que l'enfant sait forcément lire, ou au moins reconnaitre, son prénom.

6 Programme d'enseignement de l'école maternelle 2021, p. 10.

Au quotidien, dans les écoles maternelles, la place accordée au prénom est bien souvent prépondérante. Dès la PS, parfois même en TPS, on incite le tout-petit à reconnaitre son prénom, c'est-à-dire à en mémoriser l'image, ce qui n'augure en rien de ses capacités à entrer en lecture plus tard. On valorise également ceux des élèves qui ont une bonne mémoire visuelle et mémorisent les formes de plusieurs prénoms de la classe.
Les enseignants sont souvent pressés que l'élève soit capable d'écrire son prénom, afin de pouvoir « signer » ses productions. L'idéal est que l'enseignant écrive lui-même les prénoms des élèves, sous leurs yeux, pour les habituer à les voir écrits correctement. Cependant, pour éviter à l'enseignant de devoir écrire 28 prénoms sur les travaux des élèves, sans demander à ces derniers d'écrire avant l'heure, il est possible de créer des solutions d'attente. Une solution classique consiste à proposer à chaque enfant de choisir un tampon encreur avec un petit symbole – poussin, soleil, bateau… Une petite liste de correspondance sera affichée et l'adulte saura que Marilou a le tracteur et Karim le lapin. Une autre solution est d'imprimer des planches de prénoms sur de très petites étiquettes autocollantes et de les mettre à disposition de chaque enfant. À chaque production terminée, ils devront détacher une étiquette et la coller sur leur travail.
Quoi qu'il en soit, ces solutions sont préférables pour éviter de demander aux enfants d'écrire leurs prénoms de manière trop précoce, ce qui a souvent pour effet de « figer » un geste immature.
Pourtant, parents et enseignants souhaitent souvent que l'enfant sache écrire son prénom le plus tôt possible. La pression est grande en ce sens. Il arrive même que des carnets de suivi des apprentissages indiquent, dès la PS, si l'élève est capable d'écrire seul son prénom ou non, alors même que les programmes spécifient bien qu'**il n'y a pas d'écriture en PS**.
On comprend aisément qu'il sera plus facile à un élève portant un prénom court et sans lettres difficiles d'écrire son prénom en cursive qu'à celui qui a un prénom long et des lettres difficiles à tracer. *Ambre* devra savoir enchainer un *b* et un *r*, *Drazyck* tracer un *z*, un *y* et un *k*, *Clémentine* mémoriser une longue suite de lettres et *Hassan* gérer le tracé du double *s* suivi d'une lettre ronde ! Pendant ce temps, *Lilou* et *Milo* n'auront que peu de difficultés à écrire leur prénom. Conscients de ces inégalités, les documents d'accompagnements Éduscol 2015 proposent à l'enseignant **d'apprendre plutôt à écrire des mots communs à la classe**. Cette manière de faire permet d'établir une progression logique, commune à toute la classe, pour construire pas à pas le geste d'écriture.
Une fois les premières lettres apprises selon cette progression logique, et si le rythme de la classe ne permet pas de voir tout l'alphabet avec l'ensemble des élèves, il est tout à fait possible de proposer à chaque élève de travailler spécifiquement celles des lettres de son prénom qui n'ont pas été apprises, afin qu'il puisse se conformer aux attendus de fin de cycle.

▸ **PRÉNOM, p. 235**

5 Quels outils adopter ?

Les modèles et polices de caractères

Écrire à la main devant les élèves est un geste professionnel important. Les enfants observent le modèle créé sous leurs yeux. Il est néanmoins parfois difficile pour l'enseignant, qui n'a que peu ou pas bénéficié de formation en la matière, de produire des modèles de qualité. **C'est pourquoi il peut être préférable, dans certains cas, de choisir des modèles produits par informatique**.

Si l'enseignant décide d'imprimer affichages et modèles plutôt que de les écrire à la main, la question se pose du choix des polices de caractères. En effet, le choix d'une police lisible est une aide à l'identification des lettres, ce qui a une grande importance pour des élèves à l'âge d'entrer dans le monde de l'écrit.

Avant de choisir une police pour afficher textes ou phrases en script, il est utile de vérifier, par exemple, que le I majuscule n'est pas identique au l minuscule. Si c'est le cas, le mot « Il », fréquemment présent en début de phrase, ressemble à un II en chiffres romains !

Le choix de polices permettant une meilleure différenciation des lettres est important pour l'entrée dans l'écriture-lecture. **C'est pour cette raison que les éditions MDI ont créé la police linéale (ou sans sérif) MDI ÉCOLE, qui a été conçue pour faciliter la lecture, en particulier pour les élèves dys**.

Si l'enseignant souhaite présenter des modèles imprimés en cursive, seules deux polices, à notre connaissance, respectent les préconisations des programmes en matière de forme des lettres : **la police Dumont maternelle** et **la police Belle Allure**, de Jean Boyault, que nous utilisons dans cet ouvrage. Ces polices de caractères gèrent en effet ce qu'on appelle les « variations contextuelles », c'est-à-dire que certaines lettres ont des formes différentes selon la lettre qui les précède. On voit, par exemple, que le l de « le » est différent du l de « blé » ou que le é de « vélo » est différent du e de « le ». Il convient donc de vérifier, sur quelques mots, que la police choisie permet effectivement la gestion de ces différentes formes de lettres.

Il est important de préciser que les prénoms, étant des noms propres, s'écrivent avec une majuscule initiale. Il n'est pas pertinent de montrer aux enfants des modèles de noms propres écrits entièrement en minuscules, ce qui constitue de fait une faute d'orthographe.

Le mobilier et l'environnement

Pour bien écrire, il est important d'être bien installé. Une posture instable peut avoir des répercussions sur l'attention et la concentration, et de nombreuses répercussions physiologiques : organes comprimés, circulation sanguine gênée, maux de dos, maux de tête, crispations, anxiété…

Pour être bien installé, il faut avoir :

- le dos plutôt droit (mais les épaules légèrement en avant du bassin pour écrire),
- les pieds à plat en appui sur le sol ou un marchepied,
- les bras et les jambes pliés à 90°,
- la main, le poignet et l'avant-bras alignés.

La plupart des classes sont équipées de **tables collectives** (rondes, ovales, hexagonales ou octogonales), **qui ne peuvent être réglées en hauteur**. Ces tables collectives posent plusieurs problèmes :

- Les places devant les bords arrondis conviennent mal à une activité d'écriture.
- Le face-à-face peut perturber les repères dans l'espace lorsqu'on demande un travail « orienté gauche-droite ».
- Les enfants plus petits ou plus grands que la moyenne ne peuvent pas avoir les appuis corrects : pour compenser, ils ont alors tendance à lever ou baisser les épaules pour trouver un appui, et / ou à exécuter des mouvements avec le bras ou le poignet en suspension.
- Les gauchers et les droitiers peuvent se gêner.

L'idéal est d'avoir quelques bureaux individuels réglables (6 à 8) et deux tailles de chaises, que l'on oriente face au tableau pour effectuer les activités d'écriture ou celles nécessitant le respect du sens conventionnel de l'écriture.

Le tableau est une piste graphique très utile en maternelle. Il faut penser à l'installer à une hauteur qui convienne à la fois pour les élèves et pour l'enseignant (ce à quoi pensent rarement les employés municipaux chargés de l'installation). Le tableau à craie a presque disparu des salles de classe, alors que la craie permet de vraies explorations créatives. Nous ne pouvons que conseiller d'avoir un tableau à craie à disposition des élèves.
Sur le terrain, dans les classes, il a souvent été remplacé par **le tableau blanc**. L'outil scripteur est malheureusement beaucoup moins adapté aux mains des jeunes enfants : les feutres sont trop gros, cylindriques et glissants. Ils sèchent très vite et ne permettent pas la même créativité.

Depuis peu, on équipe les classes maternelles de **tableaux interactifs**, ce qui nous parait anti-pédagogique lorsque l'on sait que l'exposition aux écrans est fortement déconseillée avant 6 ans. L'écriture au stylet ajoute une difficulté supplémentaire. Un simple vidéoprojecteur sur le tableau blanc ou sur un mur suffit amplement pour bénéficier des trésors d'Internet.

Le matériel et les outils scripteurs

Les outils scripteurs, qu'ils soient destinés à écrire au tableau, sur ardoise ou sur feuille, doivent conjuguer plusieurs critères :

- **Faciliter la prise tridigitale** : on choisira d'équiper la classe de crayons de papier, crayons de couleur et feutres de forme triangulaire.

Les craies rectangulaires ou les crayons de type « rocks » sont idéaux pour un usage en libre-service dans la classe : ils favorisent la prise à trois doigts et ne nécessitent pas la présence d'un adulte pour corriger les mauvaises tenues de crayon.
Il peut être judicieux d'équiper la classe de quelques crayons ergonomiques (le porte-mines Griffix de chez Pelikan emporte notre préférence) ou de quelques guide-doigts adaptés.

- **Permettre la mobilité des doigts et en particulier la flexion et l'extension du pouce** : la taille standard ou jumbo conviennent parfaitement. Les gros modules sont à réserver au travail de grande motricité sur plan vertical.
- **Donner une trace de qualité** : un crayon avec une mine trop sèche incitera l'élève à exercer une forte pression qui engendrera des crispations. Il faut donc préférer des crayons gris à mine plus tendre (2B).

L'ardoise est un support intéressant pour s'exercer au geste graphique ; elle présente cependant un inconvénient : le rebord empêche l'appui correct du poignet sur la table. Sans cet appui, le mouvement est effectué par le poignet ou par l'épaule avec le bras en suspension. Il est très facile de fabriquer l'ardoise idéale en plastifiant une feuille vierge, ce qui permet même de proposer des supports différents (simples lignes, lignage Seyès 3 mm ou mieux encore lignage Gurvan). Par ailleurs, il n'existe pas de feutre effaçable à prise ergonomique. Il faut donc être particulièrement vigilant sur la prise en main du feutre d'ardoise.

6 Quelle place pour l'écriture de l'adulte ?

On n'apprend plus aux enseignants à écrire. Alors que l'instituteur en formation bénéficiait d'un enseignement spécifique de l'écriture manuscrite dans les Écoles Normales, le professeur des écoles stagiaires n'a guère eu d'apprentissage sur ce sujet à l'IUFM et n'en a pas plus à l'ESPÉ, à l'INSPÉ ou à la FDE. Les enseignants doivent donc acquérir seuls le geste professionnel spécifique qu'est l'écriture « de maitre » ou « de maitresse ».
Or, comment enseigner un savoir qu'on ne maitrise pas soi-même ? De nombreux enseignants sont d'autant plus démunis face à l'enseignement de l'écriture manuscrite qu'ils peinent eux-mêmes à aménager leur propre écriture. Comment présenter aux élèves des modèles de qualité si on ne sait pas les tracer ? Comment se présenter en modèle face aux élèves si on ne sait pas tenir son crayon correctement ?
L'écriture du maitre est un geste professionnel essentiel, qui est difficile pour les jeunes enseignants du fait de l'interruption, il y a déjà deux générations, de la chaine de transmission. Apprendre à bien tenir son crayon sous le regard de ses élèves, apprendre à tracer les lettres correctement devant eux est indispensable. Cela demande volonté et entrainement personnel.
Bien entendu, si l'enseignant a développé une tenue de crayon personnelle à laquelle il est habitué et dont il ne souhaite pas se départir, il n'a aucune raison de la modifier dans les moments où il écrit en-dehors de la vue des élèves. Mais **durant le temps de la classe, il est souhaitable qu'il fasse l'effort de s'astreindre à une tenue du crayon modèle**, car les enfants sont très attentifs à tout ce que fait le maitre ou la maitresse. De la même manière, les écritures d'adultes, toutes différentes et personnalisées, leur appartiennent en propre. Il n'est pas question de les modifier quand ils écrivent en dehors du cadre de la classe. Mais les modèles présentés, en particulier dans les petites classes, doivent être « dépersonnalisés » pour que les enfants soient confrontés à des formes de lettres « idéales ».

Quand et comment l'adulte écrit-il en classe ?

Les élèves de maternelle n'étant pas scripteurs, le maitre est souvent amené à écrire pour eux et devant eux. Même s'ils ne sont pas lecteurs, **les enfants apprennent beaucoup en voyant l'enseignant écrire, pour peu que le geste d'écriture soit « mis en scène » à leur destination**.

Selon les supports, le geste professionnel d'écriture n'est pas exactement le même.

- **Au tableau**

Pour écrire au tableau, on engage un mouvement de tout le bras. Selon le support (tableau numérique, tableau blanc, tableau noir…), l'outil sera différent (stylet, feutre ou craie), mais quel que soit cet outil, c'est l'articulation de l'épaule qui s'engage au moment de générer les lettres. Les doigts et le poignet restent donc fixes.

Il est important pour l'enseignant de se décaler légèrement à gauche ou à droite du tableau, s'il est droitier, de manière à ce que les élèves voient l'écriture s'inscrire au fur et à mesure. Si l'enseignant est gaucher, il ne risque pas de masquer ce qu'il vient d'écrire avec son corps et peut plus facilement se positionner face au tableau.

En voyant le déroulé de l'écriture de gauche à droite et le retour à la ligne, points que l'enseignant ne manquera pas de faire remarquer régulièrement, les élèves s'imprègnent progressivement du sens conventionnel de l'écriture.

La forme des lettres et leur tracé doivent être particulièrement soignés et conformes aux recommandations du document d'accompagnement des programmes : formes simples, sans œilletons ni traits d'attaque aux lettres rondes, e formés comme une petite boucle, sans cassure. L'enseignant veillera également à écrire la totalité du mot avant de déposer les « passagers de l'écriture », à savoir les points sur les i, les barres des t, les accents et les cédilles.

Au fur et à mesure que l'enseignant écrit au tableau, il ne manquera pas d'oraliser les syllabes écrites qu'il trace. S'il écrit « école », il dira lentement « é-co-le », au fil de l'écriture, et ajoutera ostensiblement l'accent aigu après avoir finir de tracer le mot. Ainsi, les enfants se représenteront petit à petit le lien entre les lettres tracées et les sons prononcés. Il est important de ne pas oublier de prononcer les e « muets », qui ne sont de fait pas totalement muets mais plutôt atones. Ces e sont prononcés dans le langage courant au Sud de la Loire. Mais ils sont également prononcés dans la plupart des chants et comptines. Cela permet aux enfants de se familiariser avec leur existence, préparant ainsi les rudiments de l'orthographe française.

Le plus souvent, on écrira en cursive en traçant les majuscules en capitales d'imprimerie – même si à certains moments les enfants doivent être confrontés à des minuscules script, puisqu'à la fin du cycle ils doivent pouvoir associer les trois graphies – A a a – d'une même lettre.

Le moment de l'écriture au tableau est une occasion de commenter la présence de la majuscule initiale, de la majuscule aux noms propres, de la ponctuation… C'est également le moment où l'enseignant peut utiliser à bon escient les mots « lettre », « mot », « phrase » pour que les élèves s'en imprègnent.

- **Sur table**

Il est souvent compliqué pour l'enseignant d'écrire sur table en maternelle car le mobilier n'est pas adapté à la taille des adultes.
Néanmoins, l'enseignant doit pouvoir mettre son avant-bras en appui, bien tenir son stylo et écrire d'un mouvement des doigts quand il écrit devant les élèves. Plusieurs positionnements sont possibles : soit derrière l'élève, soit à côté de lui. Il est également possible, si on s'est entrainé à tracer les lettres à l'envers, de se positionner en face de l'élève et de tracer les lettres « dans son sens ».
Sans être capable d'écrire de sa main non dominante, un enseignant doit pouvoir montrer la position de base à un élève gaucher s'il est lui-même droitier – et réciproquement. Il doit donc s'entrainer préalablement pour avoir une bonne posture et une bonne tenue du crayon des deux mains.

Quand les enfants voient-ils l'enseignant écrire ?

Que ce soit lorsqu'il écrit au tableau, lorsqu'il légende un dessin, lorsqu'il écrit sous la dictée d'un élève, les enfants voient et entendent – puisque chaque syllabe est prononcée – le maitre écrire. Ils construisent ainsi leur rapport à l'écrit.
D'autres occasions sont également bonnes à saisir : l'enseignant peut écrire sur le cahier de correspondance, écrire un mot au directeur de l'école pour lui signaler un petit évènement de la vie quotidienne (enfant qui ne mange pas à la cantine, qui part en avance pour un rendez-vous extérieur…), écrire un mot au collègue de la classe voisine. Un ou deux élèves servent alors de « facteurs » et vont porter la lettre à son destinataire. Dans notre monde où les lettres se font rares, **il est important de mettre en scène le plus fréquemment possible cette communication par écrit**.
Il est à noter que notre belle langue française n'est pas simple : quand on « écrit un mot » à quelqu'un, on écrit de fait plusieurs mots, constituant une courte lettre. Il s'agit d'une figure de style – qui porte le doux nom de synecdoque, et qui consiste à remplacer le tout par la partie. Ainsi, on dit « il a trouvé un toit » au lieu de « il a trouvé un logement », « j'ai écrit un mot » au lieu de « j'ai écrit une lettre ». Sans bien entendu raconter tout cela aux enfants, on peut leur dire « C'est drôle, on dit "j'ai écrit un mot", mais en fait j'ai écrit plusieurs mots ».
Le mot « lettre » lui-même désigne à la fois un seul caractère et la missive que l'on envoie à quelqu'un. C'est donc la plus petite partie et le tout qui portent le même nom en français ! Voilà qui n'est pas facile à comprendre pour un jeune enfant.
On peut faire des commentaires à ce propos : « J'écris plusieurs lettres pour faire un mot, plusieurs mots pour faire une phrase, et quand j'écris plusieurs phrases sur une feuille et que je les mets dans une enveloppe, ça fait… une lettre ! »
Il est important que l'enseignant ait ces difficultés présentes à l'esprit, car certains enfants peuvent se retrouver bloqués face à un mot mal compris.

L'enseignant peut également multiplier les occasions d'écrire pour lui-même devant les élèves : sortir un agenda (si on en a un en papier) pour noter un rendez-vous donné à un parent d'élève, prendre une feuille pour constituer la liste des choses nécessaires pour telle activité, prendre ostensiblement une note sur un post-it en disant à l'enfant : « Je note ce que tu viens de me dire pour ne pas l'oublier », etc. **Les enfants ont besoin de voir l'adulte référent écrire souvent, y compris pour lui-même.** Cela aide à réduire les écarts entre ceux qui grandissent dans une maison pleine d'écrits et les autres.

Où sont les écrits dans la classe ?

• Les étiquettes prénoms

Les prénoms sont un incontournable ! L'habitude a été prise depuis deux générations de mettre en avant ces étiquettes portant le prénom de l'enfant et de valoriser, parfois à l'excès, la reconnaissance par l'enfant de son propre prénom, voire de celui de ses camarades. On trouve des étiquettes de présence, que chacun doit mettre au tableau en arrivant dans la classe, des étiquettes sur les casiers, sur les porte-manteaux… Difficile d'imaginer que pendant des décennies, il n'y avait aucune étiquette de prénoms en maternelle, tant la pratique est maintenant systématique.
Pourtant, il n'est pas forcément indispensable d'insister sur les étiquettes de prénom dès la PS. Qu'on écrive le prénom au portemanteau n'est pas gênant, surtout s'il y a dessous un beau dessin de l'enfant, qu'il pourra reconnaitre pour savoir où accrocher son manteau. Par contre, inciter des tout-petits à se pencher sur les caractères, souvent présentés en capitales d'imprimerie, qui composent leur prénom, n'est pas forcément utile. On se rend d'ailleurs souvent compte que l'enfant reconnait son étiquette non pas à son prénom mais à un infime détail – coin légèrement corné, petite tache – invisible aux yeux des adultes qui imaginent que l'enfant a reconnu la suite de lettres.
Si on tient à présenter des étiquettes prénoms en Petite Section, il semble pertinent d'y ajouter la photo de l'enfant – ou un dessin qu'il a fait et qu'il peut reconnaitre aisément – pour ne pas insister de manière prématurée sur la reconnaissance des lettres.
En MS, on voit régulièrement apparaitre le prénom dans deux graphies : capitales d'imprimerie et script ou capitales d'imprimerie et cursive. Là encore, il ne semble pas pertinent d'insister trop sur les lettres qui composent les prénoms de la classe. En effet, **le prénom n'est pas une bonne entrée dans le système d'écriture** et ce pour plusieurs raisons.
Tout d'abord, les noms propres sont une exception dans notre système d'écriture. Ils sont dépourvus d'orthographe officielle – vous pouvez appeler votre fille Margaux ou Margot, voire Margo si vous en avez envie. Il semble donc peu pertinent de proposer comme premiers mots d'apprentissage des mots qu'on écrit comme on veut : ce n'est pas le cas des autres mots de la langue et cela envoie le mauvais message aux enfants !
Par ailleurs, les règles de lecture du français ne s'appliquent pas forcément. « Ryan » doit généralement se prononcer « Raillane », et on ne sait pas si on voit une étiquette « Jason » s'il faut prononcer « Jazon » ou « Djézonne ». Cela crée des situations où l'enseignant ne peut pas lire un prénom s'il n'a pas l'explication orale. Voilà encore un bien mauvais message à envoyer aux enfants ! Par ailleurs, même des prénoms français très courants

comportent parfois des sons difficiles à lire – Bastien, Thibault, Chloé, Héloïse… même le très classique Jean est porteur de difficultés ! Ces sons seront étudiés plus tard, il est trop tôt pour y confronter les élèves.
Le prénom est par essence un mot affectif. Lorsqu'un petit enfant trace les lettres de son prénom, il n'a absolument pas conscience d'être en train de représenter des sons de la langue : il écrit « moi ». Il lui sera encore plus difficile de décomposer son prénom, même s'il en porte un facile à décoder, comme Barnabé, qu'un autre mot de la langue : le méta-langage, qui consiste à observer la langue en se « décollant » de son sens, est plus difficilement accessible sur des mots affectifs et ultra-familiers, comme son propre prénom ou « maman ». Il vaut mieux donc commencer l'apprentissage avec des mots plus neutres, qui génèreront moins d'émotions chez les enfants.
Il est également bien connu que les enfants n'ont pas tous des prénoms de la même longueur, ni comportant les mêmes difficultés. Abderrahmane reconnaitra probablement son étiquette au fait que les lettres sont toutes serrées dessus, mais aura les plus grandes difficultés à l'écrire tandis que Léa pourra probablement parader dès la fin de la PS en montrant qu'elle sait écrire toutes « ses » lettres.
Bref, le prénom n'est pas, et de loin, le meilleur support pour se familiariser avec les écrits de la langue. On peut donc utiliser des étiquettes si on le souhaite, en mettre sur les casiers ou sur les portemanteaux, de préférence accompagnés d'une photo ou d'un dessin, mais ce ne sont pas des supports pédagogiques de premier plan.

Les documents d'accompagnement d'Éduscol incitent à plutôt **entrer dans l'écrit à l'aide de mots collectifs soigneusement choisis par l'enseignant** : « Le premier écrit que l'enfant manipule dès son entrée à l'école, et même avant parfois, est son prénom. Cependant, son écriture s'avère parfois difficile compte tenu de sa longueur ou de la présence de lettres complexes. Il est possible et même profitable parfois de choisir un mot collectif qui permet un travail en commun au cours duquel l'enseignant pourra nommer les lettres, énoncer les règles de l'écriture, transférables aux autres mots qui seront écrits ultérieurement »[7].

7 Ressources maternelle, Graphisme et écriture : L'écriture à l'école maternelle, p. 9.

- **Les affichages**

Les affichages permettent à l'écrit d'être présent dans la classe. Ils peuvent être de natures très différentes.
On peut trouver affiché **le règlement**, formulé avec des mots simples, auquel on peut se référer en cas de transgression : « Tu as tapé Untel, c'est interdit, rappelle-toi, c'est écrit là, "Il est interdit de frapper une personne". Va t'asseoir sur cette chaise et reste à l'écart un moment. ».
Il y a aussi des outils plus fonctionnels, comme **les calendriers** permettant de travailler sur le repérage dans le temps. S'ils sont utilisés quotidiennement, ils peuvent permettre aux élèves de se familiariser avec certains mots.
On trouve souvent **des abécédaires** affichés dans les classes, comportant entre une et quatre polices d'écriture différentes (script, cursive, minuscules et majuscules). Il convient d'être attentif aux polices choisies, pour qu'elles soient très lisibles et conformes aux préconisations officielles.

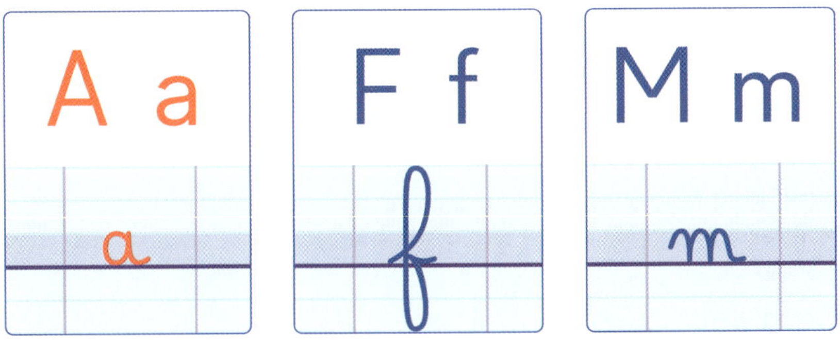

Ces affiches maternelle (éd. MDI) présentent les lettres dans trois graphies et utilisent le lignage Gurvan.

Il est également possible de rédiger des affiches devant les élèves, au moment où on travaille sur un thème. Des points saillants d'un évènement de la vie de la classe peuvent être ainsi confiés à la mémoire du papier et affichés, pour un temps, dans la classe. Ces affichages éphémères gagnent à être renouvelés souvent.
Si les parents accompagnent leurs enfants dans la classe ou viennent les y chercher, ils pourront lire ces affiches racontant la vie de la classe. Sinon, on peut demander à l'ATSEM de feindre la surprise et de lire les affiches, qui auront été rédigées lors d'un moment où elle n'était pas dans la classe.
L'important est de faire percevoir aux élèves la permanence de l'écrit et l'intérêt d'écrire les choses pour ne pas les oublier.

- **Les cahiers**

Le cahier de liaison ou de correspondance fait la navette entre l'école et la famille. Il permet à l'élève de comprendre que l'écrit est un moyen de communication. Le contenu de certains messages peut faire l'objet de productions collectives d'écrits – une annonce de sortie ou d'évènement, par exemple.

Le cahier de vie peut être créé de multiples façons. Quel que soit le support choisi, de nombreux types d'écrits s'y côtoient généralement : recettes, comptes rendus de sorties, textes libres, poésies, photos, lectures, évènements de la classe… L'enfant peut illustrer son cahier de vie – surtout s'il n'est pas de trop grand format. Certains enseignants proposent aux familles de l'enrichir à la maison et aux enfants de partager ensuite avec leurs camarades. Si cette option est choisie, il ne faut pas hésiter à conseiller aux familles non francophones ou peu familières de l'écrit de coller un souvenir ou un dessin, que l'enfant pourra ensuite commenter en classe. Il faut être attentif pour éviter que certains se sentent exclus.

Les cahiers de poésies et chants regroupent les comptines et les chants lorsqu'ils ne sont pas regroupés dans le cahier de vie. Il est recommandé de le choisir de petit format afin de faciliter l'illustration des textes par les enfants.

Des traces écrites peuvent être rédigées collectivement. Si elles ne donnent pas lieu à affichage ou à insertion dans le cahier de vie, elles peuvent être regroupées dans un « cahier de la classe », qui peut éventuellement circuler de famille en famille.

Les cahiers d'écriture peuvent être utilisés dès la fin de la MS, en fonction de la progression retenue. Il est recommandé de privilégier de petits formats, si possible à l'italienne. La taille des lettres ne doit pas être trop importante, pour éviter d'inciter l'enfant à bouger le poignet au lieu des doigts pour former les lettres. Si on utilise un lignage, l'interlignage 3 mm est le meilleur pour le début de l'apprentissage.

Le cahier de travail rassemble les travaux écrits des élèves, réalisés sur feuille. Ils peuvent aussi être rassemblés dans un classeur ou un porte-vues qui est donné aux familles en fin de trimestre ou en fin d'année.

Bien souvent, **les consignes** sont écrites sur les fiches données aux enfants. Il peut être intéressant de s'y référer en les leur lisant explicitement quand ils réalisent la tâche, tout en les réexpliquant si nécessaire : « Il y a écrit : relie le nombre avec la bonne collection d'objets. Tu as compris ce que ça veut dire ? Il faut relier, oui. Relier le nombre qui est écrit avec la bonne étiquette. Par exemple, là, il y a écrit 3, il faut relier avec l'étiquette où il y a trois bonbons ».

On encouragera les élèves à montrer leur cahier à leurs parents et ces derniers à relire les consignes devant eux en admirant le travail de leurs enfants.

• La correspondance scolaire

La correspondance scolaire est un moyen classique et éprouvé de faire vivre l'écrit dans la classe. Une correspondance entre deux classes n'a pas besoin d'être extrêmement lointaine pour être intéressante. On peut bien sûr correspondre avec une classe du bout du monde, mais aussi avec une classe du coin de la rue !

La lettre aux correspondants est rédigée collectivement au tableau, à partir des propositions des élèves mises en forme par l'enseignant. Elle est ensuite solennellement copiée avec épellation phonétique (l'enseignant prononce chaque graphème qu'il écrit, au fur et à mesure, sans nommer les lettres). Les enfants peuvent tous la signer, soit en écrivant leur prénom s'ils savent l'écrire, soit en faisant un petit dessin les représentant.

La lettre sera insérée dans une enveloppe, l'adresse soigneusement écrite par le maitre, le timbre collé en bonne place et selon la configuration des lieux la classe pourra éventuellement aller la porter à la boite aux lettres ou à la poste.
La réponse sera bien entendu très attendue et lue par l'enseignant. Elle pourra également être affichée en classe. Bien souvent, ces correspondances scolaires sont agrémentées d'échanges de petits cadeaux : jeux fabriqués par la classe, dessins, voire petits objets pour les fêtes.
Si les correspondants ne sont pas trop lointains, une rencontre peut être organisée en fin d'année, soit dans l'une ou l'autre classe, soit à l'occasion d'une sortie commune.

- **Les livres**

Dans toute classe qui se respecte, des livres sont présents et accessibles aux enfants. En maternelle, il s'agit majoritairement d'**albums**. Certains de ces albums ont été lus en classe et remis à disposition, ce qui permet aux élèves de les reprendre en en connaissant le contenu. D'autres seront simplement découverts par leurs illustrations.
En GS, il est particulièrement intéressant de prévoir un rayon « premières lectures », composé de **textes écrits en sons simples**, entièrement décodables pour un lecteur débutant. Ces livres permettront au lecteur débutant de s'entrainer quand il le souhaite.
La bibliothèque de classe comporte aussi idéalement quelques **ouvrages documentaires**. Certains enfants sont bien plus attirés par les explications sur les dinosaures ou les planètes que par la fiction ! Il y sera fait appel lorsque tel ou tel sujet sera abordé en classe : si on travaille sur les animaux de la ferme, quelques livres documentaires bien choisis seront présentés au groupe et mis ensuite à disposition des enfants pour qu'ils puissent s'y référer.
On trouve également des **imagiers**, plus ou moins thématiques selon les éditions, que certains enfants apprécient beaucoup de feuilleter. L'accès à ce type de livres multiplie les occasions pour l'enfant d'être confronté à la chose écrite, de manière très simple. Il pourra formuler des hypothèses : « Maitresse, pourquoi il y a la même lettre au début de "fleur" qu'au début de mon prénom ? », demandera Rita. « C'est parce qu'il y a écrit "rose", pas "fleur". Rrrrrrrose, ça commence comme Rrrrrrrita. »

7 Quels liens entretiennent l'écriture et la lecture ?

Le rôle des comptines

La pratique des comptines doit être quotidienne. Au coin regroupement, les élèves sont assis et participent collectivement.

La répétition est extrêmement sécurisante pour le jeune enfant, qui sait ce qui va se passer. Il convient donc, une fois que l'on a adopté un mode de narration et une gestuelle pour chaque comptine, de s'y tenir et de les reproduire à chaque fois à l'identique.
Les plus petits parleurs, au début, n'oseront sans doute pas chanter avec les autres. Mais petit à petit, à force de répétitions, ils s'enhardiront et pourront participer. Il est souvent rassurant, pour un enfant timide, de ne pas entendre sa propre voix à part, mais qu'elle se fonde dans le chœur des voix de la classe !
Les comptines permettent aussi de faire travailler la mémoire des élèves, qui peuvent en connaitre un nombre fort important et être capable de les restituer.
Avec le lien geste / son, ce sont des préparations très intéressantes à l'écriture, car elles installent dès la TPS l'idée qu'un geste précis est associé à un mot ou une syllabe précise. La mémoire kinesthésique est ainsi sollicitée en lien avec la mémoire auditive.

▸ COMPTINES ET JEUX DE DOIGTS, p. 75

Mettre en mots ses perceptions

Apprendre à mettre des mots sur des perceptions sensorielles permet de **développer le langage** et d'**enrichir le vocabulaire**, deux compétences très utiles en production d'écrits. Les jeux de reconnaissance, qu'ils soient tactiles, visuels ou auditifs, apprennent à établir des relations logiques entre les informations sensorielles. Passer par le langage permet d'habituer l'élève à analyser ce qu'il voit, ce qu'il touche, ce qu'il entend.
Conduire les enfants à **faire des liens logiques** leur donnera plus tard l'habitude d'observer la langue écrite et de comprendre les liens qu'entretiennent les mots les uns avec les autres, comme les accords ou les relations de cause, de conséquence...

▸ MÉMOIRE, p. 175 ▸ LOGIQUE, p. 157

Les moments de langage structurés

Au-delà de l'apprentissage du geste des lettres et des premiers mots, la maitrise de l'écriture permet l'entrée dans la production écrite. Comme tout le reste, **la production d'écrits** doit être enseignée. Cette compétence s'acquiert en grande partie par la maitrise du langage oral, d'où l'importance de proposer des moments de langage structurés permettant à tous, petits parleurs comme grands bavards, de développer leurs capacités langagières.
Les travaux de Pierre Péroz, maitre de conférence en sciences du langage, sont à ce sujet d'une grande pertinence. Dans son ouvrage *Pédagogie de l'écoute* (éd. Hachette), il explique comment conduire des séances de langage qui engagent tous les élèves quel que soit leurs niveaux à partir d'histoires non illustrées.
Dans un dialogue question / réponse / question, seuls les grands parleurs peuvent s'exprimer, car les petits parleurs n'ont rien de nouveau à dire et donc se taisent. Pierre Péroz propose un schéma question / réponse / réponse / réponse / réponse, où les répétitions sont autorisées. L'adulte n'interrompt pas le dialogue dès qu'une réponse a été donnée mais donne la parole à tous les enfants et reste en retrait.

Peut-on apprendre à écrire sans apprendre à lire ?

C'est en apprenant à écrire qu'un enfant apprend à lire. En effet, l'accès à la lecture est conditionné au codage écrit de l'oral, c'est pourquoi l'écrire et la lecture sont indissociables. Malheureusement, l'entrée en lecture se fait selon une progression différente de celle qu'il convient de mener pour entrer dans l'écriture cursive. La lettre a, par exemple, est souvent apprise en premier en lecture, ce qui est logique. En écriture, par contre, elle ne peut pas être abordée en premier, car elle se compose d'un rond ouvert (comme le c) et d'une petite pointe (comme le i). On ne pourra donc l'écrire qu'une fois le c et le i maitrisés.

Il est donc pertinent de commencer par aborder des mots comportant les lettres formées de boucles et de pointes : le tutu, le lit, il lit, elle lutte… On pourra aussi tracer de petits mots inventés comme titi, lili, lulu ou adopter des lutins prénommés Tilili et Tululu. L'enfant pourra ainsi associer le geste et le son.

Une fois la boucle et la pointe bien maitrisées, on pourra aborder les lettres rondes, permettant ainsi d'écrire de nouveaux mots avec les lettres c, a, d et o. De nombreux mots sont alors possibles à écrire – en faisant attention toutefois à utiliser un seul son pour la lettre c. On fera ainsi écrire clé, le col, école, la colle, il cuit, clic… mais pas ceci ou cela, où le c produit un son doux. Il est important d'éviter ainsi les confusions. On évitera aussi les sons complexes s'écrivant avec plusieurs lettres, comme ou ou oi.

Au fur et à mesure de l'introduction de nouvelles lettres, comme les lettres en pont m et n, de nouveaux mots peuvent être abordés. Cette méthode très progressive, se concentrant sur la manière la plus fréquente de prononcer les sons, permet d'entrer conjointement dans la lecture et l'écriture avec tous les élèves, y compris les plus fragiles.

Conclusion

Les enseignants l'auront constaté : les activités que nous proposons dans ce guide sont des activités tout à fait classiques à l'école maternelle et nombre d'enseignants, tels des Monsieur Jourdain de l'écriture, préparent à l'écriture manuscrite sans le savoir en faisant dire des comptines ou enfiler des perles.

Notre propos n'est donc nullement de bouleverser les pratiques de l'école maternelle, qui sont souvent excellentes, mais bien de choisir parmi elles celles qui préparent l'écriture manuscrite, de les organiser dans ce sens et parfois de les rééquilibrer.

La place dévolue au graphisme et même au tracé des capitales d'imprimerie peut ainsi être revue à la baisse, pour laisser plus de place aux activités liant geste et son. Les traditionnelles comptines peuvent aider à apprendre à bien tenir son crayon. Les activités mathématiques peuvent être l'occasion d'automatiser le tracé des chiffres. Les activités musicales sont une entrée de choix dans l'écriture-lecture…

Tout est lié ; les apprentissages s'appuient les uns sur les autres. Chaque enseignant, en fonction du niveau de ses élèves, du matériel dont il dispose et autres considérations locales, pourra construire son propre parcours en choisissant les fiches qui lui semblent adaptées dans chaque partie thématique.

LES PARCOURS

Pour les enseignants qui souhaiteraient être guidés dans la mise en œuvre des activités sur l'année, nous proposons des parcours, niveau par niveau. Ces parcours peuvent servir de base à la programmation de la classe.

Pour les activités proposées en TPS, nous ne suggérons pas de programmation spécifique, sachant qu'il est important que les élèves s'exercent dans tous les domaines, régulièrement, toute l'année. Vous pouvez donc faire votre « menu » en piochant parmi les activités selon vos objectifs.

À partir de la PS, puisque certaines activités requièrent d'en avoir travaillé d'autres en amont, nous proposons des parcours qui s'étalent sur trois temps dans l'année : début, milieu ou fin d'année. Nous avons jugé pertinent de regrouper ainsi plusieurs périodes, pour laisser une grande souplesse à l'enseignant en fonction de la réalité de sa classe.

- à partir du début d'année : les activités peuvent alors se faire dès la période 1 ;
- à partir du milieu d'année : les activités peuvent se faire dès la période 2 ou 3 ;
- en fin d'année : les activités peuvent se faire en périodes 3, 4 et 5.

Dans ces parcours, les activités sont classées selon les compétences qui sont travaillées. Au nombre de 12, ces compétences sont cumulatives : les compétences travaillées en TPS seront travaillées à nouveau en PS, MS, puis GS.

	TPS	PS	MS	GS
Développer sa latéralité	•	•	•	•
Développer ses aptitudes motrices	•	•	•	•
Développer sa mémoire	•	•	•	•
Synchroniser geste et parole	•	•	•	•
Découvrir le fonctionnement de la langue écrite	•	•	•	•
Apprendre à bouger ses doigts	•	•	•	•
Se repérer dans l'espace		•	•	•
Apprendre à tenir son crayon		•	•	•
Apprendre à maitriser son geste		•	•	•
Apprendre à déplacer son bras			•	•
Apprendre à écrire en capitales			•	•
Apprendre à écrire en cursive				•

À la lecture de ce guide, nous espérons que vous serez convaincus que les compétences transversales (ex : développer sa latéralité, développer ses aptitudes motrices...) ne sont pas moins importantes, bien au contraire, que celles qui traitent plus spécifiquement de l'écriture.
N'hésitez pas à revenir sur certaines activités régulièrement au cours de l'année, voire durant tout le cycle 1, pour consolider les acquisitions. L'apprentissage de l'écriture est un processus long, qui demande un entrainement régulier.
Et enfin, ne vous découragez surtout pas si, dès que vous tournez le dos, les mauvaises habitudes reviennent : c'est normal ! Grâce à votre travail et aux entrainements réguliers, les bases se mettront progressivement en place et les élèves finiront par automatiser les bons gestes !

PARCOURS POUR LA TPS

En TPS, il est important que les élèves s'exercent dans tous les domaines, régulièrement, toute l'année.

COMPÉTENCES	THÈMES	ACTIVITÉS	PAGE
Développer sa latéralité	Latéralité	1 Le tableau d'observation	132
	Réflexes primitifs	2 Le réflexe tonique asymétrique du cou	248
Développer ses aptitudes motrices	Graphisme décoratif	1 Le jeu de la barbotine	104
	Gribouillages	1 Les premiers gribouillages	116
	Manipulations	1 Enfiler	166
Développer sa mémoire	Mémoire	1 Les jeux d'écoute	176
		2 Les jeux de rythme	178
Synchroniser geste et parole	Comptines et jeux de doigts	1 Les comptines et jeux de doigts	76
		2 Les rondes	79
Découvrir le fonctionnement de la langue écrite	Dictée à l'adulte	1 Légender un dessin libre	94
Apprendre à bouger ses doigts	Gym des doigts	1 La gym des doigts des petits	122
	Pâte à modeler	1 Le modelage libre	228
		2 Les boules	229
	Réflexes primitifs	1 Le réflexe d'agrippement	246

PARCOURS POUR LA PS

À partir du début d'année

Les activités proposées dès le début de l'année sont à continuer tout au long de l'année scolaire.

COMPÉTENCES	THÈMES	ACTIVITÉS	PAGE
Développer sa latéralité	Latéralité	1 Le tableau d'observation	132
		2 Le déplacement des animaux	134
	Réflexes primitifs	2 Le réflexe tonique asymétrique du cou	248
Développer ses aptitudes motrices	Réflexes primitifs	1 Le réflexe d'agrippement	246
	Pâte à modeler	1 Le modelage libre	228
		2 Les boules	229
		3 Le colombin	231
	Manipulations	1 Enfiler	166
		2 Lacer	168
Synchroniser geste et parole	Mémoire	1 Les jeux d'écoute	176
		2 Les jeux de rythme	178
	Comptines et jeux de doigts	2 Les rondes	79
Découvrir le fonctionnement de la langue écrite	Dictée à l'adulte	1 Légender un dessin libre	94
Apprendre à bouger ses doigts	Comptines et jeux de doigts	1 Les comptines et jeux de doigts	76
	Gym des doigts	1 La gym des doigts des petits	122
Apprendre à tenir son crayon	Tenue du crayon	1 Les comptines pour tenir le crayon	274
Apprendre à maitriser son geste	Graphisme décoratif	1 Le jeu de la barbotine	104
		2 Le graphisme sur plan vertical	106
	Gribouillages	2 Le gribouillage avec un crayon	118

À partir du milieu d'année

En plus des activités proposées depuis le début de l'année, on peut, à partir de janvier environ, ajouter les activités suivantes.

COMPÉTENCES	THÈMES	ACTIVITÉS	PAGE
Se repérer dans l'espace	Sens conventionnel de l'écriture	1 Les alignements	266
Développer sa mémoire	Mémoire	3 Les comptines récapitulatives	179
	Logique	1 Les devinettes	158
		2 Les animaux	160

En fin d'année

Les activités proposées en fin d'année, à partir du printemps, ne sont pas forcément possibles à mener avec toutes les classes. Nous les proposons néanmoins pour les classes qui ont bien avancé dans les parcours. Ces activités peuvent être reportées au début de l'année suivante.

COMPÉTENCES	THÈMES	ACTIVITÉS	PAGE
Se repérer dans l'espace	Logique	3 Les puzzles d'observation	162
Développer sa mémoire	Mémoire	4 Le mémory	181
		5 La liste de courses	182

PARCOURS POUR LA MS

À partir du début d'année

Les activités proposées dès le début de l'année sont à continuer tout au long de l'année scolaire.

COMPÉTENCES	THÈMES	ACTIVITÉS	PAGE
Se repérer dans l'espace	Sens conventionnel de l'écriture	1 Les alignements	266
		3 Les parcours de motricité	269
	Logique	3 Les puzzles d'observation	162
Développer sa latéralité	Latéralité	1 Le tableau d'observation	132
		2 Le déplacement des animaux	134
		4 Les mouvements croisés	138
		5 Le grand huit en bambou	139
	Réflexes primitifs	2 Le réflexe tonique asymétrique du cou	248
Développer ses aptitudes motrices	Schéma corporel	2 La respiration	260
	Réflexes primitifs	1 Le réflexe d'agrippement	246
	Pâte à modeler	1 Le modelage libre	228
		2 Les boules	229
		3 Le colombin	231
		4 Le nid et la galette	233
	Manipulations	1 Enfiler	166
		2 Lacer	168
Développer sa mémoire	Logique	1 Les devinettes	158
		2 Les animaux	160
	Mémoire	3 Les comptines récapitulatives	179
		4 Le mémory	181
		5 La liste de courses	182
		6 Les comptines soustractives	183
	Schéma corporel	1 Le nom des doigts	258

COMPÉTENCES	THÈMES	ACTIVITÉS	PAGE
Synchroniser geste et parole	Mémoire	1 Les jeux d'écoute	176
		2 Les jeux de rythme	178
	Comptines et jeux de doigts	2 Les rondes	79
		4 Les comptines avec le nom des doigts	83
Découvrir le fonctionnement de la langue écrite	Dictée à l'adulte	1 Légender un dessin libre	94
		2 Réaliser un texte collectif	96
Apprendre à bouger ses doigts	Comptines et jeux de doigts	1 Les comptines et jeux de doigts	76
	Gym des doigts	1 La gym des doigts des petits	122
		2 La gym des doigts des moyens	124
Apprendre à tenir son crayon	Tenue du crayon	1 Les comptines pour tenir le crayon	274
		2 1, 2, 3… soleil !	276
		3 Lever le doigt avec le crayon	277
		4 La fléchette	279
Apprendre à déplacer son bras	Déplacement du bras	1 Le pousse-caillou	86
		2 Relier	87
		3 Le grand circuit	88
		4 Le petit circuit	89
Apprendre à maitriser son geste	Graphisme décoratif	1 Le jeu de la barbotine	104
		2 Le graphisme sur plan vertical	106
	Gribouillages	2 Le gribouillage avec un crayon	118
	Coloriages et mandalas	1 Le coloriage	70
Développer sa mémoire	Mémoire	7 Le jeu de Kim	185

À partir du milieu d'année

En plus des activités proposées depuis le début de l'année, on peut, à partir de janvier environ, ajouter les activités suivantes.

COMPÉTENCES	THÈMES	ACTIVITÉS	PAGE
Se repérer dans l'espace	Rythmes	1 La peinture à l'éponge	252
Développer sa latéralité	Latéralité	6 Les comptines pour la latéralité	140
		7 Le jeu de l'autobus	142
		8 Jacques a dit	143
Développer ses aptitudes motrices	Manipulations	3 Lacer avec un picfil	169
Synchroniser geste et parole	Comptines et jeux de doigts	3 Les jeux de mains	82
	Rythmes	2 Le tambourin	253
Découvrir le fonctionnement de la langue écrite	Prénom	1 Reconnaitre les différentes graphies	236
Apprendre à déplacer son bras	Déplacement du bras	5 Surligner	90
Apprendre à maitriser son geste	Coloriages et mandalas	2 Le mandala	72
	Graphisme décoratif	3 Le graphisme sur feuille	110
	Tracés préparatoires à l'écriture	1 Les traits verticaux et horizontaux	284
		2 Les ronds	286
		3 Les traits obliques	288
		4 Les rouleaux	290
		5 Les yoyos	291

COMPÉTENCES	THÈMES	ACTIVITÉS	PAGE
Apprendre à écrire les chiffres et les capitales	Capitales d'imprimerie	1 Le tracé des capitales	58
	Chiffres	1 Les tracés au sol	62
		2 Le livre à compter tactile	64
		3 L'écriture des chiffres	66
	Prénom	3 L'écriture du prénom en capitales d'imprimerie	237
Préparer l'écriture cursive	Boucles	1 Le pousse-poussière	46
		2 Les foulards	47
		3 Les boucles sur le tableau	50
		4 Laver la table	51
		5 Les boucles dans le sable	52

En fin d'année

Les activités proposées en fin d'année, à partir du printemps, ne sont pas forcément possibles à mener avec toutes les classes. Nous les proposons néanmoins pour les classes qui ont bien avancé dans les parcours. Ces activités peuvent être reportées au début de l'année suivante.

COMPÉTENCES	THÈMES	ACTIVITÉS	PAGE
Développer sa latéralité	Latéralité	3 Le jeu du chifoumi ou pierre-feuille-ciseaux	136
		9 Le jeu du robot	144
Découvrir le fonctionnement de la langue écrite	Sens conventionnel de l'écriture	5 La remise en ordre chronologique	272
Préparer l'écriture cursive	Boucles	6 Les boucles sur feuille	53
Développer sa mémoire	Mémoire	8 Le défi mémoire	186

PARCOURS POUR LA GS

À partir du début d'année

Les activités proposées dès le début de l'année sont à continuer tout au long de l'année scolaire. En début de GS, la plupart des activités proposées s'apparentent à des révisions, les compétences ayant déjà été travaillées précédemment. Il nous semble néanmoins important de les consolider.

COMPÉTENCES	THÈMES	ACTIVITÉS	PAGE
Se repérer dans l'espace	Sens conventionnel de l'écriture	2 Serrez-espacez	268
		3 Les parcours de motricité	269
	Rythmes	1 La peinture à l'éponge	252
Développer sa latéralité	Réflexes primitifs	2 Le réflexe tonique asymétrique du cou	248
	Latéralité	1 Le tableau d'observation	132
		3 Le jeu du chifoumi ou pierre-feuille-ciseaux	136
		4 Les mouvements croisés	138
		5 Le grand huit en bambou	139
		6 Les comptines pour la latéralité	140
		7 Le jeu de l'autobus	142
		8 Jacques a dit	143
		9 Le jeu du robot	144
		10 Les déplacements sur quadrillage	145
		11 Le sapin décoré	149
Développer ses aptitudes motrices	Schéma corporel	2 La respiration	260
	Réflexes primitifs	1 Le réflexe d'agrippement	246
	Pâte à modeler	1 Le modelage libre	228
		2 Les boules	229
		3 Le colombin	231
		4 Le nid et la galette	233
	Manipulations	1 Enfiler	166
		2 Lacer	168
		3 Lacer avec un picfil	169

COMPÉTENCES	THÈMES	ACTIVITÉS	PAGE
Développer sa mémoire	Comptines et jeux de doigts	4 Les comptines avec le nom des doigts	83
	Mémoire	3 Les comptines récapitulatives	179
		4 Le mémory	181
		6 Les comptines soustractives	183
		7 Le jeu de Kim	185
		8 Le défi mémoire	186
	Logique	1 Les devinettes	158
	Schéma corporel	1 Le nom des doigts	258
Synchroniser geste et parole	Mémoire	1 Les jeux d'écoute	176
		2 Les jeux de rythme	178
	Comptines et jeux de doigts	2 Les rondes	79
	Rythmes	2 Le tambourin	253
Découvrir le fonctionnement de la langue écrite	Dictée à l'adulte	1 Légender un dessin libre	94
		2 Réaliser un texte collectif	96
	Sens conventionnel de l'écriture	5 La remise en ordre chronologique	272
	Prénom	1 Reconnaitre les différentes graphies	236
Apprendre à bouger ses doigts	Comptines et jeux de doigts	1 Les comptines et jeux de doigts	76
	Gym des doigts	2 La gym des doigts des moyens	124
		3 La gym des doigts des grands	129
Apprendre à tenir son crayon	Tenue du crayon	1 Les comptines pour tenir le crayon	274
		2 1, 2, 3… soleil !	276
		3 Lever le doigt avec le crayon	277
		4 La fléchette	279
Apprendre à déplacer son bras	Déplacement du bras	1 Le pousse-caillou	86
		2 Relier	87
		3 Le grand circuit	88
		4 Le petit circuit	89
		5 Surligner	90
		6 Le bulldozer	91

COMPÉTENCES	THÈMES	ACTIVITÉS	PAGE
Apprendre à maitriser son geste	Graphisme décoratif	3 Le graphisme sur feuille	110
	Coloriages et mandalas	1 Le coloriage	70
	Tracés préparatoires à l'écriture	1 Les traits verticaux et horizontaux	284
		2 Les ronds	286
		3 Les traits obliques	288
		4 Les rouleaux	290
		5 Les yoyos	291
		6 Le rond des fleurs	292
Apprendre à écrire en cursive	Boucles	1 Le pousse-poussière	46
		3 Les boucles sur le tableau	50
		4 Laver la table	51
		5 Les boucles dans le sable	52
		6 Les boucles sur feuille	53
	Chiffres	3 L'écriture des chiffres	66

À partir du milieu d'année

En plus des activités proposées depuis le début de l'année, on peut, à partir de janvier environ, ajouter les activités suivantes.

COMPÉTENCES	THÈMES	ACTIVITÉS	PAGE
Se repérer dans l'espace	Schéma corporel	3 Le pantin	261
Développer sa mémoire	Mémoire	9 Les poésies	187
Synchroniser geste et parole	Rythmes	3 Le guidage vocal	254
Découvrir le fonctionnement de la langue écrite	Dictée à l'adulte	3 Réaliser un mini-livre collectif	98
	Lettres à manipuler	2 Les lettres mobiles	155
Apprendre à bouger ses doigts	Tenue du crayon	5 La chenille qui oublie tout	280

COMPÉTENCES	ACTIVITÉS		PAGE
Apprendre à maitriser son geste	Graphisme décoratif	4 Les compositions	113
	Coloriages et mandalas	2 Le mandala	72
	Tracés préparatoires à l'écriture	7 Les yeux de chat	293
		8 Les pelotes	294
Apprendre à écrire en cursive	Chiffres	2 Le livre à compter tactile	64
	Lettres à manipuler	1 Les lettres rugueuses	152
	Boucles	7 Les petites boucles sur ligne	55
		8 Les grandes boucles	56
	Déplacement du bras	7 Les cordes à sauter	92
	Minuscules cursives	1 Écrire en cursive	190
		2 Les boucles : e et l	194
		3 Les pointes : i, u, t	197
		4 Les rondes : c, o, a, d	201
		5 Les ponts : m, n, r	206
	Prénom	3 Les prénoms des lutins	239

En fin d'année

Ces activités sont recommandées en fin d'année, à partir du printemps.

COMPÉTENCES	THÈMES	ACTIVITÉS	PAGE
Développer ses aptitudes motrices	Manipulations	4 Lacer ses chaussures	170
		5 Tisser	172
Découvrir le fonctionnement de la langue écrite	Dictée à l'adulte	4 Réaliser un mini-livre individuel	100

COMPÉTENCES	THÈMES	ACTIVITÉS	PAGE
Apprendre à écrire en cursive	Minuscules cursives	6 Les rouleaux : la lettre s	210
		7 Les ponts : p, h, k	212
		8 Les jambages : j, y, q, g, f	216
		9 Les finales hautes : b, v, w	221
		10 Les lettres z et x	225
	Prénom	4 L'écriture du prénom en lettres cursives	242

BOUCLES

OBJECTIFS

- Automatiser le sens conventionnel de l'écriture.
- Acquérir le sens de rotation de la boucle.
- Encoder le geste de la boucle.

PROGRAMMES

ÉDUSCOL « La question la plus récurrente à propos de la lettre "e" porte sur le ductus : faut-il la tracer comme une boucle dans un seul mouvement ou bien arrêter le geste après le trait d'attaque (ce qui introduit un arrêt dans le mouvement) pour tracer ensuite la boucle comme une lettre de type script ? Le tracé en boucle, d'un seul élan, permet la rapidité et la fluidité de l'écriture. »
▸ *L'écriture à l'école maternelle – La forme des lettres*, p. 8

LIVRET VERT « Connaitre une lettre, c'est aussi savoir la tracer. Les recherches montrent qu'une activité de traçage de lettres (surlignage, copie, etc.) permet à l'élève de mieux les mémoriser, contrairement au fait de les taper sur un clavier. » ▸ p. 39

À PARTIR DE LA MS

1 Le pousse-poussière

PRÉ-REQUIS pas chassés

INSTALLATION en classe devant le tableau

MATÉRIEL ENSEIGNANT aucun

MATÉRIEL ÉLÈVE un balai – une boulette de papier

7 à 10 minutes par groupe

Éviter les grands gestes : on pousse la « poussière » par petits à-coups !

Avec les élèves de GS, il ne faut pas hésiter à employer les termes « gauche » et « droite ».

On peut aussi réinvestir l'exercice en salle de motricité et faire une sorte de ronde avec des piquets comme balais chaque enfant poussant bien la poussière de gauche à droite.

Cette activité va permettre aux gauchers et aux élèves dont le sens de rotation « naturel » est le sens horaire d'acquérir de manière kinesthésique le départ du sens de rotation de la boucle.

CONSIGNE **Pousse la « poussière » bien droit avec le balai, de là (à gauche) à là (à droite). Puis donne le balai à ton camarade.**

Il faut prévoir 3 ou 4 passages par élève.

CRITÈRES DE RÉUSSITE

- ◯ Déplacement en pas chassés
- ◯ Déplacement de gauche à droite
- ◯ Petits à-coups horizontaux du balai

À PARTIR DE LA MS

2 Les foulards

PRÉ-REQUIS le pousse-poussière, p. 46

INSTALLATION en salle de motricité

MATÉRIEL ENSEIGNANT un lecteur audio – des musiques de danse

MATÉRIEL ÉLÈVE un foulard par élève (ou un ruban de GRS raccourci)

3 séances d'une demi-heure

Les travaux de Danièle Dumont[1], docteure en sciences du langage et spécialiste de l'écriture manuscrite, ont mis en avant le fait qu'il faut s'appuyer sur le geste pour enseigner l'écriture. Il s'agit donc de faire encoder le geste de la boucle sans que les élèves ne soient en train de « dessiner » des boucles dans l'espace. Ce n'est que dans un deuxième temps qu'on leur propose de laisser la trace du geste et qu'ils découvrent que tourner en avançant produit des boucles. On fait ainsi appel à la mémoire kinesthésique (mémoire du corps et du mouvement) et non visuelle.
Au cours de plusieurs séances de grande motricité, les élèves encodent progressivement le geste de la boucle. La boucle est réalisée en grand, avec l'ensemble du corps : les pieds avancent et le bras tourne simultanément.

Séance 1

Le matériel est distribué aux élèves pour exploration libre et recherche individuelle de mouvements. On peut passer plusieurs morceaux avec des rythmes différents pour inciter les enfants à caler leurs mouvements sur le rythme de la musique. Entre chaque morceau, les élèves s'allongent sur leur foulard pour marquer la fin du mouvement. Ils se relèvent avec le départ du morceau suivant.
Si certains élèves restent statiques, l'enseignant n'hésitera pas à les entrainer dans le mouvement, voire à fredonner la musique pour leur donner une impulsion.

⚠ Il faut laisser libre cours à l'imagination des enfants lors de cette séance d'expression corporelle.
On n'exige ni rotation, ni sens particulier à ce stade.

CONSIGNE **On va danser sur la musique avec les foulards. Quand la musique s'arrêtera, chacun devra se coucher sur son foulard.**

1 Danièle Dumont, *Le Geste d'écriture*, éd. Hatier, 2016.

Séance 2

En début de deuxième séance, on laisse les enfants retrouver les gestes de danse de la première séance et explorer librement l'espace et le rythme. Cette fois, à la fin du morceau, les élèves doivent rester statiques et se figer en « statue ». On répète l'exercice sur deux à quatre courts morceaux.

CONSIGNE 1 **On va danser sur la musique avec les foulards. Quand la musique s'arrêtera, faites la statue.**

On insistera bien sur l'immobilité à tenir lorsque la musique s'arrête. Il est possible de mener cette activité sous forme de jeu, où les enfants gagnent un point, par exemple, s'ils réussissent bien à se figer en « statue ». Il est déconseillé par contre d'éliminer les élèves qui y arrivent le moins bien, car cela aurait pour effet de prévoir plus de temps d'entrainement pour ceux qui réussissent le mieux !

Dans un deuxième temps, on va aborder la rotation du foulard dans le sens anti-horaire. Il commence à s'agir là d'imposer aux élèves le sens conventionnel de la boucle. L'enseignant repèrera rapidement les enfants pour qui il serait plus naturel de tourner dans l'autre sens.

La rotation du foulard indépendamment du mouvement des pieds peut présenter une difficulté pour les élèves qui ont du mal à dissocier les mouvements de leurs jambes et de leurs bras.

CONSIGNE 2 **À présent, sans bouger les pieds, faites tourner le foulard en commençant comme le pousse-poussière.**

Cette séance peut être réalisée en deux fois, si elle est difficile. La première fois, les élèves peuvent faire tourner le foulard sur le côté, puis la seconde fois, au-dessus de la tête et devant soi.

Séance 3

On débute la troisième séance en reprenant le jeu des statues et la rotation des foulards.
Puis on propose de combiner les deux actions : rotation du bras et déplacement en pas chassés.
En faisant cet exercice, c'est-à-dire en tournant et en avançant en même temps, l'élève produit des boucles. À aucun moment, on ne dira aux enfants : « faites des boucles ». Si on faisait cela, l'enfant convoquerait une image mentale de la boucle et essaierait de la dessiner dans l'espace. À l'inverse, en partant des gestes appris – pousse-poussière, rotation –, on mettra progressivement en place un apprentissage basé sur le mouvement.

VIDÉO

Travailler le geste de la boucle

nathaliemadelaine.fr
https://media.mdi-editions.com/f1a

⚠ Pour les élèves qui partent en sens horaire, faites référence au jeu du pousse-poussière.

💡 On peut réinvestir ce geste dans une chorégraphie en vue du spectacle de fin d'année.

Les élèves droitiers seront entrainés par le mouvement de la boucle, leur bras sera suivi par leur pied. À l'inverse, les élèves gauchers devront partir sur leur pied droit et tirer leur bras, qui devra suivre le mouvement. C'est plus difficile, ce qui explique que ces élèves ont souvent besoin d'un entrainement plus long.

CONSIGNE **Avancez en regardant vers le mur, comme pour le jeu du pousse-poussière, tout en faisant tourner le foulard devant vous.**

Le point de repère extérieur – qui peut être le mur ou tout autre élément en fonction de la configuration des lieux – permet de vérifier que le geste est bien effectué de gauche à droite. Le fait de suivre un mur permet de réactiver l'exercice des pas chassés, donc de s'appuyer sur la mémoire corporelle.

Certains enfants ont tendance à se détourner du mur et tourner leur bras sur le côté de leur corps : il ne faut pas hésiter à leur tenir un instant les épaules pour les faire avancer en pas chassés.

CRITÈRES DE RÉUSSITE

- ○ Fluidité du mouvement
- ○ Rotation anti-horaire
- ○ Coordination déplacement / rotation

À PARTIR DE LA MS

3 Les boucles sur le tableau

PRÉ-REQUIS les foulards, p. 47

INSTALLATION en classe devant le tableau

MATÉRIEL ENSEIGNANT aucun

MATÉRIEL ÉLÈVE un foulard – un feutre ou une craie selon le tableau

1 à 2 séances de 20 minutes

Après avoir travaillé le geste de la boucle en salle de motricité, on fait appel à la mémoire du geste pour reprendre l'activité en salle de classe, devant le tableau. Ce n'est que dans un troisième temps, après avoir consolidé le geste dans cette situation, qu'on proposera aux élèves de laisser une trace. Là encore, il s'agit de faire primer le geste sur le visuel.

CONSIGNE 1 **Fais tourner le foulard devant toi comme dans la salle de motricité, mais cette fois en regardant le tableau.**

⚠ Ne pas parler de boucles à ce stade !

Lorsque tous les enfants ont défilé devant le tableau en faisant tourner le foulard devant eux – certains plusieurs fois s'ils avaient du mal à fluidifier leur geste –, on leur propose de remplacer le foulard par une craie ou un feutre et de faire le même geste en laissant une trace sur le tableau.

CONSIGNE 2 **Fais comme avec le foulard : tourne et avance en même temps.**

Aider les gauchers à rester face au tableau en leur maintenant légèrement les épaules au départ.

CRITÈRES DE RÉUSSITE

- ○ Coordination déplacement / rotation
- ○ Déplacement en pas chassés
- ○ Rotation anti-horaire
- ○ Fluidité de la trace

À PARTIR DE LA MS

4 Laver la table

PRÉ-REQUIS le pousse-poussière, p. 46

INSTALLATION sur table

MATÉRIEL ENSEIGNANT aucun

MATÉRIEL ÉLÈVE un bol d'eau – un morceau de savon – une brosse – une éponge

10 minutes, à répéter

Utilisée classiquement en pédagogie Montessori, l'activité consistant à laver la table avec un protocole bien précis est une excellente préparation au tracé de la boucle. L'enfant doit prendre une petite brosse, la mouiller dans le bol d'eau, la frotter ensuite sur le savon puis laver la table en faisant de petits ronds de gauche à droite, ligne après ligne. Ensuite, avec l'éponge, on rince la table en effaçant la mousse, toujours de gauche à droite, mais cette fois tout droit.

CONSIGNE 1 **Mouille la brosse, frotte-la sur le savon, puis lave la table en allant de gauche à droite et en tournant. Attention ! On commence dans le sens de pousse-poussière !**

CONSIGNE 2 **Maintenant que la table est bien propre, efface la mousse avec l'éponge, en passant bien de gauche à droite.**

En pédagogie Montessori, on présente le matériel à l'enfant, on lui explique individuellement comment l'utiliser puis, une fois qu'il a réalisé l'activité, on lui dit qu'il peut la refaire autant de fois qu'il veut. Mais nul n'empêche de se réapproprier l'activité dans le cadre d'une classe ordinaire, en proposant à un groupe d'enfants de la faire en même temps. Il faut juste pour cela disposer d'une quantité suffisante de matériel.

CRITÈRES DE RÉUSSITE

- ○ Rotation et mouvement de gauche à droite
- ○ Retour à la ligne
- ○ Manipulation soigneuse du matériel

Une brosse à ongles fait très bien l'affaire.

VIDÉO

Laver la table

Maud Barbara
https://media.mdi-editions.com/2a9

Attention au retour à la ligne !

Ne pas dire à l'enfant de faire des boucles à ce stade. Juste de tourner et avancer.

Si les tables de la classe sont trop grandes, on peut faire laver des sets de table.

À PARTIR DE LA MS

5 Les boucles dans le sable

PRÉ-REQUIS les foulards, p. 47

INSTALLATION debout devant une table

MATÉRIEL ENSEIGNANT aucun

MATÉRIEL ÉLÈVE un bac plat rempli de sable ou de semoule

10 minutes, à répéter

Choisir un récipient plat avec des bords pas trop hauts.

Pour que les enfants retrouvent plus facilement le bon sens, les installer face au tableau.

Éviter de pratiquer cette activité assis, pour ne pas donner aux enfants l'habitude d'avoir le poignet levé quand ils sont assis pour écrire.

Il s'agit maintenant de reproduire le geste de la boucle dans le sable ou la semoule. Le contact avec la matière granuleuse crée une sensation différente.

Cette activité permet de travailler l'encodage de la boucle, toujours par le mouvement. Cette fois, les pieds ne bougent pas, c'est le bras qui réalise le mouvement : la rotation et la translation partent de l'épaule. Le poignet, lui, est toujours fixe.

L'avantage du tracé dans le sable est qu'il garde précisément la trace du mouvement, ce qui permet à l'enseignant de vérifier, même après coup, que le tracé a été effectué dans le bon sens.

CONSIGNE **Fais comme avec le foulard : tourne en avançant dans le sable. Pour effacer, tu n'as qu'à secouer doucement le bac !**

On pourra revenir au bac à sable ou à la semoule pour la suite du travail sur les formes de base de l'écriture cursive : petites boucles et grandes boucles, puis petites pointes et grandes pointes, etc.

CRITÈRES DE RÉUSSITE

- Coordination rotation / translation (tourne et avance)
- Rotation anti-horaire
- Fluidité de la trace

À PARTIR DE LA MS

6 Les boucles sur feuille

PRÉ-REQUIS position de la feuille – tenue du crayon, p. 273 – déplacement du bras, p. 85 – la fléchette, p. 279 – les foulards, p. 47

15 minutes, à répéter

INSTALLATION sur table

MATÉRIEL ENSEIGNANT aucun

MATÉRIEL ÉLÈVE une feuille A5 ou A4 sens paysage – un crayon à papier triangulaire

Il peut être intéressant de proposer cette activité les yeux fermés. Ainsi, l'enfant se concentre sur son geste et non sur le résultat produit.

Il s'agit maintenant de reproduire le geste sur plan horizontal avec un crayon en main. Cette activité ne peut être proposée que si les pré-requis sont en place : tenue du crayon, position de la feuille, mobilité du pouce. En MS, cela ne sera généralement envisageable qu'en fin d'année scolaire.
Cette activité est particulièrement importante car elle aborde le tracé de la boucle par un mouvement de rotation des doigts. Il vaut mieux prendre son temps plutôt que de l'introduire trop tôt, au risque d'avoir plusieurs élèves qui la réalisent mal et prennent de mauvaises habitudes.

CONSIGNE RITUALISÉE 1, 2, 3, soleil ! Le crayon est dans le hamac. La feuille est bien placée... On est prêt !

CONSIGNE Fais comme avec le foulard : tourne les doigts en avançant.

Lors de cette séance, les doigts jouent le rôle que jouait le bras dans la séance du foulard et l'avant-bras le rôle que jouaient les pieds. Le poignet ne tourne dans aucun cas.

Si l'élève « coince », ne pas hésiter à lui proposer de retourner au tableau faire le geste en grand.

L'activité peut aussi être proposée sur l'ardoise avec une craie ou un feutre. Lors d'une reprise de l'activité, il est possible d'ajouter un support sur lequel est déjà imprimé un chemin dans lequel l'enfant devra inscrire les boucles qu'il trace. Ce support visuel peut n'arriver que dans un second temps, une fois la fluidité déjà acquise.

CRITÈRES DE RÉUSSITE

- ◯ Posture, position de la feuille et tenue du crayon correctes
- ◯ Mobilité des doigts
- ◯ Déplacement de l'avant-bras parallèle à la feuille
- ◯ Fluidité du geste

À PARTIR DE LA GS

7 Les petites boucles sur ligne

PRÉ-REQUIS tenue du crayon, p. 273 – déplacement du bras, p. 85

10 minutes, à répéter

INSTALLATION sur table

MATÉRIEL ENSEIGNANT aucun

MATÉRIEL ÉLÈVE un crayon à papier triangulaire – une feuille lignée ou un cahier à colonnes

⚠ Il ne s'agit pas de faire une ligne entière de boucles, ce qui nécessiterait de déplacer le poignet en même temps, mais des petites séries de 3 à 5 boucles.

Pour porter le mouvement, on peut scander, « tourn', tourn', tourn' » tout en faisant le geste.

Ne pas proposer un interlignage plus important que 3 mm pour permettre de réaliser les boucles d'un mouvement des doigts.

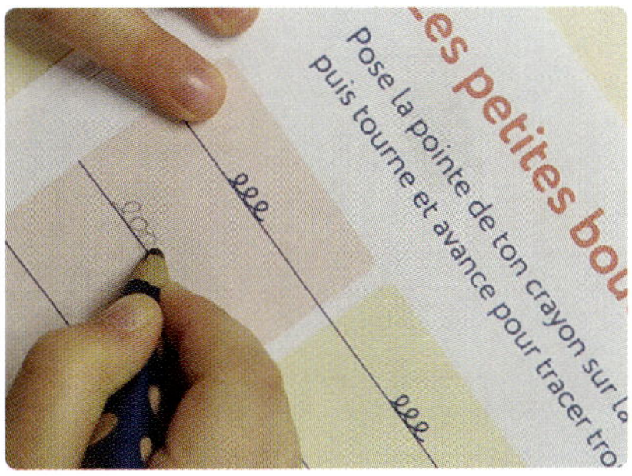

Traçage de petites boucles sur le cahier d'écriture GS.

Une fois le geste de la boucle bien maitrisé, on peut proposer aux élèves, généralement à partir de la **GS**, de poser les petites boucles sur une ligne. Le geste démarre de la ligne, tourne en avançant, et revient vers la ligne. Il est plus facile de tracer plusieurs petites boucles consécutives que d'en tracer une seule.

CONSIGNE RITUALISÉE 1, 2, 3, soleil ! Le crayon est dans le hamac. La feuille est bien placée… On est prêt !

CONSIGNE Positionne bien ton cahier, tiens-le avec l'autre main, et fais trois petites boucles sur la ligne. Tu tournes, tournes, tournes trois fois, tu glisses et tu recommences !

Dans un deuxième temps, si l'élève maitrise bien son geste, on peut lui proposer de tracer les petites boucles sur un lignage Gurvan ou Seyès 3 mm. Si chaque élève dispose d'un exemplaire du cahier d'écriture GS, il est recommandé de travailler d'abord les pages 16 à 19 (les boucles et les pointes), puis les deux premières lignes (sur fond blanc) des pages 22 à 26, avant d'aborder l'écriture des lettres, puis des mots sur lignage Gurvan.

CRITÈRES DE RÉUSSITE

- ○ Alignement bras-poignet-main
- ○ Tenue du crayon correcte
- ○ Mobilité des doigts
- ○ Fluidité des boucles

À PARTIR DE LA GS

8 Les grandes boucles

PRÉ-REQUIS les petites boucles sur ligne, p. 55 – la fléchette, p. 279

INSTALLATION sur table

MATÉRIEL ENSEIGNANT aucun

MATÉRIEL ÉLÈVE un crayon à papier triangulaire – une feuille blanche ou un cahier à colonnes

10 minutes, à répéter

Les grandes boucles doivent être faites d'un mouvement du pouce.

Si l'élève peine à faire redescendre sa grande boucle, lui dire de replier son pouce.

ARTICLE

Le grapho-dé

nathaliemadelaine.fr https://media.mdi-editions.com/ksa

Il est important d'accompagner le geste par un guidage vocal.

Il s'agit maintenant d'apprendre à tracer des grandes boucles. Pour cela, il faut tracer une boucle, comme vu précédemment, tout en allongeant et repliant le pouce, comme dans l'exercice de la fléchette. Les grandes boucles ne sont donc pas des boucles de plus grande taille, mais des boucles étirées vers le haut.

CONSIGNE RITUALISÉE **1, 2, 3, soleil ! Le crayon est dans le hamac. La feuille est bien placée… On est prêt !**

CONSIGNE 1 **Fais des petites boucles. Puis fais la fléchette en même temps pour les transformer en grandes boucles.**

Il est ensuite possible de s'exercer à faire des petites et des grandes boucles alternativement, par exemple grâce à un jeu de dés à fabriquer, « le grapho-dé », présentant sur ses faces différentes boucles à tracer. Les enfants lancent à tour de rôle le grapho-dé et écrivent les formes représentées sur la face du dessus. Plusieurs combinaisons sont possibles : *lele*, *llee*, *eell*, *elle*, *leel*…

CONSIGNE 2 **Lance le dé, écris et en même temps dis ce que tu fais : grande, petite, grande, petite… grande, grande, petite, petite…**

CRITÈRES DE RÉUSSITE

- Tenue du crayon correcte
- Mobilité des doigts
- Proportions correctes des petites et des grandes boucles

CAPITALES D'IMPRIMERIE

OBJECTIFS

- Découvrir le fonctionnement du système d'écriture (sens conventionnel, espaces entre les mots, ordre des lettres, tracés des lettres).
- Connaitre le son et la graphie des capitales d'imprimerie.
- Commencer à faire des premiers exercices d'encodage.
- Être capable d'écrire son prénom dans cette graphie.

PROGRAMMES

BO 2021 « Le geste graphique nécessaire à l'écriture en capitales, plus facile que pour la cursive, ne fait pas l'objet d'un enseignement systématique. Lorsque l'écriture en capitales est pratiquée par les enfants, l'enseignant veille au respect de l'ordre des lettres et met en évidence les conséquences du respect ou non de cet ordre sur ce qui peut ensuite être lu. » ▸ p. 8

« Ce qui est attendu des enfants en fin d'école maternelle : Connaitre les correspondances entre les trois manières d'écrire les lettres : cursive, script, capitales d'imprimerie, et commencer à faire le lien avec le son qu'elles codent. » ▸ p. 10

ÉDUSCOL « En Moyenne Section, les enfants qui sont prêts peuvent s'exercer à la copie de mots simples (le plus souvent en capitales d'imprimerie), sous la tutelle de l'enseignant. »
▸ *L'écriture à l'école maternelle*, p. 6

À PARTIR DE LA MS

1 Le tracé des capitales

PRÉ-REQUIS tenue du crayon, p. 273 – tracés préparatoires à l'écriture, p. 283

INSTALLATION sur table

MATÉRIEL ENSEIGNANT le tableau – de la craie

MATÉRIEL ÉLÈVE une ardoise, une feuille A5 paysage ou un cahier d'écriture MS – une craie, un feutre d'ardoise ou un crayon triangulaire

10 à 15 minutes par famille de lettres

À partir du moment où l'on trace des lettres de l'alphabet, on entre pour de bon dans une activité d'écriture.
En effet, les lettres ne sont pas tracées pour elles-mêmes, mais pour leur valeur symbolique : geste, son et sens sont alors intimement liés et ne peuvent être dissociés. Tout l'art de l'enseignant consiste à travailler chaque habileté pour elle-même – on apprend séparément à positionner sa feuille, à tracer tel trait, à positionner les lettres de gauche à droite, à reconnaitre tel son – et à les travailler régulièrement ensemble pour leur permettre de converger vers l'écriture.

Penser à vérifier que le mobilier est réglé pour que l'élève ait les pieds en appui sur le sol et les avant-bras en appui sur la table.

Les capitales d'imprimerie ne sont pas à aborder avant le deuxième ou le troisième trimestre de MS. Il est recommandé de les classer par familles de formes, en commençant par les plus simples : L, T, I, E, F, H, qui sont constituées uniquement de traits horizontaux et verticaux.

Afficher la ou les lettres présentées dans les trois graphies (capitales d'imprimerie, minuscules script et cursive).

Les étapes ci-dessous sont à répéter pour chaque lettre :

1. Au tableau, faire la démonstration du tracé de la lettre, en expliquant bien ce que font les doigts (voir consignes ci-après, détaillées pour chaque lettre). L'enseignant présente la lettre par le son qu'elle produit et aura intérêt à utiliser le geste Borel-Maisonny correspondant.

Le geste Borel-Maisonny pour le O.

Les capitales d'imprimerie peuvent servir à écrire les prénoms ou quelques mots simples, entièrement déchiffrables, comme « FÊTE », « FLUTE », « LUTTE », « ILE »…

⚠ Il vaut beaucoup mieux présenter les lettres par leur son (lllllll, uuuuuuu, iiiiiiiiiiii, ffffffff, etc.) que par leur nom pour faciliter l'encodage.

💡 Il peut être pratique de baptiser des peluches ou autres marionnettes LILI, FIFI, LULU et de proposer d'écrire leurs prénoms. ADBERRAZAK et HERMELINE apprécieront sans doute d'avoir des mots plus simples à écrire que leurs prénoms, bien difficiles à tracer.
▸ **PRÉNOM, p. 235**

💡 Pour le geste de la demi-pomme, voir « Les ronds », p. 286

⚠ Quand on présente les lettres C, G et S, il est souhaitable de les présenter avec une seule valeur phonique : (k), (g) et (s), pour ne pas compliquer inutilement.

💡 Toutes les lettres commencent au-dessus de la ligne et en pliant le pouce, excepté A, N et M, qui commencent sur la ligne en dépliant le pouce.

2 Chercher collectivement quelques mots où l'on entend le son de la lettre.

3 Laisser les élèves s'entrainer sur ardoise. Il faut dire le son de la lettre en l'écrivant.

4 Puis laisser les élèves s'entrainer sur feuille A5, dans le sens paysage, ou sur une simple ligne.

Voici les consignes qu'il est possible de donner à l'enfant pour chaque lettre.

Les lettres à traits verticaux et horizontaux L T I F E H
L : Plie ton pouce, puis avance.
T : Plie ton pouce, puis trace un trait en haut.
I : Plie ton pouce, puis trace deux petits traits en haut et en bas.
F : Plie ton pouce, puis trace deux traits qui avancent.
E : Plie ton pouce, puis trace trois traits qui avancent.
H : Plie deux fois ton pouce, puis trace un trait au milieu.

Les lettres rondes C O Q G S
C : Fais le geste de la demi-pomme.
O : Commence comme un C et ferme-le.
Q : Fais un O. Lève le crayon et ajoute un petit trait.
G : Fais un C, remonte puis recule.
S : Commence comme un petit C puis tourne en rouleau.

Les lettres avec obliques A N M
Seules ces 3 lettres commencent sur la ligne dans un mouvement d'extension des doigts.
A : Déplie et plie ton pouce. Trace un trait au milieu.
N : Déplie, plie et déplie ton pouce.
M : Déplie, plie, déplie, et replie ton pouce.

Les lettres avec obliques V W K X Y **et le** U
V : Plie et déplie ton pouce.
W : Plie, déplie, plie et déplie ton pouce.
K : Plie ton pouce. Ajoute ensuite deux traits.
X : Plie ton pouce dans un sens puis dans l'autre.
Y : Plie un peu ton pouce puis plie dans l'autre sens jusqu'en bas.

U : Plie, tourne sur la ligne et déplie.

Les lettres avec rouleau P B D R

P : Plie le pouce, puis fais un petit rouleau.

B : Plie le pouce puis fais deux petits rouleaux.

D : Plie le pouce puis fais un grand rouleau jusqu'en bas.

R : Plie le pouce, fais un petit rouleau en haut puis trace un trait.

Les lettres Z **et** J

Z : Avance, plie le pouce en reculant puis avance de nouveau.

J : Plie et recule en tournant sur la ligne, puis trace un trait en haut.

CRITÈRES DE RÉUSSITE

- ◯ Respect du sens conventionnel de l'écriture
- ◯ Flexion du pouce
- ◯ Horizontalité des traits
- ◯ Assurance du tracé
- ◯ Connaissance du son de la lettre

CHIFFRES

OBJECTIFS

- Apprendre le sens du tracé des chiffres.
- Savoir lire les chiffres.
- Connaitre la quantité correspondante.

PROGRAMMES

BO 2021 « Les premières écritures des nombres sont introduites progressivement à partir des besoins de communication au sein de la classe (par exemple, le nombre d'élèves d'absents ce jour) ou dans la résolution de problèmes concrets. L'apprentissage du tracé des chiffres se fait avec la même rigueur que celui des lettres. La progression de la capacité de lecture et d'écriture des nombres s'organise sur le cycle, notamment à partir de quatre ans. » ▸ p. 16

« Ce qui est attendu des enfants en fin d'école maternelle : Lire les nombres écrits en chiffres jusqu'à 10. Commencer à écrire les nombres en chiffres jusqu'à 10. » ▸ p. 16

ÉDUSCOL « L'écriture chiffrée des nombres focalise moins l'attention que l'écriture des mots mais tient cependant une place aussi importante puisque quotidiennement sollicitée dès la Moyenne Section pour écrire la date. On constate souvent des inversions dans le tracé de quelques chiffres, principalement le 3, le 5 et parfois le 2. [...] L'observation montre que ces trois chiffres nécessitent un mouvement de rotation vers la droite, c'est-à-dire, l'inverse des lettres rondes, ce qui peut sans doute expliquer cette inversion. Ceci conforte l'idée qu'il est nécessaire d'exercer les élèves à tracer des ronds aussi bien vers la gauche (sens de rotation des lettres rondes) que vers la droite, mouvement nécessaire pour écrire le 2, 3, 5, mais aussi quelques lettres en capitales (B, D, P, R). » ▸ *La forme des lettres*, p. 15-16

À PARTIR DE LA MS

1 Les tracés au sol

PRÉ-REQUIS travail sur les quantités correspondantes

INSTALLATION dans la cour

MATÉRIEL ENSEIGNANT des craies

MATÉRIEL ÉLÈVE aucun

20 minutes

L'écriture des chiffres ne fait pas partie du système de l'écriture cursive. Les tracés se rapprochent de ceux utilisés pour écrire les capitales d'imprimerie. On aura intérêt à lier les deux apprentissages en Moyenne Section.
Comme pour les capitales d'imprimerie, il est à noter qu'il est fréquent que les enfants écrivent les chiffres à l'envers (en miroir), puisque l'écriture n'est pas portée par le geste cursif.

On peut classer les chiffres en trois catégories :
1 Les chiffres 1, 4 et 7 utilisent des traits verticaux, horizontaux et obliques.
2 Les chiffres 2, 3 et 5 sont tracés dans le sens du rouleau, et pourront être rapprochés de D, P, B, R.
3 Les chiffres 0, 6, 8 et 9 sont tracés dans le sens du rond, et pourront être rapprochés de C, O, G, Q.

Les tracés au sol n'ont pas vocation à être proposés systématiquement ni de manière exhaustive. Cette activité est surtout indiquée pour les élèves qui écrivent en miroir.

Dans la cour de récréation, l'enseignant trace le chiffre à la craie de manière à ce que chaque trait rectiligne tracé corresponde à la longueur d'un pas d'enfant.

CONSIGNE Suis le tracé du chiffre en marchant. En même temps, dis le chiffre à voix haute.

Pour bien distinguer les deux sens de rotation, nous proposons d'entrainer le sens du rouleau en traçant les anses de tasses et le sens du rond en complétant des demi-pommes.
▸ **TRACÉS PRÉPARATOIRES À L'ÉCRITURE, p. 283**
Attention cependant à bien installer d'abord un sens avant d'aborder le second.

⚠ On aborde l'écriture du chiffre uniquement s'il est porteur de sens pour les élèves, c'est-à-dire qu'ils connaissent la quantité correspondante.

Ainsi, pour les chiffres de la première catégorie, on dira aux élèves :

1 : Fais un pas qui monte et descends de deux pas.

4 : Descends d'un pas puis avance d'un pas. Saute sur le point et descends d'un pas.

Pour écrire le chiffre 4, les élèves doivent faire sauter le crayon entre

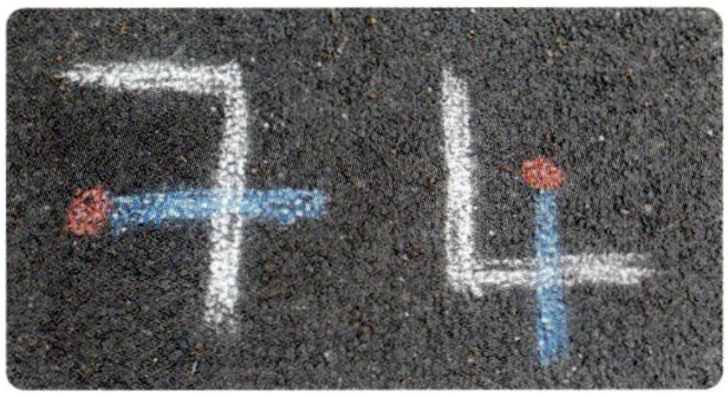

le tracé du trait horizontal et celui du trait vertical. Lorsqu'ils réalisent les tracés au sol, ils descendent d'un pas pour le trait oblique, avance d'un pas pour le trait horizontal, puis sautent sur un point qui marque le point de départ du trait vertical.

7 : Avance d'un pas, descends de deux pas. Saute sur le point et avance d'un pas.

Il est ensuite préférable de travailler les chiffres de la deuxième catégorie, les chiffres en rouleau, avant les chiffres ronds, car ils désignent des quantités plus petites.

2 : Avance en rouleau puis avance tout droit.

3 : Avance en petit rouleau, puis fais un deuxième petit rouleau.

5 : Descends d'un pas, fais un rouleau puis saute et avance d'un pas.

Vient ensuite la troisième catégorie : les chiffres dans le sens du rond.

0 : Commence comme le C et retourne au point de départ.

6 : Commence comme le C, avance et ferme le rond.

8 : Commence comme un petit C et suis le tracé qui serpente jusqu'au point de départ.

9 : Commence comme un petit C, ferme le rond, puis descends.

Il est à noter que les chiffres, comme les lettres d'ailleurs, s'écrivent différemment de leur version en caractères d'imprimerie. Les chiffres 4 et 7 sont particulièrement concernés : le 4 écrit à la main n'est pas refermé comme le 4 d'imprimerie, le 7 écrit à la main comporte une barre horizontale que le 7 d'imprimerie n'a pas.
Il faut veiller à ce que les élèves identifient les deux modèles.

CRITÈRES DE RÉUSSITE

- ◯ Déplacement correct selon le tracé
- ◯ Oralisation du chiffre correspondant

À PARTIR DE LA MS

2 Le livre à compter tactile

PRÉ-REQUIS travail sur les quantités correspondantes

INSTALLATION en ateliers puis en regroupement

MATÉRIEL ENSEIGNANT aucun

MATÉRIEL ÉLÈVE de la colle – des papiers de différentes textures

5 séances de 20 minutes
1 séance collective

Il est possible d'utiliser du matériel du commerce, tels les chiffres rugueux (matériel Montessori).

Pour encoder le tracé des chiffres, on aura intérêt à utiliser le sens du toucher.
Il peut être intéressant dans le cadre d'une activité sur les quantités de construire avec les élèves un livre à compter.

Au préalable, on peut donner à lire des livres à compter ou des albums faisant intervenir les nombres.
Le livre à compter est réalisé sur des feuilles A4 tournées dans le sens paysage ; ainsi, chaque double page est constituée de deux pages A5. Chaque groupe choisit deux chiffres et travaille donc sur deux doubles pages. Les chiffres ne seront probablement pas choisis dans l'ordre ; il faudra les remettre dans le bon ordre au moment de l'assemblage des pages.

Séance 1

L'enseignant explique que tous les élèves vont être mis à contribution pour réaliser un livre à compter tactile, jusqu'au chiffre 9, en utilisant différentes textures.

CONSIGNE 1 **Choisissez un chiffre, découpez-le et collez-le sur la page.**

Choisir des textures qu'ils peuvent découper de façon autonome.

Sur une des pages, on colle un grand chiffre à toucher bien centré sur la page. Chaque chiffre est réalisé avec une texture différente : feutrine, carton ondulé, papier argenté, papier crépon, velours, plastique, etc.

CONSIGNE 2 **Découpez et collez sur la page d'en face les éléments qui viennent décorer la page.**

Selon le niveau de classe et le choix de l'enseignant, on peut coller les doigts de la main levés, la constellation du dé, la quantité illustrée avec des objets, ou la configuration sur le boulier.

CONSIGNE 3 **Suis avec le doigt le tracé du chiffre. Qu'as-tu écrit avec ton doigt ?**

Quand tout est collé, on récapitule. Chacun leur tour, les élèves du groupe suivent le tracé et disent le chiffre à voix haute.

Il faut veiller à ce que l'élève suive le tracé du chiffre dans le bon sens.

Cet encodage kinesthésique se fait avec l'ensemble du bras. Le poignet ne bouge pas.

Séances suivantes

Lors des séances 2, 3, 4 et 5, on recommence le même déroulé : un nouveau groupe sélectionne deux autres chiffres parmi ceux qui n'ont pas été déjà choisis.

Séance 6

La dernière séance est consacrée à l'assemblage des pages et à la réalisation de la page de titre.
L'album est ensuite mis à disposition au coin bibliothèque.
À partir de la rédaction collective, il est possible de proposer la confection d'un album à compter individuel que l'enfant emportera à la maison.

CRITÈRES DE RÉUSSITE

- Tracé des chiffres dans le bon sens
- Connaissance du nom du nombre correspondant

À PARTIR DE LA MS

3 L'écriture des chiffres

PRÉ-REQUIS tenue du crayon, p. 273 – tracés préparatoires à l'écriture, p. 283

INSTALLATION sur table

MATÉRIEL ENSEIGNANT aucun

MATÉRIEL ÉLÈVE A5 ligné

5 à 10 minutes

Pour les enfants qui seraient en difficulté, il est possible de revenir à des activités sensorielles comme suivre un tracé au sol avec son corps, via les chiffres rugueux ou de s'entrainer dans le sable ou la semoule.

Il est important de ne pas travailler les chiffres dans le sens du rond tout de suite après avoir travaillé les chiffres en rouleau pour ne pas risquer des confusions entre rouleau (sens horaire) et rond (sens anti-horaire).

On abordera les chiffres au fur et à mesure du travail sur les quantités et selon la progression proposée dans les fiches précédentes.

CONSIGNE RITUALISÉE **1, 2, 3, soleil ! Le crayon est dans le hamac. La feuille est bien placée… On est prêt !**

1 : **Déplie un peu ton pouce, puis plie-le jusqu'à la ligne.**
4 : **Plie un peu ton pouce, avance. Lève le crayon et coupe le trait en pliant ton pouce.**
7 : **Avance, plie jusqu'à la ligne. Lève le crayon et coupe le trait en avançant.**

2 : **Fais un rouleau jusqu'à la ligne et avance.**
3 : **Fais deux petits rouleaux (comme le B).**
5 : **Plie un peu le pouce, fais un rouleau, puis lève le crayon pour avancer en haut.**

L'apprentissage de l'écriture des chiffres peut se dérouler sur un temps long, surtout en MS.

Avant d'aborder les chiffres 0, 6, 8 et 9, il faut avoir vu le geste de la demi-pomme et / ou de la lettre C.

0 : **Fais le geste de la demi-pomme / fais un C et ferme.**
6 : **Commence comme un C et ferme en bas.**
8 : **Commence comme un petit C / comme un S, fais un rouleau et ferme.**
9 : **Commence comme un petit C, ferme et plie en arrondi.**

La connaissance de l'écriture des chiffres permet d'avoir accès à l'écriture de la date sous sa forme abrégée, qui est préconisée dans les programmes. Les élèves peuvent ainsi dater leurs travaux en copiant un modèle proposé par l'enseignant.
Cette compétence sera réinvestie régulièrement lors des activités de dénombrement.

CRITÈRES DE RÉUSSITE

- ◯ Tracé d'un mouvement des doigts
- ◯ Respect du ductus

COLORIAGES ET MANDALAS

OBJECTIFS

- Explorer les nuances, les couleurs.
- Contrôler son geste : colorier une zone définie sans dépasser.
- Expérimenter les différences de pression.
- Apprendre à gérer l'espace de la feuille.
- Diriger son crayon d'un mouvement des doigts.

PROGRAMMES

ÉDUSCOL « Le coloriage n'est pas une activité de graphisme. Cette pratique, utilisée de façon routinière et occupationnelle, et de plus réalisée avec des outils inadaptés (feutres ou crayons de couleur de mauvaise qualité) sur des supports stéréotypés présente rarement un intérêt culturel. » ▸ *Le graphisme à l'école maternelle – Repères de progressitivité*, p. 8

REMARQUES

Il est donc à noter que la pratique du coloriage est déconseillée lorsqu'elle est utilisée de manière routinière et occupationnelle, avec des outils inadaptés et des supports sans intérêt. A contrario, le coloriage peut être intéressant à mener en tant qu'activité à part entière, avec des outils de bonne qualité et des supports présentant un intérêt !

En clair, il ne s'agit pas de donner des coloriages ou des mandalas aux enfants pour les occuper, mais bien de mettre en place un véritable travail d'apprentissage des techniques de coloriage. Il est à noter qu'à l'école élémentaire, le coloriage est considéré comme acquis et utilisé au quotidien. À l'entrée au CP, l'enfant se voit par exemple demander de colorier un dessin quand il entend le son (a) ou de colorier de la même couleur les additions qui ont le même résultat. Les enseignants se plaignent souvent de l'incapacité de leurs élèves à réaliser l'activité proprement. C'est donc un apprentissage important à mener à l'école maternelle, pour le confort des élèves dans la suite de leur scolarité.

À PARTIR DE LA MS

1 Le coloriage

PRÉ-REQUIS tenue du crayon, p. 273 – gribouillages, p. 115

INSTALLATION sur table

MATÉRIEL ENSEIGNANT un feutre bleu

MATÉRIEL ÉLÈVE des crayons de couleur – une feuille comportant un dessin à colorier ou le cahier d'écriture MS

15 minutes, à répéter

Choisir des crayons de bonne qualité, qui couvrent bien : si la mine est trop sèche ou trop fine, le coloriage ne sera pas facile à produire ; si elle est trop grasse, le résultat sera sale.

Ne pas utiliser de crayons de couleurs au corps trop épais, que l'enfant ne pourrait pas diriger d'un mouvement de ses doigts. Les crayons de couleurs de type « Jumbo » ont la taille maximale recommandée en maternelle.

Nombre d'enseignants de maternelle se détournent du coloriage, perçu comme une activité purement occupationnelle et sans grand intérêt pédagogique. Or, paradoxalement, il est exigé des enfants, dès le CP, qu'ils sachent colorier correctement : on ne compte pas les activités du type « colorie quand tu entends tel son », « colorie de la même couleur les opérations qui ont le même résultat », « colorie la phrase correcte »... Il est donc souhaitable que les élèves apprennent à colorier avant d'aborder l'école élémentaire.
Par ailleurs, le travail sur le coloriage permet d'apprendre à maitriser le geste de ses doigts et d'améliorer la coordination main-œil.
Il est donc utile d'enseigner aux élèves une technique de coloriage. Celle-ci consiste tout d'abord à faire le tour de la forme pour en délimiter l'espace à l'intérieur duquel on tournera les doigts.

CONSIGNE RITUALISÉE **1, 2, 3, soleil ! Le crayon est dans le hamac. La feuille est bien placée... On est prêt !**

L'enseignant a affiché le modèle agrandi au tableau, ou il en a reproduit une petite partie, et montre comment il faut procéder : « Je fais le tour de cette forme, puis je tourne les doigts pour bien la remplir, sans laisser de blanc, et sans dépasser ! Puis je continue et je passe à la forme suivante. »

Il est plus facile de commencer par des formes rondes ou arrondies.

CONSIGNE **Colorie chaque forme en commençant par le tour, puis colorie l'intérieur sans dépasser, en tournant les doigts. Dès que tu changes de crayon, pense à 1, 2, 3, soleil !**

L'enseignant peut passer auprès de chacun pour corriger une posture, replacer les doigts, accompagner le geste, repositionner la feuille en explicitant bien ce qu'on fait. Il est important d'utiliser le vocabulaire appris en classe. On peut aussi être amené à se référer à des exercices faits précédemment destinés à encoder un geste (1, 2, 3 soleil ou la fléchette).

▸ TENUE DU CRAYON, p. 273

CRITÈRES DE RÉUSSITE

- ◯ Tenue du crayon correcte
- ◯ Respect de la technique de coloriage

À PARTIR DE LA MS

2 Le mandala

PRÉ-REQUIS tenue du crayon, p. 273 – le coloriage , p. 70

INSTALLATION sur table

MATÉRIEL ENSEIGNANT aucun

MATÉRIEL ÉLÈVE un crayon de couleur foncée – une feuille avec un mandala vierge ou le cahier d'écriture MS

15 minutes à répéter – le mandala ne peut pas être colorié en une seule fois

Penser à bien tailler les crayons avant.

Sa forme ronde permet de tourner la feuille dans tous les sens pour que la surface à colorier soit toujours dans l'axe de l'avant-bras.

Le mandala est un dessin circulaire organisé autour d'un centre, qui vient d'une tradition bouddhiste très ancienne. C'est une activité qui fait aussi bien appel à l'organisation et à la symétrie qu'à la créativité et au sens artistique. Le coloriage de mandalas est une activité apaisante, qui aide à la concentration.

L'activité proposée ici vise à consolider le travail sur le coloriage, mais aussi à travailler la pression exercée sur le crayon. En effet, nombre d'élèves appuient trop fort avec leur index, sans en avoir conscience le moins du monde, ce qui peut à terme créer des douleurs à l'écriture. Le fait d'exercer différents degrés de pression sur le papier avec son crayon de couleur permet de prendre conscience de l'importance de cette pression, et progressivement, de mieux la maitriser.

Le mandala doit être composé de formes simples et d'un diamètre pas trop grand.

CONSIGNE RITUALISÉE **1, 2, 3, soleil ! Le crayon est dans le hamac. La feuille est bien placée… On est prêt !**

CONSIGNE **Colorie le mandala en appuyant plus fort pour faire une couleur foncée, moins fort pour faire une couleur claire.**

Prendre un moment pour expliciter les notions de couleurs claires et foncées.

En GS, les enfants ont acquis une meilleure gestion de l'espace et une meilleure maitrise du crayon. On peut à présent leur présenter des mandalas plus complexes et leur proposer trois niveaux de pression différents : clair, moyen et foncé.

On peut aussi laisser les enfants chercher eux-mêmes comment produire les nuances : « Je te donne un seul crayon, comment vas-tu faire pour que ce rond soit vert foncé et ce triangle vert clair ? »

CRITÈRES DE RÉUSSITE

- Tenue du crayon correcte
- Espace bien rempli
- Différences de pression visibles

COMPTINES ET JEUX DE DOIGTS

OBJECTIFS

- Maitriser les gestes des mains et des doigts.
- Mémoriser un texte et la gestuelle associée.
- Synchroniser gestes et paroles.
- Développer le schéma corporel.

PROGRAMMES

BO 2021 « Dès la Petite Section, les enfants sont sensibilisés à la composante sonore des mots par de l'écoute active et des jeux (jeux vocaux, comptines chantées, formulettes, chansons, petits poèmes, textes courts, etc.) qui stimulent leur curiosité et leur attention à l'univers des sons. » ▸ p. 7

« Ce qui est attendu des enfants en fin d'école maternelle : [...] Dire de mémoire et de manière expressive plusieurs comptines et poésies. » ▸ p. 9

ÉDUSCOL « Leur pouvoir d'attraction permet même de commencer une comptine et de la répéter afin d'attirer les enfants qui ne seraient pas encore mobilisés par l'activité. Même si tous les élèves d'une classe ne participent pas d'emblée par l'oralisation (enfants très jeunes et, plus durablement, ceux pour qui le français n'est pas la langue maternelle...), ils auront la possibilité, et rapidement le plaisir, d'entrer en action par l'activité gestuelle. Cet étayage par le geste fait du langage un objet de jeu et de curiosité qui aide à la mémorisation et permet que chacun puisse participer selon ses propres capacités. » ▸ *Ressources maternelle : Mobiliser le langage dans toutes ses dimensions*, p. 4

LIVRET VERT « Les comptines aident les élèves à entrer dans la découverte de l'écrit. Elles sont des supports permettant d'atteindre les compétences attendues dans le domaine de l'écrit à l'école maternelle. » ▸ p. 43

À PARTIR DE LA TPS

1 Les comptines et jeux de doigts

PRÉ-REQUIS aucun

INSTALLATION en regroupement

MATÉRIEL ENSEIGNANT aucun

MATÉRIEL ÉLÈVE aucun

10 minutes quotidiennement

VIDÉO

Monsieur Pouce

Éditions MDI
https://media.mdi-editions.com/z78

Cette comptine permet de travailler la flexion et l'extension du pouce.

On peut proposer de changer de main, pour travailler la flexion des deux pouces.

VIDÉO

Pomme de reinette

Éditions MDI
https://media.mdi-editions.com/c6w

Monsieur Pouce

Toc, toc, toc ! Monsieur Pouce, es-tu là ? *(frapper avec le poing sur l'autre poing fermé)*
Chut ! *(pouce caché à l'intérieur du poing – chut sur les lèvres avec l'index de l'autre main)*
Je dors *(pouce caché à l'intérieur du poing – autre main allongée, tête posée dessus)*
Toc, toc, toc ! Monsieur Pouce, es-tu là ? *(frapper avec le poing sur l'autre poing fermé)*
CHUUUT ! *(pouce caché à l'intérieur du poing – chut sur les lèvres avec l'index de l'autre main)*
JE DORS ! *(pouce caché à l'intérieur du poing – autre main allongée, tête posée dessus)*
Toc, toc, toc ! Monsieur Pouce, es-tu là ? *(frapper avec le poing sur l'autre poing fermé)*
Oui ! *(tête qui dit oui)*
Je sors ! *(le pouce sort du poing et se lève)*

Pomme de reinette

Pomme de reinette et pomme d'api
D'api d'api rouge
Pomme de reinette et pomme d'api
D'api d'api gris.
(les deux poings l'un sur l'autre passent alternativement dessus et dessous)

Cache ton poing derrière ton dos
Ou je te donne un coup de marteau !
(le poing se cache derrière le dos, l'autre poing tape sur la tête)

VIDÉO

Tourne, tourne, petit moulin

Éditions MDI
https://media.mdi-editions.com/zpv

Pour aider à la mémorisation, il est important de répéter les mêmes gestes jour après jour.

Tourne, tourne, petit moulin

Tourne, tourne, petit moulin *(faire tourner les mains l'une autour de l'autre)*
Tapent, tapent, petites mains *(applaudir en suivant le rythme)*
Vole, vole, petit oiseau *(mains inversées face à soi, accrocher les pouces et « battre des ailes »)*
Nage, nage, petit poisson *(mains jointes, onduler devant soi)*

Petit moulin a bien tourné *(faire tourner les mains l'une autour de l'autre)*
Petites mains ont bien frappé *(applaudir)*
Petit oiseau a bien volé *(mains inversées face à soi, accrocher les pouces et « battre des ailes »)*
Petit poisson a bien nagé *(mains jointes, onduler devant soi)*

VIDÉO

Tap, tap, tap !

Éditions MDI
https://media.mdi-editions.com/t3j

Les petits n'arrivent généralement pas à claquer des doigts, mais les frottent l'un sur l'autre.

Tap, tap, tap !

Mes petites mains font tap ! tap ! tap ! *(taper des mains)*
Mes petits pieds font tip ! tip ! tip ! *(taper des pieds)*
Une par ci *(une main tourne d'un côté)*
Une par là *(l'autre main tourne de l'autre côté)*
Trois petits tours *(les mains tournent trois fois l'une sur l'autre)*
Et puis voilà *(reposer les mains sur les cuisses)*

Les petites têtes font nic ! nic ! nic ! *(hocher trois fois la tête)*
Les petits doigts font tic ! tic ! tic ! *(claquer trois fois des doigts)*
Une par ci *(une main tourne d'un côté)*
Une par là *(une main tourne d'un côté)*
Trois petits tours *(les mains tournent trois fois l'une sur l'autre)*
Et puis voilà *(reposer les mains sur les cuisses)*

Les petites bouches font *(trois bruits de bisous)*
Les petites langues font *(trois claquages de langue)*
Une par ci *(une main tourne d'un côté)*
Une par là *(une main tourne d'un côté)*
Trois petits tours *(les mains tournent trois fois l'une sur l'autre)*
Et puis voilà ! *(lever les deux paumes vers le ciel devant soi)*

Enrouler le fil

Enrouler le fil *(les mains tournent dans un sens)*
Et dérouler le fil *(les mains tournent dans l'autre sens)*
Et tire *(une main fait mine de tirer quelque chose)*
Et tire *(l'autre main fait mine de tirer quelque chose)*
Et tape ! tape ! tape ! *(taper 3 fois dans les mains)*
La la la la… *(taper sur les cuisses)*

Le petit dit

Ils étaient 5 dans le lit et le petit dit : *(montrer la main ouverte)*
« Poussez-vous, poussez-vous » *(le petit doigt pousse les autres)*
Et l'un d'eux tomba du lit. *(le pouce se replie – faire le bruit de la chute)*
Ils n'étaient plus que 4 dans le lit et le petit dit : *(montrer la main ouverte avec quatre doigts)*
« Poussez-vous, poussez-vous » *(le petit doigt pousse les autres)*
Et l'un d'eux tomba du lit. *(l'index se replie – faire le bruit de la chute)*
Ils n'étaient plus que 3 dans le lit et le petit dit : *(montrer la main ouverte avec trois doigts)*
« Poussez-vous, poussez-vous » *(le petit doigt pousse les autres)*
Et l'un d'eux tomba du lit. *(le majeur se replie – faire le bruit de la chute)*
Ils n'étaient plus que 2 dans le lit et le petit dit : *(montrer la main ouverte avec deux doigts)*
« Pousse-toi, pousse-toi » *(le petit doigt pousse l'annulaire)*
Et l'un d'eux tomba du lit. *(l'annulaire se replie – faire le bruit de la chute)*
Le plus petit resta tout seul dans le grand lit et dit : *(agiter l'auriculaire)*
« Comme on est bien tout seul dans un grand lit ! » *(bruit de satisfaction)*

Petits pouces

Petits pouces ont peur du loup *(les deux pouces sortent timidement des poings fermés)*
Ils se promènent par-ci, *(pouces levés les poings vont vers la droite)*
Ils se promènent par-là. *(pouces levés les poings vont vers la gauche)*
Hou, hou, petits pouces, cachez-vous vite ! *(les deux pouces se replient à l'intérieur du poing)*
Voici le loup ! *(faire le hurlement du loup)*

VIDÉO
Enrouler le fil
Éditions MDI
ttps://media.mdi-editions.com/ska

VIDÉO
Le petit dit
Éditions MDI
https://media.mdi-editions.com/t3p

Ces comptines permettent de travailler sur la coordination bilatérale.

VIDÉO
Petits pouces
Éditions MDI
https://media.mdi-editions.com/etr

Ces comptines permettent de travailler la dissociation des doigts.

Regarder quelle main l'élève utilise : cela peut permettre de confirmer sa latéralité.

À PARTIR DE LA TPS

2 Les rondes

PRÉ-REQUIS aucun

INSTALLATION en salle de motricité ou dans la cour

MATÉRIEL ENSEIGNANT aucun

MATÉRIEL ÉLÈVE aucun

15 minutes une fois par semaine

Il existe de nombreuses rondes, qui ne semblent guère avoir de rapport avec l'écriture, mais qui préparent l'acquisition du rythme et la coordination entre geste, parole et déplacement. Il est recommandé de mener des rondes et jeux chantés en salle de motricité environ une fois par semaine durant l'ensemble de l'école maternelle.

Outre les rondes détaillées ci-dessous, on utilisera tous les grands classiques : *Dansons la capucine*, *Le fermier dans son pré*, *J'aime la brousse*, *Le facteur n'est pas passé*, *Sur le pont d'Avignon*…

Une fois que les enfants connaissent bien la ronde, on peut nommer un meneur de jeu qui choisit avec quoi on plante les choux.

Savez-vous planter des choux ?

Savez-vous planter les choux ? *(ronde en refrain)*
À la mode, à la mode,
Savez-vous planter les choux ?
À la mode, de chez nous ?

On les plante avec le pied, *(la ronde s'arrête, les enfants tapent du pied)*
À la mode, à la mode,
On les plante avec le pied,
À la mode, de chez nous.

Refrain (reprendre la ronde)

On les plante avec le genou, *(la ronde s'arrête, les enfants tapent du genou par terre)*
À la mode, à la mode,
On les plante avec le genou,
À la mode, de chez nous.

Refrain (reprendre la ronde)

On peut aussi détailler le nom de chaque doigt (on les plante avec l'index, etc.)

On les plante avec le doigt, *(la ronde s'arrête,*
les enfants tapent du doigt par terre)
À la mode, à la mode,
On les plante avec le doigt,
À la mode, de chez nous.

Refrain (reprendre la ronde)

On les plante avec le coude, *(la ronde s'arrête,*
les enfants tapent du coude par terre)
À la mode, à la mode,
On les plante avec le coude,
À la mode, de chez nous.

Refrain (reprendre la ronde)

On les plante avec le nez, *(la ronde s'arrête,*
les enfants tapent du nez par terre)
À la mode, à la mode,
On les plante avec le nez,
À la mode, de chez nous.

Refrain (reprendre la ronde)

On les plante avec le tête, *(la ronde s'arrête,*
les enfants tapent la tête par terre)
À la mode, à la mode,
On les plante avec le tête,
À la mode, de chez nous.

Savez-vous planter les choux ? *(ronde en refrain final)*
À la mode, à la mode,
Savez-vous planter les choux ?
À la mode, de chez nous ?

Jean Petit qui danse

Les comptines sont le vecteur idéal pour intégrer le schéma corporel.

Jean petit qui danse
Jean petit qui danse

De son doigt il danse
De son doigt il danse

De son doigt doigt doigt
Ainsi danse Jean Petit

Jean petit qui danse
Jean petit qui danse

De sa main il danse
De sa main il danse

De sa main main main
De son doigt doigt doigt
Ainsi danse Jean Petit

Jean petit qui danse
Jean petit qui danse

De son bras il danse
De son bras il danse

De son bras bras bras
De sa main main main
De son doigt doigt doigt
Ainsi danse Jean Petit

Jean petit qui danse
Jean petit qui danse

De son pied il danse
De son pied il danse

De son pied pied pied
De son bras bras bras
De sa main main main
De son doigt doigt doigt
Ainsi danse Jean Petit

Jean petit qui danse
Jean petit qui danse

De sa tête il danse
De sa tête il danse

De sa tête tête tête
De son pied pied pied
De son bras bras bras
De sa main main main
De son doigt doigt doigt
Ainsi danse Jean Petit

Jean petit qui danse
Jean petit qui danse

De tout son corps il danse
De tout son corps il danse

De tout son corps corps corps
De sa tête tête tête
De son pied pied pied
De son bras bras bras
De sa main main main
De son doigt doigt doigt
Ainsi danse Jean Petit

À PARTIR DE LA MS

3 Les jeux de mains

PRÉ-REQUIS aucun

INSTALLATION en salle de motricité

MATÉRIEL ENSEIGNANT aucun

MATÉRIEL ÉLÈVE aucun

15 minutes hebdomadaires

Certains enfants ont du mal à croiser et vont toujours taper la main d'en face. Ne pas hésiter à les faire tourner d'un demi-tour sur eux-mêmes pour qu'ils voient que leur main droite change de place.

Une fois la comptine terminée, on change de partenaire et on recommence !

Les mouvements croisés proposés dans ces jeux de mains sont un excellent exercice de coordination et de latéralisation. Dans un premier temps, il est possible de mettre sur le bras droit de chaque enfant un point de repère, comme un bracelet.

Tiens, voilà main droite

Deux enfants sont face à face.

Tiens, voilà main droite ! *(les mains droites se frappent en croisant)*
Tiens, voilà main gauche ! *(les mains gauches se frappent en croisant)*
Tiens, voilà main droite, main gauche ! *(les deux mains se frappent à tour de rôle en croisant)*
Et tiens, voilà les deux ! *(les deux mains se frappent de face)*

Bonjour ma cousine

Deux enfants sont face à face.

Bonjour ma cousine
Bonjour mon cousin germain *(les enfants se donnent une poignée de main)*
On m'a dit que vous m'aimiez,
Est-ce bien la vérité ? *(coude plié, l'index tendu fait des allers-retours d'avant en arrière d'un côté de la tête)*
Je ne m'en soucie guère *(mains sur les hanches, les enfants font un demi-tour et se tournent le dos)*
Marchand de pommes de terre,
Passez par ici et moi par là *(les deux enfants montrent un côté, puis l'autre)*
Au revoir ma cousine, on se reverra ! *(les deux enfants se donnent une poignée de main et échangent leur place)*

À PARTIR DE LA MS

4 Les comptines avec le nom des doigts

PRÉ-REQUIS aucun

INSTALLATION en regroupement

MATÉRIEL ENSEIGNANT aucun

MATÉRIEL ÉLÈVE aucun

10 minutes
tous les jours

VIDÉO

Monsieur Pouce part en voyage

Éditions MDI
https://media.mdi-editions.com/bsa

Les noms des doigts sont difficiles à mémoriser, il faut multiplier les occasions d'apprentissage, et penser à nommer les doigts lors d'autres activités, très régulièrement.

VIDÉO

Voici ma main

Éditions MDI
https://media.mdi-editions.com/h6p

Monsieur Pouce part en voyage

Monsieur Pouce part en voyage *(agiter le pouce qui sort du poing fermé)*
L'index lui montre le chemin *(sortir l'index et indiquer une direction)*
Le majeur porte la valise *(agiter le majeur vers le bas de la main, comme un crochet)*
L'annulaire porte le manteau *(agiter l'annulaire vers le bas de la main, comme un crochet)*
Et le petit auriculaire ne porte rien du tout *(faire non de la tête)*
Il trotte, trotte derrière, comme un petit toutou ! *(refermer les doigts et ne sortir que l'auriculaire, qui avance sur l'autre main)*

Voici ma main

Voici ma main, elle a 5 doigts *(ouvrir la main, doigts levés)*
En voici 2, en voici 3 *(lever d'abord pouce et index, puis le majeur)*
Celui-ci le petit bonhomme, c'est le pouce qu'il se nomme *(fermer le poing, sortir le pouce)*
L'index montre le chemin *(montrer avec l'index)*
Le majeur est le plus grand *(ouvrir la main et montrer le majeur avec l'autre main)*
L'annulaire porte un anneau, avec sa bague il fait le beau *(ouvrir la main, doigts levés, et faire le geste de passer un anneau avec l'autre main)*
Et le minuscule auriculaire est à côté de l'annulaire *(ouvrir la main, doigts levés, montrer l'auriculaire avec l'autre main)*
Voilà, regardez mes 5 doigts : chacun fait son métier ! *(agiter tous les doigts de la main)*

DÉPLACEMENT DU BRAS

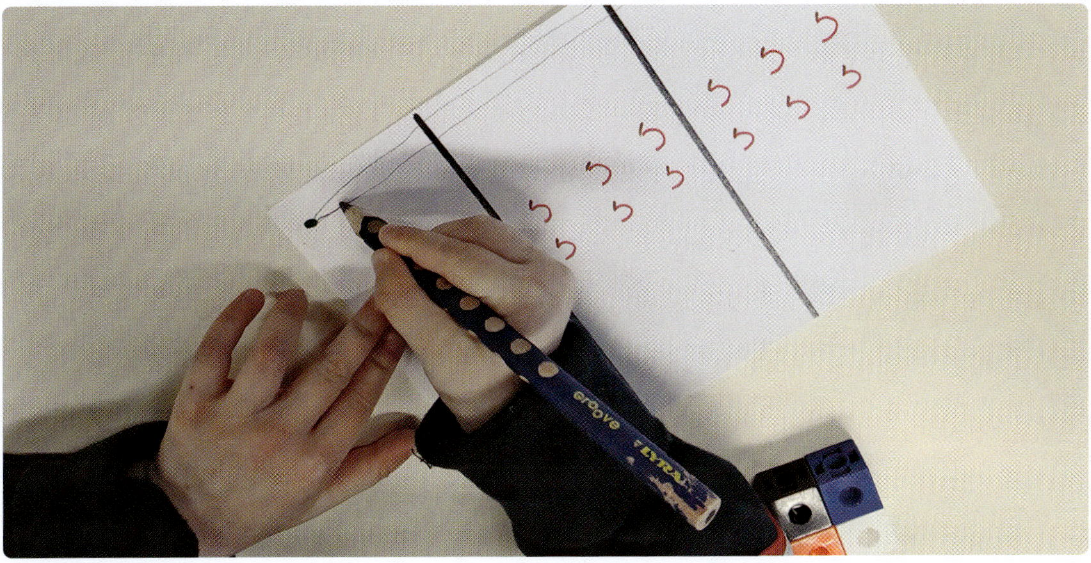

OBJECTIFS

- Placer sa feuille correctement.
- Bien tenir la feuille avec la main qui n'écrit pas.
- Déplacer l'avant-bras en appui sur la table.
- Garder la main, le poignet et l'avant-bras dans l'alignement.

PROGRAMMES

ÉDUSCOL « La préparation du corps […] contribue à la concentration nécessaire pour écrire : les pieds sont à plat sur le sol, les cuisses reposant sur l'assise de la chaise (veiller à la hauteur du mobilier), le buste légèrement incliné vers la table. Les élèves de maternelle […] ont tendance à étaler leurs deux avants bras et à coller le buste sur la table, ce qui freine le mouvement du poignet et la fluidité du geste. Cette tenue est coutumière à cet âge, il convient toutefois d'essayer de la réajuster pour permettre à la main qui écrit de se positionner sous la ligne d'écriture, que l'enfant soit droitier ou gaucher. Cette posture mettra du temps à s'installer spontanément. » ▸ *L'écriture à la maternelle*, p. 17

« Pour éviter [aux gauchers] la position fatigante de la main en pronation (main placée au-dessus de la ligne d'écriture, poignet « cassé »), il suffit d'incliner la feuille vers la droite dans l'axe du bras afin de faciliter la position de la main sous la ligne d'écriture. » ▸ *Les gauchers*, p. 3

LIVRET VERT « Les élèves doivent apprendre à revenir à la ligne une fois la première ligne terminée. Les élèves s'approprient ainsi le sens gauche-droite de l'écriture. » ▸ p. 57

À PARTIR DE LA MS

1 Le pousse-caillou

PRÉ-REQUIS tenue du crayon, p. 273

INSTALLATION sur table

MATÉRIEL ENSEIGNANT aucun

MATÉRIEL ÉLÈVE une feuille A4 sens paysage avec tracé de « routes » horizontales ou le cahier MS – un cube et un crayon triangulaire

3 à 4 séances de 10 minutes

La main et le poignet doivent rester alignés.

Veiller au placement de la feuille pour les gauchers. Il faut l'incliner mais aussi la décaler un peu vers la gauche.

Le mémo sur la position de la feuille

https://ecriture.mdi-editions.com

Pour les élèves qui n'arriveraient pas encore à être en appui sur la table, penser à utiliser un petit rectangle plastifié qui glisse sur la table (la glissette) !

Le pousse-caillou permet de renforcer le travail sur les appuis et le déplacement de l'avant-bras, mais également d'automatiser le sens conventionnel de l'écriture et le positionnement de la feuille. Il doit être réalisé en prêtant attention à la posture : corps face à la table, pieds en appui, avant-bras posés. On peut le proposer en deux étapes : d'abord sans crayon, donc sans laisser de trace, puis avec le crayon.

CONSIGNE 1 **Pousse le caillou avec ton avant-bras en restant bien sur la route.**

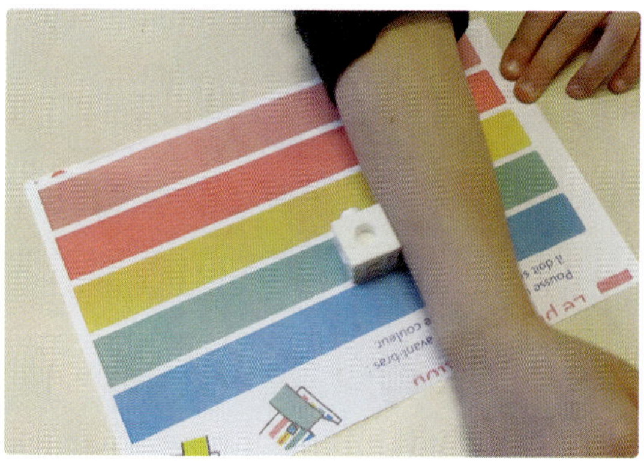

CONSIGNE RITUALISÉE **1, 2, 3, soleil ! Le crayon est dans le hamac. La feuille est bien placée... On est prêt !**

CONSIGNE 2 **Prends ton crayon et trace le chemin du pousse-caillou.**

CRITÈRES DE RÉUSSITE

- ○ Glissement de l'avant-bras
- ○ Posture et tenue du crayon correctes

À PARTIR DE LA MS

2 Relier

PRÉ-REQUIS tenue du crayon, p. 273

INSTALLATION sur table

MATÉRIEL ENSEIGNANT aucun

MATÉRIEL ÉLÈVE des fiches ou le cahier d'écriture MS

5 à 10 minutes, à répéter

Il faut que les éléments à relier soient bien l'un en face de l'autre pour inciter à déplacer le bras horizontalement.

On pourra utiliser les termes « gauche » et « droite », pour que les enfants apprennent par imprégnation.

On peut proposer de relier de simples gommettes collées de part et d'autre d'une feuille.

Cet exercice permet de travailler les appuis, le déplacement du bras et le sens conventionnel de l'écriture. Il permet aussi de travailler le bon positionnement de la feuille, dans l'axe de l'avant-bras.
Il convient de veiller à ce que l'élève ait une bonne posture, pour bénéficier pleinement de l'exercice.
On peut varier le folklore – relie la souris au fromage, le chien à sa niche… Les possibilités sont infinies !

CONSIGNE RITUALISÉE **1, 2, 3, soleil ! Le crayon est dans le hamac. La feuille est bien placée... On est prêt !**

CONSIGNE **Relie en glissant ton avant-bras.**

Il est possible d'utiliser un cube ou tout autre objet, comme pour le pousse-caillou, pour que l'enfant déplace bien l'ensemble de son avant-bras. Le fait de devoir pousser un objet l'oblige à se concentrer sur le déplacement de l'avant-bras au lieu de ne rester focalisé que sur la trace qu'il produit.

Exercice des bébés animaux du cahier d'écriture MS, p. 18.

CRITÈRES DE RÉUSSITE

- ◯ Posture et tenue du crayon correctes
- ◯ Glissement de l'avant-bras

À PARTIR DE LA MS

3 Le grand circuit

PRÉ-REQUIS posture correcte

INSTALLATION sur table

MATÉRIEL ENSEIGNANT aucun

MATÉRIEL ÉLÈVE une feuille A3 avec un circuit dessiné – une glissette (petit rectangle plastifié)

5 à 10 minutes, à répéter

Cet exercice permet de travailler la mise en place des appuis nécessaires à l'écriture. Il vise à habituer les enfants à déplacer leur avant-bras en glissant sur la feuille. Il s'agit de placer un rectangle plastifié – une « glissette » – sous le poignet puis de déplacer l'avant-bras en traçant le signe de l'infini (huit couché). Ce contact est souvent ressenti comme désagréable dans un premier temps. La « glissette » aide à matérialiser le geste.

CONSIGNE **Pars du milieu, va vers le haut, et fais glisser la glissette le long du circuit. Garde ton bras en contact avec la feuille et le poignet bien droit, même dans les virages !**

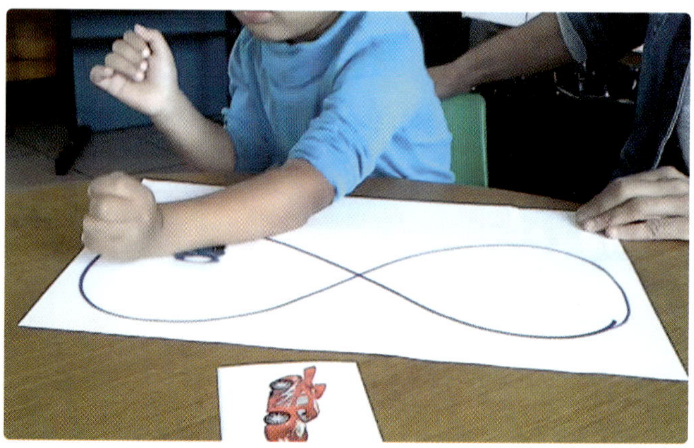

Cet enfant de PS fait glisser la petite voiture qui est représentée sur la « glissette », en suivant le circuit.

CRITÈRES DE RÉUSSITE

- Alignement main / avant-bras
- Glissement de l'avant-bras
- Fluidité du mouvement

Toujours commencer vers le haut !

Il est possible de proposer une étape préalable sur plan vertical au tableau – sans la glissette, bien entendu.

Cette activité stimule les deux hémisphères du cerveau. Cela agit sur l'attention et la concentration.

À PARTIR DE LA MS

4 Le petit circuit

PRÉ-REQUIS posture correcte – tenue du crayon, p. 273

INSTALLATION sur table

MATÉRIEL ENSEIGNANT aucun

MATÉRIEL ÉLÈVE une feuille A4 avec un circuit dessiné – un crayon triangulaire – une glissette

2 à 3 séances de 10 minutes

⚠ Les doigts ne bougent pas, ils restent en position « soleil » tout le long de l'activité. Le poignet reste aussi fixe. L'index doit être posé sans pression sur le crayon.

On cherche un mouvement fluide, pas un contrôle visuel. Si les enfants suivent trop scrupuleusement le tracé, on peut leur proposer de fermer brièvement les yeux, pour se concentrer sur leur mouvement.

Pour aider les élèves qui tordent le poignet, on peut leur dessiner une fleur ou une flèche sur le poignet : il faut que la tige ou la flèche reste droite.

Cet exercice a le même principe que celui du grand circuit, p. 88 : il permet de travailler la mise en place des appuis nécessaires à l'écriture et vise à habituer les enfants à déplacer leur avant-bras en glissant sur la feuille. Mais cette fois-ci, on travaille sur un format plus petit (A4) et il s'agit de suivre le circuit de l'infini en laissant une trace.
On n'incitera pas les élèves à essayer de faire se confondre leur trait avec le modèle, mais à suivre le circuit de manière fluide. Une bonne tenue du crayon est indispensable pour automatiser le bon geste.
Il est possible d'utiliser une glissette (un petit rectangle plastifié) et de la poser sous le poignet. Ainsi, l'enfant tient la glissette sous le poignet et n'a pas le bras en suspension.

CONSIGNE **Fais le circuit plusieurs fois en glissant ton bras sans bouger les doigts. Garde ton poignet bien droit !**

CRITÈRES DE RÉUSSITE

- ○ Alignement main / avant-bras
- ○ Glissement du poignet
- ○ Fluidité du mouvement

À PARTIR DE LA MS

5 Surligner

PRÉ-REQUIS posture correcte – tenue du crayon, p. 273

INSTALLATION sur table

MATÉRIEL ENSEIGNANT aucun

MATÉRIEL ÉLÈVE une poésie – des crayons de couleurs

10 minutes, à répéter

Avant de coller une poésie ou une comptine dans le cahier, on peut demander à l'élève de surligner chaque vers d'une couleur différente avec des crayons (et non un surligneur qui glisse trop). Cet exercice permet une observation active de l'écrit, ainsi que la consolidation du travail de posture, alignement de la feuille, déplacement du bras.

⚠ Le surlignage est obtenu en déplaçant l'avant-bras, pas les doigts.

CONSIGNE RITUALISÉE **1, 2, 3, soleil ! Le crayon est dans le hamac. La feuille est bien placée… On est prêt !**

CONSIGNE **Colorie chaque ligne d'une couleur différente en glissant bien ton avant-bras sur la feuille.**

Le changement régulier de crayon est l'occasion de travailler la prise en main de l'outil à plusieurs reprises.

Cette activité est l'occasion de faire le lien entre les lignes écrites et les phrases récitées ou chantées. En surlignant, l'enfant observe l'écrit et se rend compte que la longueur du texte est proportionnelle à la longueur de ce que l'on dit. Il est intéressant que l'enseignant, par moments, lise en suivant avec le doigt pour renforcer ce lien.

Comme le surlignage se fait en déplaçant l'avant-bras, il est possible, là aussi, d'utiliser un cube pour réactiver les habitudes prises lors du pousse-caillou, p. 86.

CRITÈRES DE RÉUSSITE

- ◯ Posture et tenue du crayon correctes
- ◯ Déplacement du bras

À PARTIR DE LA GS

6 Le bulldozer

PRÉ-REQUIS posture correcte – tenue du crayon, p. 273

INSTALLATION sur table

MATÉRIEL ENSEIGNANT aucun

MATÉRIEL ÉLÈVE une feuille A5 paysage à 4 colonnes ou le cahier GS – un crayon triangulaire

10 à 15 minutes, à répéter

Pour qu'ils ne se gênent pas, penser à installer les gauchers à gauche d'un droitier ou à côté d'un autre gaucher.

Ne pas confondre le mouvement du bulldozer (translation de l'avant-bras) avec celui de l'essuie-glace (rotation autour du coude), qui est à proscrire.

Il faut penser à bien tenir sa feuille ou son cahier pour que le mouvement du bras ne le fasse pas bouger.

Cet exercice travaille la mise en place des mêmes éléments que les exercices précédents mais sans repères visuels, excepté les colonnes aidant au déplacement de l'avant-bras.
Pour tracer le trait, la feuille est dans la « position pour écrire », c'est-à-dire dans le sens de l'avant-bras. Lorsque le trait est tracé, il est intéressant de faire remettre la feuille droite pour les yeux, dans la « position pour lire », pour que l'enfant prenne conscience du fait que le trait qu'il trace est horizontal dans le repère de la feuille.
Ce geste est essentiel pour l'apprentissage de l'écriture, puisque c'est le déplacement de l'avant-bras qui permettra de glisser entre les mots et assurer une bonne tenue de ligne.

CONSIGNE RITUALISÉE **1, 2, 3, soleil ! Le crayon est dans le hamac. La feuille est bien placée… On est prêt !**

CONSIGNE **Glisse ton bras en poussant le cube, comme pour le pousse-caillou, en traçant un trait avec la pointe de ton crayon.**

Cet élève a le bras parfaitement dans la colonne jaune. Il pousse un objet pour passer de colonne en colonne.

CRITÈRES DE RÉUSSITE

- ○ Positionnement correct de la feuille
- ○ Tenue du crayon correcte
- ○ Déplacement du bras parallèlement au bord de la feuille

À PARTIR DE LA GS

7 Les cordes à sauter

PRÉ-REQUIS posture correcte – tenue du crayon, p. 273

INSTALLATION sur table

MATÉRIEL ENSEIGNANT aucun

MATÉRIEL ÉLÈVE une feuille A3 paysage – un crayon

5 minutes, à répéter

L'axe de la feuille doit correspondre à celui de l'avant-bras.

Il est possible de proposer une étape préalable sur plan vertical.

Il est intéressant de faire verbaliser les sons au moment où l'élève les prononce, puis d'ajouter un son pour la corde à sauter. Par exemple : « llllleeee – zzzzzzioup ».

L'enseignant propose à l'élève de repasser vivement et plusieurs fois de suite sur le tracé de grande taille d'une ou deux lettres avec un retour en « corde à sauter » vers la gauche. On recherche la fluidité du mouvement, il ne s'agit donc pas de repasser précisément sur le trait. L'exercice permet d'encoder la forme d'une lettre ou d'un enchainement, sans être entravé par la mobilité des doigts, puisque le mouvement est fait avec tout le bras en appui sur la feuille.

CONSIGNE RITUALISÉE 1, 2, 3, soleil ! Le crayon est dans le hamac. La feuille est bien placée... On est prêt !

CONSIGNE Repasse rapidement sur le tracé en glissant ton bras sur la table. Tu peux dépasser !

CRITÈRES DE RÉUSSITE

- ◯ Tenue du crayon correcte
- ◯ Glissement de l'avant-bras sur la table
- ◯ Fluidité du geste

DICTÉE À L'ADULTE

OBJECTIFS

- Permettre à l'élève de construire sa représentation de l'écrit : sens conventionnel, correspondance oral / écrit, permanence de l'écrit.
- Comprendre le fonctionnement de la langue écrite, différente de la langue orale.
- Découvrir le rythme de la langue écrite, plus lent que celui de l'oral.
- S'approprier le vocabulaire spécifique de l'écrit (lettre, mot, phrase, ponctuation, majuscule…).

PROGRAMMES

BO 2021 « L'enseignant […] reprend les productions orales [de l'enfant] pour lui apporter des mots ou des structures de phrase plus adaptés qui l'aident à progresser. » ▸ p. 5

« Toute production d'écrits nécessite différentes étapes et donc de la durée avant d'aboutir ; la phase d'élaboration orale préalable du message est fondamentale, notamment parce qu'elle permet la prise de conscience des transformations nécessaires d'un propos oral en phrases à écrire. La technique de dictée à l'adulte concerne l'une de ces étapes qui est la rédaction proprement dite. D'autres expériences précoces […] contribuent aussi à une prise de conscience du pouvoir que donne la maitrise de l'écrit. » ▸ p. 8

ÉDUSCOL « Entre quatre et cinq ans, l'enfant distingue l'écrit du dessin. Il est capable d'identifier divers écrits, de copier un ou plusieurs mots, de s'essayer à écrire des mots. Il va assister et participer à la transformation de la parole en écrit (dictée à l'adulte). »
▸ *L'écriture à l'école maternelle*, p. 5

LIVRET VERT « Si la dictée à l'adulte permet à l'élève d'identifier l'intérêt, les finalités et les permanences de l'écrit, elle est aussi, de manière générale, un moyen privilégié pour rendre visible les "espaces" entre les mots. Pour être profitable aux élèves, cette activité doit être menée avec rigueur et uniquement en petit groupe. » ▸ p. 21
« L'intérêt de cette activité repose sur la mise en mémoire de l'énoncé, sa segmentation pour que le professeur puisse l'écrire. Le professeur oralise en même temps qu'il écrit. » ▸ p. 55

À PARTIR DE LA TPS

1 Légender un dessin libre

PRÉ-REQUIS aucun

INSTALLATION sur la table

MATÉRIEL ENSEIGNANT un crayon – une gomme

MATÉRIEL ÉLÈVE une feuille A5 – des crayons de couleurs

2 à 3 minutes / élève, pratiquer quotidiennement toute l'année au moment de l'accueil ou du réveil de la sieste

⚠ Le format A4 portrait est à proscrire, il risque d'induire un mauvais positionnement.

⚠ Veiller à la qualité des crayons de couleur : une mine trop tendre incitera à tenir le crayon vertical, une mine trop dure trouera le papier, un crayon de mauvaise qualité devra être taillé trop souvent.

⚠ Les feutres, que les enfants aiment beaucoup, ne permettent pas autant de nuances que les crayons de couleurs.

⚠ Si besoin, rectifier en douceur les mauvais positionnements sans pour autant insister pour ne pas freiner l'élan créateur des enfants.

Le dessin est le premier moyen d'expression de l'enfant avec un papier et un crayon. Il est essentiel de permettre à tous d'y avoir accès quotidiennement, surtout à notre époque où les enfants ont parfois plus facilement accès à du matériel électronique qu'à une feuille de papier et des crayons. L'aspect quotidien permet aux élèves d'expérimenter librement et de faire évoluer leurs dessins. Proposée par Catherine Huby[1], cette activité peut être organisée au moment de l'accueil du matin, par exemple, de manière quotidienne.

CONSIGNE **Fais un beau dessin sur cette feuille. Quand tu auras fini, j'écrirai ce que tu as dessiné.**

Les élèves dessinent librement sur une feuille de papier blanc.
Une seule feuille doit être mise à leur disposition, car les plus petits ont tendance à tracer un trait ou deux, puis à vouloir immédiatement changer de feuille. Ils commencent souvent par tracer au hasard, pour le plaisir du geste, et donnent une signification à leurs dessins a posteriori. Petit à petit, l'enseignant les amènera à avoir un projet de dessin avant de commencer.
Lorsque le dessin est terminé, l'élève se tourne vers l'enseignant qui le légende sous sa dictée.

Un dialogue peut s'engager avec l'enseignant :

— Qu'est-ce que c'est ?
— Une maison.
— Ah oui, elle est jolie. Où est la porte ?
— Ah, j'ai oublié la porte. Je la mets.

1 *Pour une maternelle du XXIe siècle*, GRIP éditions, 2015.

Rassembler par deux agrafes les dessins légendés du mois (ou du trimestre) avec une jolie couverture aux nom et prénom de l'élève.

On n'écrit jamais d'énoncés incorrects.

Ainsi, petit à petit, l'enfant construit un projet au moment de dessiner. Le fait qu'il sache ensuite qu'il va devoir parler de son dessin et que la place est prévue pour écrire l'incite à réfléchir à ce qu'il veut représenter.
L'enseignant reformule au besoin, et tout en écrivant, synchronise le geste et la parole. Il demande à l'élève de dicter plus lentement si besoin, et peut faire des observations sur les lettres, les mots, la ponctuation.
En PS, on s'attachera à reformuler correctement (pour certains le langage est encore très « bébé »). Si l'enfant dit : « A Papi, à la maison », on reformulera et on écrira à voix haute : « C'est Papi. Il est à la maison ».
À partir de la MS, on encouragera l'enfant à enrichir ses phrases. S'il énumère les différents éléments de son dessin, on lui proposera de « raconter l'histoire ».
Parfois, il peut être intéressant de présenter les dessins durant un regroupement et de lire en montrant les mots au fur et à mesure de la lecture. C'est un moment ou l'enfant perçoit la permanence de l'écrit et se remémore le moment de la dictée à l'adulte.

Dictée à l'adulte en PS.

Dictée à l'adulte en GS.

CRITÈRES DE RÉUSSITE

- ○ Évolution progressive de la formulation vers des phrases écrites correctes
- ○ Évolution progressive du dessin

À PARTIR DE LA MS

2 Réaliser un texte collectif

PRÉ-REQUIS une situation de communication avec un destinataire (les parents, une autre classe, des correspondants…)

INSTALLATION en regroupement

MATÉRIEL ÉLÈVE le tableau – un feutre ou une craie

20-30 minutes, 1 à 2 fois par semaine

⚠ Ne pas laisser les grands parleurs monopoliser la parole.

⚠ Écrire les phrases en cursive mais avec des majuscules bâtonnées (celles que les élèves connaissent).

⚠ Remplacer le pronom « on » (oral) par « nous », pour se rapprocher du langage écrit.

Il existe de multiples occasions en maternelle pour donner lieu à des productions collectives de textes : alimenter le cahier de vie par un compte rendu de sortie, activités de la classe, vie de la classe…
L'habitude se prend petit à petit de créer des écrits collectifs, qui permettent à la fois d'aider l'élève à se remémorer les activités qu'il a vécues, à acquérir le vocabulaire nécessaire et à s'imprégner de structures grammaticales correctes à l'écrit.
En **MS**, il peut suffire de récolter les énoncés de chaque élève sans mettre en ordre, juste écrire le prénom de l'enfant qui a dit l'énoncé. Si l'énoncé est correct, l'enseignant l'écrit en commentant.

Nous donnons ici l'exemple d'une activité de préparation de jus de raisin.

CONSIGNE **Racontez comment nous avons fabriqué le jus de raisin.**

ENSEIGNANT – Vous souvenez-vous des différentes étapes pour fabriquer le jus de raisin ?
FARID – On a écrasé le raisin.
ENSEIGNANT – J'écris : *Farid : Nous avons écrasé le raisin.* Qu'avons-nous fait d'autre ?
ALEX – Ma maman, elle a fait du jus de raisin avec nous.
ENSEIGNANT – *Alex : Ma maman a fait du jus de raisin avec nous.*
AMÉLIE – J'ai fait l'éponge.
ENSEIGNANT – Explique mieux Amélie. Qu'as-tu fait avec l'éponge ?
AMÉLIE – Nettoyé la table.
ENSEIGNANT – J'écris : *Amélie : J'ai nettoyé la table avec l'éponge.*

Pour relancer la participation, on pose des questions ouvertes comme : « de quoi vous souvenez-vous encore ? », « est-ce que nous avons tout dit ? » ...

En **GS**, on amène progressivement les élèves à :

- structurer le récit : employer le vocabulaire temporel (d'abord, puis, après, etc.) ;
- se situer dans le temps : par exemple retrouver la date à laquelle la classe a fait du jus de raisin sur le calendrier ou l'emploi du temps de la classe, relater les différents moments dans l'ordre, etc.

> ENSEIGNANT – Liam, peux-tu venir nous montrer sur le calendrier quel jour nous avons fait du jus de raisin ? Peux-tu nous dire la date ?
> (*L'enseignant ou ses camarades aident l'élève si besoin.*)
> LIAM – Mardi 14 septembre 2021.
> ENSEIGNANT – J'écris la date : Mardi 14 septembre 2021.
> Comment avons-nous fait le jus de raisin ?
> (*Laisser les élèves s'exprimer dans un premier temps.*)
> ENSEIGNANT – Très bien, mais essayons d'abord d'expliquer ce que nous avons fait en tout, tout premier.
> LUISA – On a lavé le raisin.
> ENSEIGNANT – Et avant de laver le raisin ?
> DALILA – On s'est lavé les mains avec du savon.
> ENSEIGNANT – J'écris : Avant de commencer, nous nous sommes lavé les mains avec du savon, puis nous avons lavé le raisin.

VIDÉO

La pédagogie de l'écoute

Les controverses de Descartes
https://media.mdi-editions.com/f7a

Pierre Péroz propose de donner un jeton à chaque élève qui s'exprime, le but étant que tout le monde en ait plusieurs à la fin de la séance.

Dans un dialogue question / réponse / question, seuls les grands parleurs peuvent s'exprimer, car les petits parleurs n'ont rien de nouveau à dire et donc se taisent. La pédagogie de l'écoute, préconisée par Pierre Péroz, propose un schéma question / réponse / réponse / réponse / réponse, où les répétitions sont autorisées. L'adulte n'interrompt pas le dialogue dès qu'une réponse a été donnée mais donne la parole à tous les enfants et reste en retrait. Ici, lors de la rédaction d'un texte collectif, l'adulte laisse plusieurs enfants s'exprimer afin de faire émerger le plus d'idées possible, puis rédige le texte à voix haute, en reprenant très exactement les termes des enfants, mais toujours avec des phrases grammaticalement correctes.

CRITÈRES DE RÉUSSITE

- ◯ Prise de parole de tous les élèves
- ◯ Évolution progressive du langage parlé

À PARTIR DE LA GS

3 Réaliser un mini-livre collectif

PRÉ-REQUIS pédagogie de l'écoute – dictée à l'adulte quotidienne – rédaction collective régulière

6 séances de 20 minutes

INSTALLATION
- séances 1 à 4 : en regroupement
- séance 5 : sur table

MATÉRIEL ENSEIGNANT le tableau et une craie – des feuilles A4 – un logiciel de mise en page et une imprimante / photocopieuse

MATÉRIEL ÉLÈVE des crayons de couleurs

Un modèle de mini-livre

https://ecriture.mdi-editions.com

À partir de rédactions collectives, il est possible avec une simple feuille A4 de créer un mini-livre, permettant de raconter une courte histoire sur trois doubles pages.
C'est l'occasion pour les enfants de créer et rapporter chez eux leur propre livre après l'avoir illustré.

CONSIGNE **Nous allons tous ensemble inventer une histoire. Ensuite, nous allons faire un mini-livre et chacun va pouvoir illustrer l'histoire.**

Séance 1

ENSEIGNANT – Qu'y a-t-il dans une histoire ? Oui, des personnages. De quel(s) personnage(s) allons-nous parler ?
(Laisser émerger les idées des élèves. Laisser argumenter et débattre. Choix collectif d'un ou plusieurs personnages.)
ENSEIGNANT – Ce personnage, que veut-il ? Que lui arrive-t-il ?
(Laisser émerger les idées des élèves. Laisser argumenter et débattre. Choix collectif d'un ou plusieurs éléments de l'histoire.)
ENSEIGNANT – Aujourd'hui, nous allons écrire le début de l'histoire. Comment commencer ?
(Faire émerger un début : « Il était une fois un loup… », « C'est l'histoire d'une petite fille… », « Crocro est un gentil crocodile »…)

Une fois un accord trouvé, l'enseignant écrit la ou les phrases au tableau ou sur une grande feuille, en oralisant chaque syllabe écrite.

Séances 2 et 3

Les phrases sont restées au tableau, ou bien la grande feuille est à nouveau affichée, avec le texte établi précédemment.
L'enseignant relit ce texte à voix haute et annonce qu'il faut maintenant raconter la suite de la même histoire.
La séance 2 peut se lancer par la question : « Qu'arrive-t-il ensuite ? » et la séance 3 par la question : « Comment l'histoire se termine-t-elle ? ».
Les phrases obtenues sont écrites et oralisées au tableau ou sur la feuille au fur et à mesure.

Séance 4

L'enseignant relit le texte de l'histoire en entier.
Il montre sur un exemple de mini-livre où va se trouver le texte (par exemple, sur la page de droite, si les pages de gauche sont illustrées).
Il reste deux pages blanches : la page de titre et la quatrième de couverture du livre. Il convient maintenant de se mettre d'accord sur un titre. Toutes les propositions sont écoutées et peuvent être notées au tableau. Il est possible de voter ensuite pour le meilleur titre.

Séances 5 et 6

Le mini-livre, imprimé, est distribué aux élèves.
L'enseignant relit l'histoire et propose de l'illustrer. Il insiste bien sur le texte de chaque double page.
Lors de la séance 5, les élèves illustrent la page de titre et la première double page.
Lors de la dernière séance, ils illustrent les deux dernières doubles pages.
Il est possible également d'ajouter un dessin sur la quatrième de couverture.

En fin d'année, on peut imprimer des mini-livres avec des textes en sons connus, pour les donner à lire et illustrer aux élèves.

CRITÈRES DE RÉUSSITE

- ◯ Mémorisation de l'histoire
- ◯ Illustration correspondante

À PARTIR DE LA GS

4 Réaliser un mini-livre individuel

PRÉ-REQUIS pédagogie de l'écoute – dictée à l'adulte quotidienne – rédaction collective régulière

INSTALLATION sur table

MATÉRIEL ENSEIGNANT un crayon à papier ou feutre effaçable – une gomme

MATÉRIEL ÉLÈVE un mini-livre vierge – des crayons de couleurs

30 à 40 minutes, à fractionner en deux ou trois fois
À répéter plusieurs fois dans l'année

Une fois que les élèves ont bien compris le principe du mini-livre, il peut être intéressant de proposer la réalisation de mini-livres individuels. L'idée est de faire raconter une histoire à chaque enfant selon le schéma narratif simple suivant : un ou des personnages, une situation initiale, une action, une conclusion.
Pour les élèves qui font le moins preuve d'imagination, on peut saisir toute occasion qui se présente (quand ils racontent quelque chose qui s'est passé à la maison, par exemple) en proposant : « C'est intéressant. Et si on le racontait dans un mini-livre ? »
L'enseignant demande à chaque élève de dicter la première page de son propre livre. Pendant que l'élève illustre cette page, il passe à l'élève suivant, et ainsi de suite. L'enseignant relit ce qui est déjà écrit à chaque fois qu'il reprend le mini-livre d'un élève.

CONSIGNE **Veux-tu inventer une petite histoire ?**

Première étape : la situation initiale

ENSEIGNANT – Elle parle de qui ton histoire ?
ARTHUR – Un chien.
ENSEIGNANT – Qu'est-ce qu'il fait, le chien ?
ARTHUR – Il se promène.
ENSEIGNANT – Où ?
Arthur – Dans la forêt.
ENSEIGNANT – Comment s'appelle-t-il ?
ARTHUR – Milou.
ENSEIGNANT – C'est un petit ou un gros chien ?
ARTHUR – Un petit.

ENSEIGNANT – D'accord, alors j'écris : Milou le petit chien se promène dans la forêt. *(l'enseignant écrit en bas de la double page)*. Maintenant tu vas dessiner le chien et les arbres de la forêt, là *(on montre l'espace réservé au dessin)*. Quand tu auras fini, tu reviendras me voir et on écrira la suite de ton histoire.

Deuxième étape : une rencontre et une action

ENSEIGNANT – Alors, voyons voir : « Milou le petit chien se promène dans la forêt. » Qu'est-ce qu'il va se passer maintenant ? Qui est-ce que Milou va rencontrer ?
ARTHUR – Un loup !
ENSEIGNANT – Qu'est-ce qu'il veut faire le loup ? C'est un gentil ou un méchant loup ?
ARTHUR – Gentil, il veut jouer avec Milou.
ENSEIGNANT – Qu'est-ce qu'il lui dit ?
ARTHUR – Je veux jouer avec toi.
ENSEIGNANT – Alors, on tourne la page, et j'écris : Il rencontre un loup qui lui dit : « Veux-tu jouer avec moi ? » Là, tu dessines le petit chien et le loup. Ils sont toujours dans la forêt, alors tu peux encore dessiner des arbres. Puis tu reviens me voir pour la fin de l'histoire.

La mémoire de travail est limitée à cet âge, il faudra bien entendu relire le texte de la page à l'enfant au fur et à mesure de l'avancée pour lui rappeler le contenu de son illustration.

Troisième étape : la résolution de l'histoire

Quand Arthur revient, la maitresse lit les deux premières pages puis sollicite Arthur pour terminer l'histoire.

ENSEIGNANT – Alors le loup et le petit chien ont bien joué. Qu'est-ce qui se passe maintenant que l'histoire va se terminer ?
ARTHUR – Ils rentrent chez leur maman.
ENSEIGNANT – Pourquoi doivent-il rentrer ?
ARTHUR – Pour manger.
ENSEIGNANT – Alors j'écris : Puis ils rentrent chez eux car leur maman les attend pour manger. Maintenant nous allons mettre le nom de l'auteur sur la couverture. Qui est l'auteur ? Eh oui, c'est toi ! Tu vois, là, sur la couverture, j'écris ton prénom et ton nom de famille. Et il faut un titre : pourquoi pas *Milou et le loup*, les deux pesonnages de l'histoire ?

Les petits livres peuvent également servir de support au compte rendu d'activités.

CRITÈRES DE RÉUSSITE

- ◯ Construction d'un récit cohérent, avec ou sans aide
- ◯ Illustration correspondante
- ◯ Mémorisation de l'histoire

Voici un exemple de mini-livre fait par Lily, GS.

GRAPHISME DÉCORATIF

OBJECTIFS

- Exécuter des tracés volontaires et affiner son geste.
- Reproduire des motifs avec exactitude.
- Organiser l'espace graphique.

PROGRAMMES

BO 2021 « Tout au long du cycle, les enfants rencontrent des graphismes décoratifs issus de traditions culturelles et d'époques variées. Ils constituent des répertoires d'images, de motifs divers où ils puisent pour apprendre à reproduire, assembler, organiser, enchainer à des fins créatives, mais aussi transformer et inventer dans des compositions. L'activité graphique conduite par l'enseignant entraine à l'exécution de tracés volontaires, à une observation fine et à la discrimination des formes, développe la coordination entre l'œil et la main ainsi qu'une habileté gestuelle diversifiée et adaptée. Ces acquisitions faciliteront la maitrise des tracés de l'écriture. » ▸ p. 12

« Ce qui est attendu des enfants en fin d'école maternelle : Réaliser une composition personnelle en reproduisant des graphismes. Créer des graphismes nouveaux. » ▸ p. 13

ÉDUSCOL « Il est désormais acquis que le dessin, le graphisme et l'écriture sont des activités différentes tout en ayant un point commun : elles sont de nature grapho-motrice, ce sont des tracés qui nécessitent l'usage d'un outil scripteur et une surface pour les recevoir, très souvent un support de papier. […] L'enseignant doit veiller à rendre lisibles ces différences, afin qu'il n'y ait pas d'ambigüité. » ▸ *Le graphisme à l'école maternelle,* p. 4

LIVRET VERT « Il est indispensable de distinguer les exercices graphiques de l'écriture bien qu'il soit nécessaire de proposer aux élèves des situations qui leur permettent de travailler le graphisme avant de les inscrire dans des apprentissages plus techniques. » ▸ p. 45

À PARTIR DE LA TPS

1 Le jeu de la barbotine

PRÉ-REQUIS aucun

INSTALLATION debout devant une table

MATÉRIEL ENSEIGNANT aucun

MATÉRIEL ÉLÈVE un tablier – de la barbotine liquide

une demi-heure, à répéter

Pour faire de la barbotine, on dilue de l'argile dans une grande quantité d'eau, pour obtenir une sorte de boue très liquide[1].

Séances 1 et 2

L'objectif premier ici est de laisser à l'élève le loisir d'explorer le plaisir sensoriel du contact avec la matière, d'expérimenter le résultat de ses mouvements sur une surface, de percevoir la trace qu'il a laissée, de mettre des mots sur les mouvements effectués et sur le résultat obtenu. Ce n'est que progressivement que l'élève passera de l'aléatoire à l'intentionnel.

⚠ Il est important de laisser l'enfant donner libre cours à son imagination et à son besoin de mouvement avant d'introduire des traces intentionnelles.

CONSIGNE Faites ce que vous voulez avec vos mains dans la barbotine.

Séances 3 et suivantes

CONSIGNE 1 Faites ce que vous voulez avec le doigt dans la barbotine et regardez le résultat.

⚠ Proposer une surface suffisamment grande pour que l'élève fasse des mouvements à partir de l'épaule.

Progressivement, l'enseignant peut isoler des tracés intéressants et facilement reproductibles, éventuellement les prendre en photo puis demander aux élèves de les refaire intentionnellement.
Par exemple :

CONSIGNE 2 Refaites comme Benjamin : glissez votre doigt tout droit. Cela fait un trait !

1 Daniel de Montmollin, *Le jeu de la barbotine, Un défi de la créativité.* Éditions La revue de la céramique et du verre, 2010.

Il est très intéressant de demander à l'élève de dire ce qu'il fait : « je tourne, je glisse, je tape, je frotte... ». Cette capacité à synchroniser geste et parole est très utile dans l'apprentissage de l'écriture cursive.

On peut remplacer la barbotine par du sable ou de la farine, dans un grand bac.

On peut faire varier l'activité au fil du temps en proposant de laisser des traces à un doigt, à plusieurs doigts, à deux mains, avec le poing, avec les yeux fermés... On peut également introduire un accompagnement musical pour rythmer le mouvement (lent, rapide...).

CRITÈRES DE RÉUSSITE

- ○ Exploration de toute la surface
- ○ Réalisation de tracés volontaires

À PARTIR DE LA PS

2 Le graphisme sur plan vertical

PRÉ-REQUIS aucun

INSTALLATION
– première partie : en salle de motricité ou dans la cour
– seconde partie : debout devant un plan vertical ou sur une table comportant une grande feuille

MATÉRIEL ENSEIGNANT un tambourin

MATÉRIEL ÉLÈVE un chevalet – une feuille grand format (raisin) – des outils scripteurs divers (sauf crayons ou feutres fins)

10 minutes collectives
10 minutes individuelles

Il peut être utile de prendre des photos lors de la séance de motricité pour pouvoir se remémorer plus tard l'activité.

En PS, le graphisme commence souvent en salle de motricité. Il est important que les élèves vivent le mouvement avec tout le corps pour qu'ils soient ensuite en capacité de reproduire ce mouvement en laissant une trace. L'essentiel ici est de transcrire sur le papier ce qui a été vécu corporellement, en faisant appel à la mémoire kinesthésique.

Pour produire des points :

- **En salle de motricité** : l'enseignant invite les élèves à sauter à pieds joints (sauter partout, sur des points dessinés au sol, dans des cerceaux, sur les carreaux du sol…). Il donne le rythme avec un tambourin.

CONSIGNE Sautez à pieds joints quand je frappe sur le tambourin.

Lorsque les enfants ont bien compris le jeu, on peut remplacer l'enseignant par un meneur de jeu.

On peut utiliser des applicateurs de gouache ou d'encre de type « chunky » ou des bouchons de liège trempés dans la peinture.

- **En classe** : l'enseignant propose aux enfants de se remémorer l'activité qu'ils ont faite en salle de motricité : « Vous vous souvenez, quand on sautait à pieds joints ? » Il peut également réutiliser le tambourin pour faire le lien avec l'activité motrice.

CONSIGNE Tapote sur la feuille comme quand tu sautais à pieds joints, au même rythme.

Le tracé du point implique un geste bref laissant une trace unique qu'il est possible de « bruiter » : « tap' », « toc », etc.

Pour produire des cercles :

- **En salle de motricité** : les élèves tournent autour de cerceaux ou de plots. Ils peuvent tourner les bras, chanter « Meunier, tu dors » en tournant de plus en plus vite…

CONSIGNE Choisissez chacun un plot et tournez autour. Attention, le rythme va accélérer !

- **En classe** : de retour en classe, l'enseignant rappelle aux élèves l'activité menée en salle de motricité : « Vous vous souvenez quand nous avons tourné autour des cerceaux ? » Il peut proposer de chanter la chanson de « Meunier, tu dors », pour mieux faire le lien avec l'activité motrice.

⚠ Il faut laisser les élèves tourner dans le sens qu'ils veulent. Il n'y a pas de sens conventionnel en graphisme.

CONSIGNE Sur la feuille, tourne autour des ronds comme quand tu faisais le tour des cerceaux.

Lorsque les enfants ont bien compris le jeu, on peut remplacer l'enseignant par un meneur de jeu.

Pour produire des lignes horizontales, verticales ou des quadrillages :

- **En salle de motricité** : l'enseignant demande aux élèves de suivre les lignes du carrelage ou une ligne tracée au sol, de marcher sur les poutres, puis de marcher tout droit sans repères.

CONSIGNE 1 Suivez la ligne tout droit et allez jusqu'au mur d'en face.

CONSIGNE 2 Avancez tout droit en regardant bien devant vous.

- **En classe** : de retour en classe, l'enseignant propose de se remémorer le travail fait en salle de motricité : « Vous vous souvenez quand on marchait bien droit ? Nous allons maintenant faire des traces bien droit, de la même manière. »
On fera remarquer que le fait d'avancer très lentement, que ce soit en motricité ou sur feuille, ne permet pas d'avancer droit. Il vaut mieux prendre son élan et se laisser porter que de s'appliquer !

⚠ Laisser toujours en parallèle des ateliers de dessin / peinture libre. Le graphisme ne doit pas nuire à la créativité des enfants.

Pour faire un quadrillage, attendre que les lignes verticales soient sèches avant de peindre les lignes horizontales.

Il est important que les tracés droits soient d'abord abordés en grande taille, avec déplacement des pieds pour les traits horizontaux.

CONSIGNE 1 Fais rouler ton rouleau de peinture tout droit jusqu'en bas.

Il est à noter qu'il vaut mieux commencer par les lignes verticales, plus faciles à tracer que les lignes horizontales.

CONSIGNE 2 Avance tout droit avec ton rouleau.

- **Prolongements possibles** : sur plan horizontal, les élèves font rouler des petites voitures dont les roues sont trempées dans la gouache.

Le retour collectif sur les productions est l'occasion d'utiliser un vocabulaire adapté avec les élèves : *droit*, *horizontal*, *vertical*, *oblique*, *courbe*, mais aussi *croisement*, *angle*, *bord*, *limite* et bien sûr *gauche*, *droite*, *haut*, *bas*, *centre*…

Pour produire des spirales :

- **En salle de motricité** : en amont, il est possible d'observer des escargots ou des œuvres plastiques utilisant ce motif et de le décrire avec les élèves, en passant le doigt dessus pour suivre la trace.

Puis, en salle de motricité, les élèves font une farandole ; l'enseignant guide la chaine en suivant une forme d'escargot.

On peut travailler dans les deux sens. Au lieu de s'éloigner, on peu commencer grand et rapprocher pour finir serré.

CONSIGNE **Faisons une ronde en escargot ! On commence tout serré, puis on va s'éloigner pour finir très grand !**

- **En classe** : de retour en classe, l'enseignant, comme d'habitude, évoque le travail mené en grande motricité avant de proposer de laisser une trace de ce mouvement.

CONSIGNE **Tourne de plus en plus petit, comme quand nous faisions la farandole dans la salle de motricité.**

CRITÈRES DE RÉUSSITE

- ○ Fluidité du geste
- ○ Utilisation correcte du vocabulaire

À PARTIR DE LA MS

3 Le graphisme sur feuille

PRÉ-REQUIS tenue du crayon, p. 273

10 minutes

INSTALLATION sur table

MATÉRIEL ENSEIGNANT aucun

MATÉRIEL ÉLÈVE un support A5 ou A4 paysage – des outils scripteurs de taille standard, de préférence triangulaires (feutres, crayons de couleur)

Le tracé du point implique un geste bref laissant une trace unique qu'il est possible de « bruiter » : tap', toc. Ce geste sera utile par la suite pour faire les points sur les *i* et les *j*.

À partir de la MS, on peut proposer aux élèves de tracer des gestes graphiques non plus en engageant tout le bras, mais avec les doigts. On propose des consignes plus fermées pour produire des gestes plus précis, mieux contrôlés. La démarche va consister à repérer des formes graphiques dans son environnement (classe, école, village, rue, nature…) ou à observer des œuvres plastiques (photos, peintures, architecture…), à les décrire et s'en inspirer pour créer à son tour sa propre production.

Pour produire des points :

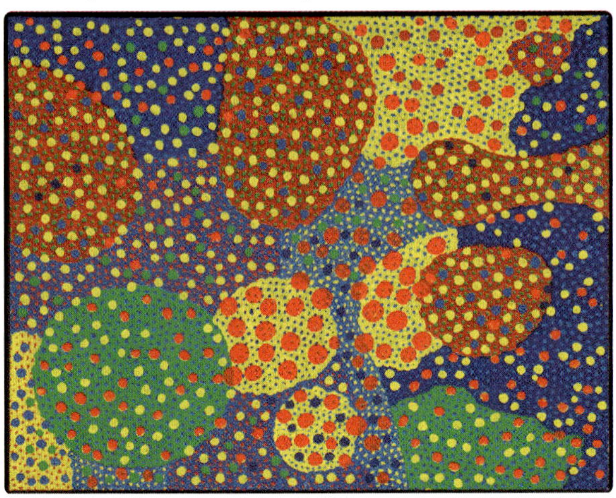

Il est possible de partir d'une observation de l'œuvre de Kusama Yayoi, *Untitled* (1967).
À partir d'une observation collective de l'œuvre, l'enseignant fait émerger la notion de points. On distinguera bien les petits ronds et les points : sur la surface d'un rond, on peut trouver plusieurs points. Il est alors possible de faire remarquer la proximité entre le mot « point » et le mot « pointe » : « un point, c'est juste la trace de la pointe du crayon ».
L'enseignant peut alors suggérer aux enfants de chercher, dans leur environnement, où il y a des points.

VIDÉO

Exemples de références culturelles pour le graphisme

Éduscol
https://media.mdi-editions.com/f8a

On passe ensuite au travail sur feuille.

CONSIGNE RITUALISÉE **1, 2, 3, soleil ! Le crayon est dans le hamac. La feuille est bien placée… On est prêt !**

CONSIGNE **Tapote la feuille avec la pointe de ton crayon pour faire des points. Ne soulève pas ton poignet.**

Pour produire des lignes horizontales, verticales ou du quadrillage :

L'enseignant observe, dans l'environnement, où l'on peut trouver des tracés horizontaux, verticaux ou des quadrillages. On pourra aussi bien observer les traits verticaux formés par un radiateur ancien que le bord horizontal du tableau noir, les quadrillages aux fenêtres et mille autres motifs présents dans l'école et ses alentours. C'est l'occasion d'exercer son sens de l'observation et d'utiliser le vocabulaire – *horizontal*, *vertical*, *quadrillage*, mais aussi *angle*, *bord*, *colonne*… L'enseignant n'hésitera pas à utiliser un vocabulaire précis (*gauche*, *droite*, *parallèle*, *perpendiculaire*…), même si les élèves n'ont pas encore le niveau pour se l'approprier. Ils pourront l'assimiler partiellement par imprégnation.

On passe ensuite au travail sur feuille.

CONSIGNE RITUALISÉE **1, 2, 3, soleil ! Le crayon est dans le hamac. La feuille est bien placée… On est prêt !**

CONSIGNE **Fais glisser ton bras tout droit pour tracer un trait. Ne soulève pas ton poignet.**

À partir de la MS, on peut commencer à produire des tracés horizontaux grâce à l'exercice du pousse-caillou (p. 86) ou du bulldozer (p. 91) : sur table, la feuille bien inclinée dans le sens du bras, on propose à l'élève de déplacer son bras de gauche à droite en poussant un objet positionné au niveau de son avant-bras. L'horizontale est ainsi abordée par rapport à la feuille et au bras et non plus par rapport au sol.

> On peut varier le sens de rotation, et proposer de faire tourner les doigts vers l'intérieur.

> Si l'enfant a produit une spirale de grande taille, il n'a sûrement pas utilisé la mobilité de ses doigts, mais celle de son poignet ou de son bras. Lui faire alors recommencer le geste sous le regard de l'enseignant pour le corriger.

> Il peut être plus facile de partir d'un point pour tracer la spirale.

Pour produire des spirales :

On propose aux élèves de chercher des spirales dans l'environnement : coquilles d'escargot, bien sûr, mais aussi parfois motifs décoratifs présents sur des grilles de balcons, des décorations de fête ou autre support. Le lien peut être fait avec les escaliers en colimaçon.

Si on a des coquilles d'escargot, on peut faire suivre leur forme du doigt à chaque élève, pour bien sentir le mouvement en spirale.

Ensuite, on passe au travail sur feuille.

CONSIGNE RITUALISÉE **1, 2, 3, soleil ! Le crayon est dans le hamac. La feuille est bien placée… On est prêt !**

CONSIGNE **Fais tourner tes doigts vers l'extérieur pour tracer une spirale. Ne soulève pas ton poignet.**

CRITÈRES DE RÉUSSITE

- ○ Tracés effectués d'un mouvement des doigts
- ○ Utilisation correcte du vocabulaire

À PARTIR DE LA GS

4 Les compositions

PRÉ-REQUIS posture – tenue du crayon, p. 273

10 à 20 minutes, à répéter

INSTALLATION sur table

MATÉRIEL ENSEIGNANT aucun

MATÉRIEL ÉLÈVE une feuille A5 ou A4 – des feutres et / ou crayons fins – une feuille

Les graphismes décoratifs se font sans support pointillé, sans ligne. Il n'y a pas de sens de tracé imposé.

Commencer sur des feuilles A5 pour qu'il soit plus facile d'occuper tout l'espace de la feuille.

Il convient en GS d'enrichir le répertoire graphique en réutilisant les différents graphismes maitrisés. Le but est de reproduire à plusieurs reprises le même tracé, plus ou moins de la même taille. Cette taille ne doit pas être supérieure à l'amplitude des doigts de l'enfant.

On peut d'abord proposer aux élèves de repérer les formes graphiques présentes dans leur environnement : ronds, carrés, croix, spirales, mais aussi losanges, croissants, arabesques diverses…
On proposera ensuite à chaque élève de choisir une forme et de remplir toute une page avec.
Dans un second temps, on proposera de délimiter des surfaces et de changer de signe graphique, en créant ainsi des compositions. On peut aussi bien ainsi orner un dessin préexistant qu'un dessin fait par l'élève.

CONSIGNE RITUALISÉE 1, 2, 3, soleil ! Le crayon est dans le hamac. La feuille est bien placée… On est prêt !

CONSIGNE 1 Choisis une forme graphique qui te plait et remplis toute la surface avec. Ne bouge que tes doigts quand tu traces la forme, puis déplace ton bras avant de la tracer à nouveau.

CONSIGNE 2 Choisis maintenant plusieurs formes qui te plaisent et utilise-les pour décorer le dessin.

Décoration d'un dessin de Linette, GS.

CRITÈRES DE RÉUSSITE

- ◯ Tracés effectués d'un mouvement des doigts
- ◯ Reproduction du même tracé à l'identique

GRIBOUILLAGES

OBJECTIFS

- Explorer le plaisir du geste et de la trace.
- Améliorer la maitrise du geste.
- Explorer et gérer l'espace de la feuille.
- Passer d'un geste ample mobilisant l'épaule à un geste précis mobilisant les doigts.
- Diriger son crayon d'un mouvement des doigts.

PROGRAMMES

BO 2021 « En Petite Section, [...] les exercices graphiques, en habituant les enfants à contrôler et guider leurs gestes par le regard, les entrainent à maitriser les gestes moteurs qui seront mobilisés dans le dessin et l'écriture cursive, à prendre des repères dans l'espace de la feuille. » ▸ p. 8

ÉDUSCOL « Le graphisme [...] est d'abord une habileté grapho-motrice globale qu'il s'agit de développer pour aider les enfants à passer du geste spontané au geste volontaire puis maitrisé pour tracer toute forme qu'il aura anticipée. Cette activité n'a pas pour objectif spécifique de former la main de l'enfant à l'écriture. » ▸ *Le graphisme à l'école maternelle*, p. 5

LIVRET VERT « Réussir à différencier dessins, écritures, graphismes, pictogrammes, symboles et signes » ▸ p. 48

À PARTIR DE LA TPS

1 Les premiers gribouillages

PRÉ-REQUIS aucun

INSTALLATION sur table, debout puis assis

MATÉRIEL ENSEIGNANT aucun

MATÉRIEL ÉLÈVE une feuille grand format paysage – des crayons « rocks » ou de petites craies grasses

10 minutes, régulièrement

Le premier stade de l'évolution du dessin d'enfant est le gribouillage. Il est simplement plaisir du geste et de la trace. Le jeune enfant n'a pas encore conscience de ses articulations et il mobilise généralement l'ensemble de son bras, en le faisant bouger depuis l'épaule.

Séance de gribouillage en PS.

À 24 mois, la coordination main-œil est encore imparfaite et termine de se mettre en place. Toutes les activités manuelles permettent à l'enfant d'améliorer progressivement la maitrise de son geste.
Pour permettre ce mouvement partant de l'épaule, il faut impérativement choisir un support assez grand, de manière à ce que l'élève puisse réaliser des mouvements amples. Contrôler l'occupation de l'espace feuille est le premier stade de maitrise du geste.
En donnant aux enfants de petits outils – petites craies, crayons « rocks » – on évite qu'ils les saisissent à pleine main. Le réflexe d'agrippement palmaire, souvent encore mal intégré à cet âge, risque de se déclencher s'ils prennent en main un crayon ou un feutre de taille ordinaire (▸ **RÉFLEXES PRIMITIFS, p. 245**). En privilégiant de petits outils, on incite les enfants à mobiliser leurs doigts.

On peut aussi proposer de faire des gribouillis au rythme de musiques variées. Cette coordination geste / son est très intéressante pour la suite !

Choisir de préférence des outils scripteurs qui n'ont pas la forme d'un crayon, pour éviter la mise en place de mauvaises habitudes !

L'appui se fait sur la tranche de l'avant-bras.

Cette activité peut aussi se faire à plat ventre sur le sol : l'appui de l'avant-bras se fera naturellement.

En plaçant une petite carte plastifiée (« glissette ») sous l'avant-bras, on incite l'enfant à mettre son avant-bras en appui.

Séance de gribouillage avec des crayons « rocks ». On remarquera que l'enfant en tient un dans chaque main : il n'a peut-être pas encore affirmé sa latéralité.

CONSIGNE **Bouge ton bras pour laisser une trace sur la feuille avec la craie. Mets de la couleur partout !**

Les élèves de **TPS** commenceront par gribouiller debout, le ventre collé à la table. Ils découvriront la trace laissée par leur geste avec étonnement avant de songer à créer une forme volontairement.
Leur bras est généralement en suspension, seule la craie étant au contact de la table.
À partir de la fin de la **TPS** et en **PS**, il est intéressant de proposer à l'enfant de s'asseoir devant la table et de commencer à lui proposer de garder son bras en contact avec la table.
Petit à petit, on insistera sur le remplissage de l'espace disponible.

CONSIGNE **Avec les craies, tourne dans tous les sens pour gribouiller partout sur la feuille, en frottant ton bras sur la table.**

CRITÈRES DE RÉUSSITE

- ◯ Espace bien rempli
- ◯ Appui de l'avant-bras (à partir de la **PS**)
- ◯ Alignement main, poignet et avant-bras (à partir de la **MS**)

À PARTIR DE LA PS

2 Le gribouillage avec un crayon

PRÉ-REQUIS tenue du crayon, p. 273

INSTALLATION sur table

MATÉRIEL ENSEIGNANT un feutre bleu

MATÉRIEL ÉLÈVE une feuille A4 paysage – des crayons de couleurs triangulaires si possible

10 minutes, à répéter

Choisir des crayons de couleur triangulaires, de bonne qualité. Une mine qui s'émousse et s'use trop rapidement oblige l'élève à verticaliser le crayon.

Le grand format utilisé induit un mouvement du bras. Pour faire travailler les doigts, plus tard, on utilisera un petit format.

Placer les crayons devant l'enfant de manière à ne pas l'inciter à utiliser plutôt la main droite ou la main gauche, à un âge où la latéralité est parfois encore incertaine. En cas de doute, les points bleus peuvent être tracés sur les deux mains.

L'activité est la même que dans la fiche précédente mais avec un crayon en main et non une craie. Il est donc utile d'avoir donné en amont les repères nécessaires à une bonne tenue du crayon. Il est recommandé de faire cette activité juste après un moment de comptines destinées à apprendre à tenir le crayon (▸ COMPTINES ET JEUX DE DOIGTS, p. 75), pour réinvestir immédiatement le travail effectué.
Pour enseigner la bonne tenue du crayon, l'enseignant commence par tracer des points bleus sur les mains des enfants – l'un sur la pulpe du pouce, l'autre sur le côté de la dernière phalange du majeur. Il leur suggère ensuite de coincer le crayon entre les points bleus, dans le « hamac » (▸ TENUE DU CRAYON, p. 273).

CONSIGNE RITUALISÉE 1, 2, 3, soleil ! Le crayon est dans le hamac. La feuille est bien placée… On est prêt !

CONSIGNE Tourne dans tous les sens pour gribouiller partout sur la feuille en frottant ton bras sur la table.

On peut aussi complexifier légèrement la consigne (nommer les couleurs, demander un nombre de couleurs) selon le niveau de classe et les objectifs.

⚠ Le poignet doit rester immobile lorsque l'enfant gribouille.

Le crayon doit être dans l'axe de l'avant-bras.

Une fois que la posture et la tenue du crayon sont maitrisés, on peut proposer aux enfants de **MS** de gribouiller uniquement d'un mouvement des doigts.
Il faut choisir des dessins qui se prêtent aux gribouillis : chevelures frisées, monstres, moutons, nids d'oiseaux, nuages, etc.

CONSIGNE **Tourne dans tous les sens pour gribouiller en ne bougeant que tes doigts.**

Exercice de gribouillage du cahier d'écriture MS, p. 21 .

Dans cette activité, on part du geste pour aller vers la trace, puis de cette trace pour aller vers un dessin volontaire.

On peut imaginer des variantes en complétant le gribouillis non plus avec un dessin mais avec des gommettes de diverses formes, mises à disposition de l'élève.

Une fois le geste du gribouillage maitrisé, on peut proposer aux enfants, à partir de la **GS**, d'utiliser le gribouillage de manière créative. L'enfant peut par exemple transformer son gribouillage en crinière, et dessiner un lion.
Ainsi, on formalise la démarche : commencer par un geste, observer la trace laissée, puis utiliser cette trace de manière consciente et volontaire.

CONSIGNE **Commence par gribouiller en ne bougeant que tes doigts. Puis observe ton gribouillis et complète-le en dessinant pour le transformer en ce que tu veux !**

CRITÈRES DE RÉUSSITE

- ◯ Posture correcte
- ◯ Alignement main, poignet et avant-bras
- ◯ Mobilité des doigts

GYM DES DOIGTS

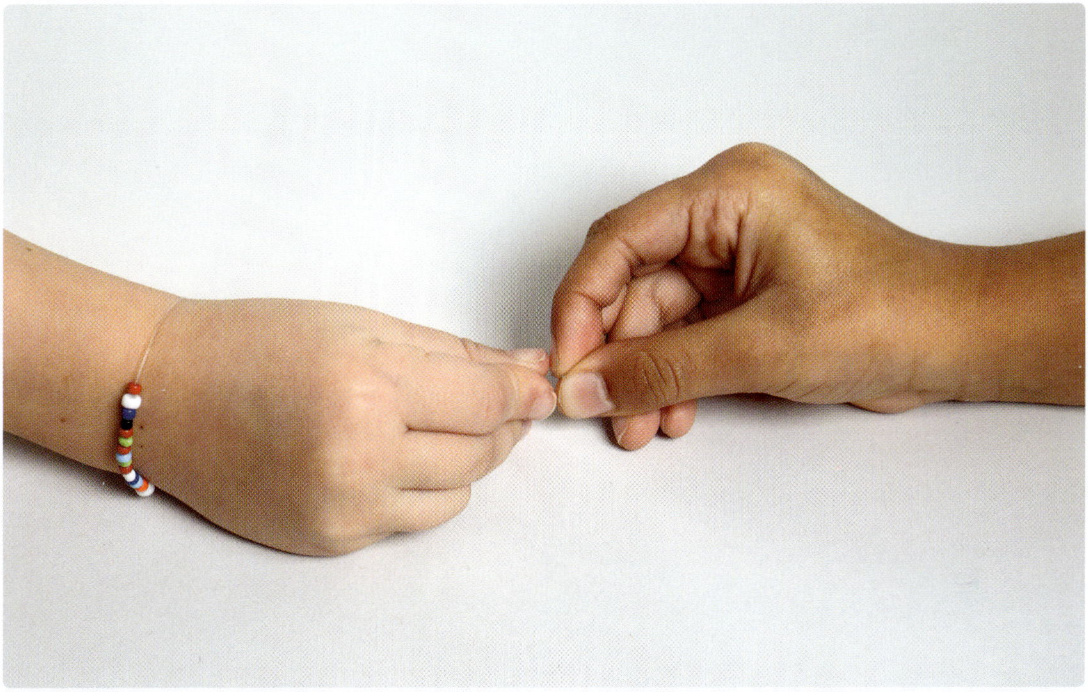

OBJECTIFS

- Délier et individualiser les doigts.
- Renforcer la tonicité musculaire des doigts.
- Apprendre et utiliser le nom des doigts.
- Travailler la flexion du pouce.

PROGRAMMES

BO 2021 « Il faut plusieurs années aux enfants pour acquérir les multiples habiletés nécessaires à l'écriture manuscrite : utiliser leur regard pour piloter leur main, utiliser de façon coordonnée les quatre articulations qui servent à tenir et guider l'instrument d'écriture (épaule, coude, poignet, doigts). » ▸ p. 8

« Les élèves s'exercent régulièrement à des tâches de motricité fine qui préparent spécifiquement à l'écriture. » ▸ p. 8

À PARTIR DE LA TPS

1 La gym des doigts des petits

PRÉ-REQUIS aucun

INSTALLATION au coin regroupement

MATÉRIEL ENSEIGNANT aucun

MATÉRIEL ÉLÈVE aucun

5 minutes, à répéter

Ces activités se mènent avec les deux mains, car elles ne sont pas spécifiquement liées à la main qui écrit.

La mimique qui accompagne le geste aide beaucoup à plier les doigts !

En TPS et en PS, les enfants prennent progressivement conscience de leurs extrémités. Ils apprennent à distinguer la main du bras, le poignet du coude, puis expérimentent l'indépendance de leurs doigts.
En plus des comptines, chantées et mimées quotidiennement, il est possible de mettre en place des jeux de mains spécifiques, permettant de renforcer ces apprentissages.

Le tigre ou la sorcière

CONSIGNE Fais les griffes du tigre (ou les doigts crochus de la sorcière) : grrrrrrrrrrrrrrrrrr !

CRITÈRE DE RÉUSSITE

- ○ Les cinq doigts sont pliés

Bien en face !

CONSIGNE Fais tape, tape avec tes deux mains, en les mettant bien l'une en face de l'autre !

En joignant les mains face à face, l'enfant prend conscience de ses doigts.

CRITÈRES DE RÉUSSITE

- ◯ Les cinq doigts sont bien en face les uns des autres
- ◯ Les doigts sont tendus
- ◯ Les doigts sont dans le prolongement de l'avant-bras (le poignet n'est pas plié)

Ce n'est pas la position spontanée pour applaudir, où les mains se croisent.

On peut accompagner le geste d'un refrain, du type « tape, tape, tape ».

Se frotter les mains

Petit à petit, on peut inciter les enfants à croiser les doigts afin de frotter partout, y compris entre les doigts. Plus difficile, ce geste ne peut pas être exigé dès le début.

CONSIGNE Frotte-toi les mains comme si tu les savonnais.

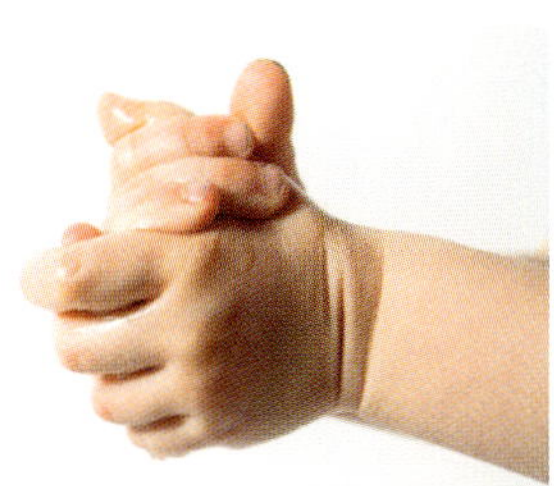

CRITÈRE DE RÉUSSITE

- ◯ Les deux mains sont coordonnées et passent alternativement dessus et dessous

On peut ritualiser cet exercice en début de séance de motricité puis enchainer avec des frictions sur toutes les parties du corps, en accompagnant le geste d'un « frotte, frotte les mains », « frotte, frotte les joues », etc.

À PARTIR DE LA MS

2 La gym des doigts des moyens

PRÉ-REQUIS aucun

INSTALLATION au coin regroupement ou sur table

MATÉRIEL ENSEIGNANT aucun

MATÉRIEL ÉLÈVE aucun

10 minutes, quotidiennement

À partir de la **MS**, il peut être intéressant de prendre l'habitude de faire un peu de gym des doigts avant toute activité de graphisme. On peut, suivant l'organisation de la classe, proposer la gym des doigts au coin regroupement ou bien à la table, juste avant une activité graphique. Cette seconde manière de faire a l'avantage d'installer l'idée selon laquelle, avant de prendre un crayon en main, on doit s'échauffer et se préparer les doigts.

Il est préférable de réaliser l'exercice le poignet posé.

On peut accompagner le geste d'un bruitage : « Coin-coin ».

Le bec du canard

Cet exercice permet de dissocier les trois premiers doigts – pouce, index et majeur – des deux autres.

CONSIGNE **Ouvre tes trois grands doigts d'un coup pour faire le bec du canard.**

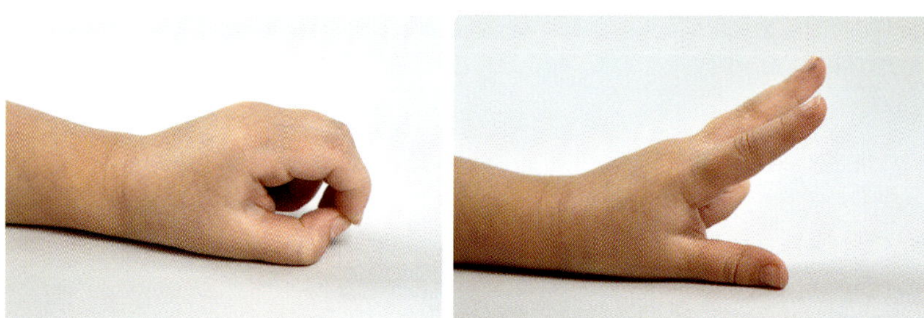

CRITÈRES DE RÉUSSITE

- ○ Appui du poignet
- ○ Extension et flexion du pouce, de l'index et du majeur
- ○ L'annulaire et l'auriculaire restent repliés et posés

L'éléphant

Cet exercice permet d'apprendre à lever l'index sans bouger les autres doigts. Lorsque les enfants écrivent, ils ont tendance à mettre une pression importante sur l'index. Il est donc important de les habituer à lever ce doigt et à le dissocier des autres.

CONSIGNE **Lève l'index bien haut, comme la trompe de l'éléphant.**

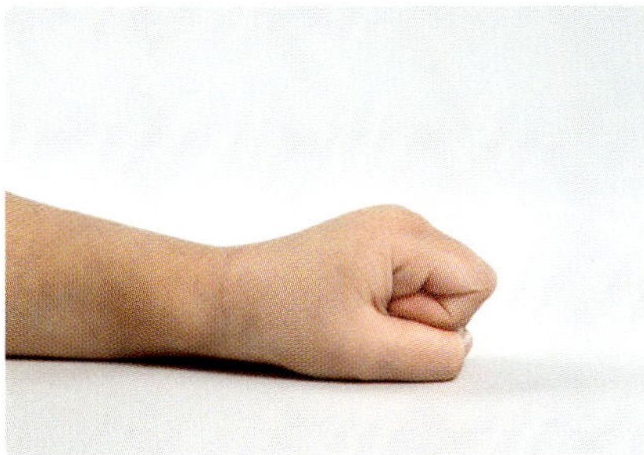

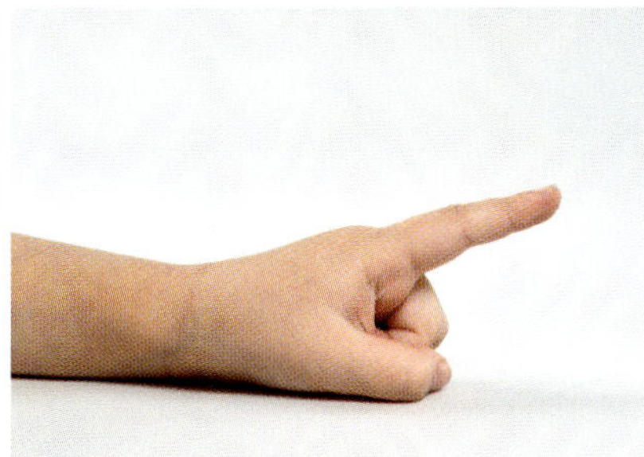

CRITÈRES DE RÉUSSITE

- Appui du poignet
- Extension et flexion de l'index
- Les autres doigts restent repliés et posés

Si cet exercice est pratiqué régulièrement, il peut être évoqué par la suite si un enfant appuie trop fort avec son index sur le crayon : « Lève la trompe de l'éléphant ».

On peut proposer aux enfants de remuer la trompe de l'éléphant : l'éléphant cueille des feuilles en haut d'un arbre, les apporte à sa bouche pour les manger…

Le bisou

Cet exercice permet d'apprendre à plier et tendre le pouce, l'index et le majeur simultanément, tout en laissant le poignet posé et les autres doigts au repos. Il prépare à la mobilisation du pouce pour manier le crayon.

CONSIGNE **Plie tous tes doigts, puis tends les trois grands pour faire un bisou.**

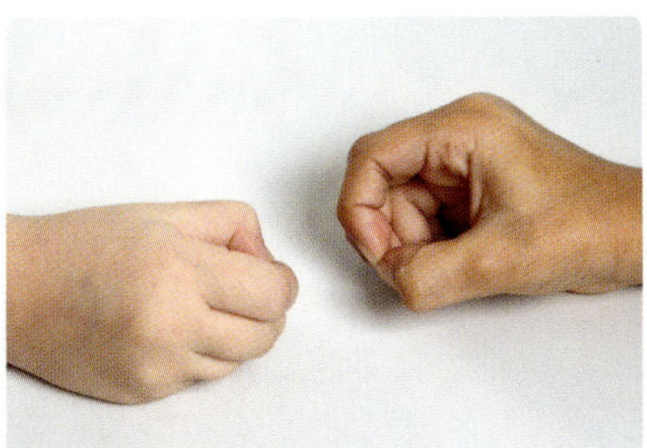

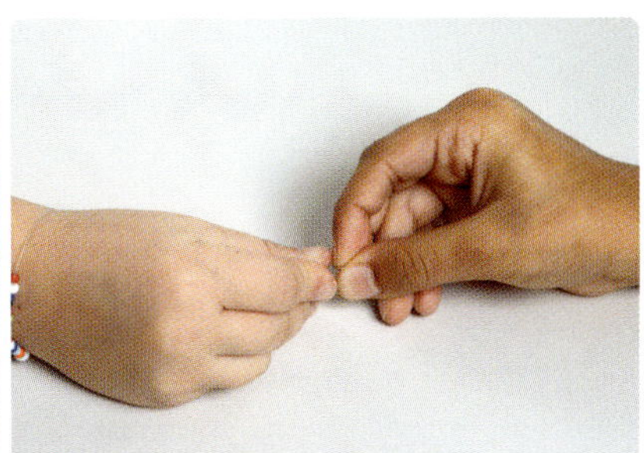

Cet exercice prépare directement au geste de la fléchette (p. 279), que l'on fait par la suite avec le crayon en main.

Il faut veiller à ce que les mains des deux élèves qui font le bisou soient à la bonne distance.

Il est aussi possible d'utiliser des « yeux à doigts » pour réaliser cet exercice.

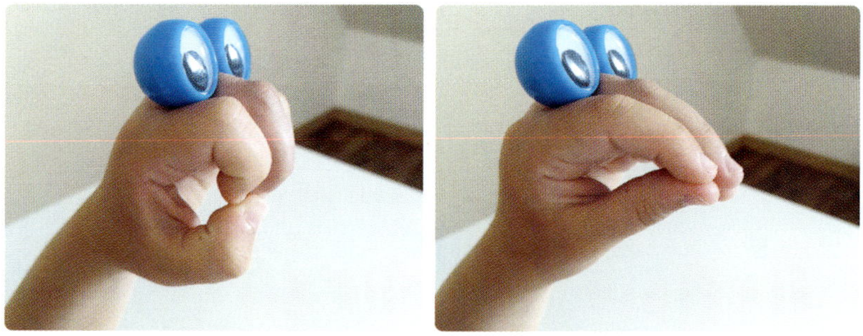

© *Émilie Pavie - Cabinet Educ' Ta Mine.*

CRITÈRES DE RÉUSSITE

- ◯ Extension et flexion du pouce, de l'index et du majeur
- ◯ L'annulaire et l'auriculaire restent repliés

Le petit soldat

Cet exercice permet d'apprendre à plier et tendre l'index et le majeur séparément. Il se réalise avec le poignet levé, dans le prolongement de l'avant-bras.

Cet exercice est une bonne occasion d'apprendre les noms des doigts : en le faisant, l'enfant se rend compte de la différence entre son index et son majeur.

L'index est plus court que le majeur, ce qui fait que si l'enfant met son petit soldat « debout » sur l'index et le majeur en même temps, il sera un peu penché.

CONSIGNE **Plie et tends ton index et ton majeur l'un après l'autre, comme un petit soldat. Un, deux, un deux !**

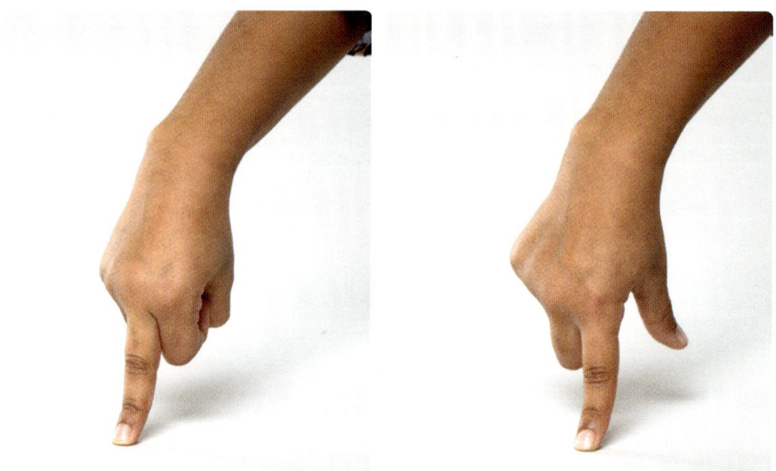

CRITÈRES DE RÉUSSITE

- ◯ Extension et flexion de l'index et du majeur (alternativement)
- ◯ Bras et poignets alignés

Cet exercice est une occasion d'apprendre les noms des doigts, en les saluant un à un par leurs noms : « Bonjour index, bonjour majeur, etc. »

Le pouce poli

Cet exercice permet d'apprendre à bien positionner le pouce, en opposition des autres doigts, puis de le plier et le déplier.

CONSIGNE Mets ton pouce bien en face des autres doigts, puis salue-les bien bas chacun à son tour !

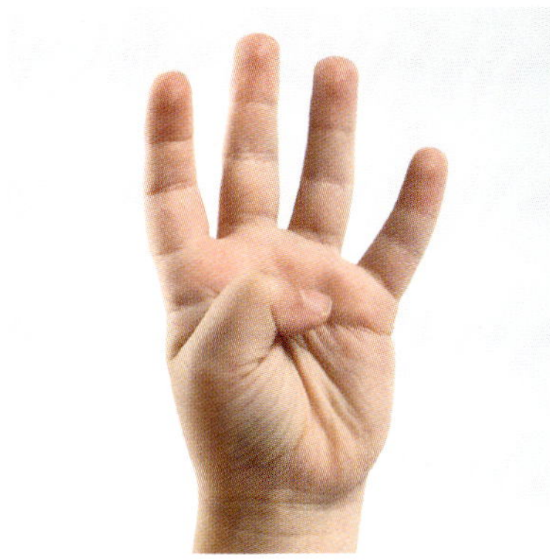

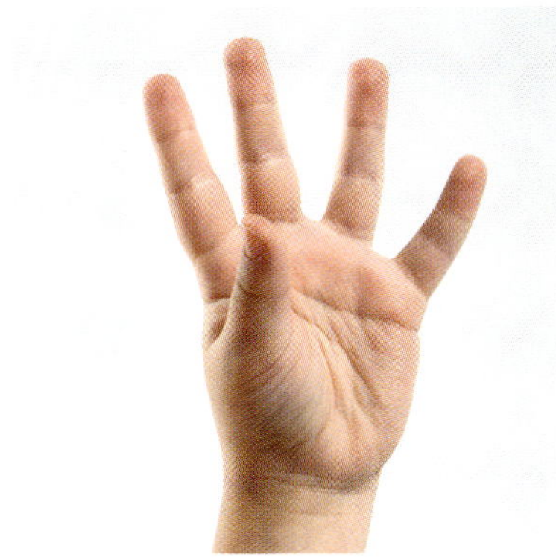

En utilisant des petits monstres à doigts – ou en en fabriquant en pâte à modeler, ou encore en en dessinant sur le bout des doigts – on peut compliquer l'exercice en le transformant en l'histoire du monstre poli et glouton : il salue chaque doigt avant de le manger. On travaille alors la coordination entre les doigts.

CONSIGNE Salue chaque doigt bien bas, puis dévore-le !

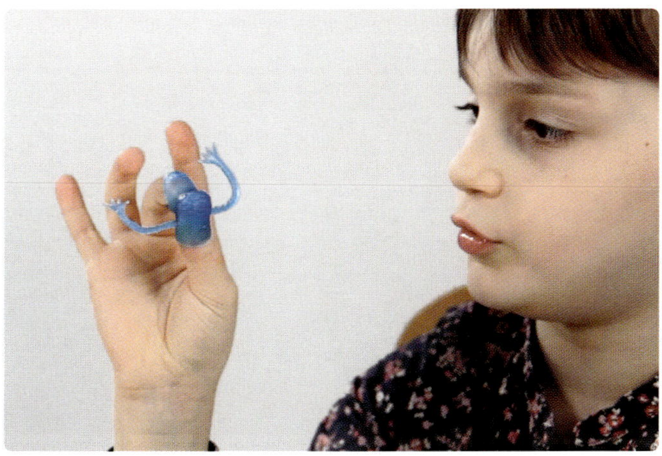

CRITÈRES DE RÉUSSITE

- ◯ Bras et poignet alignés
- ◯ Pouce bien positionné face aux autres doigts
- ◯ Flexion et extension du pouce

Le gratte-gratte

Cet exercice permet d'apprendre à mobiliser index et majeur tout en laissant le poignet posé. Il est important pour la dissociation des doigts entre eux, mais aussi des doigts et du poignet.

CONSIGNE **Laisse ton poignet bien posé sur la table pendant que ton index et ton majeur grattent chacun à son tour.**

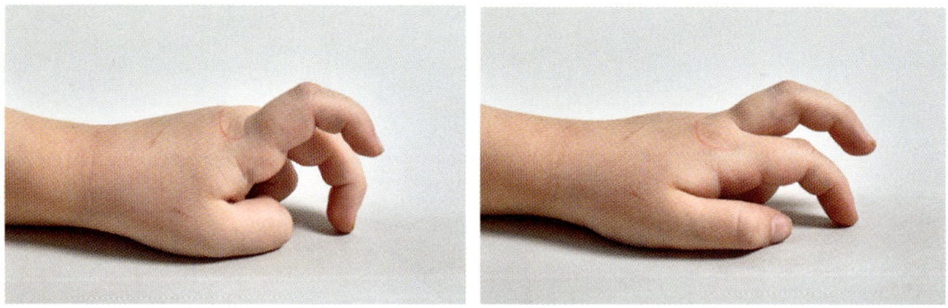

CRITÈRES DE RÉUSSITE

- ◯ Appui du poignet
- ◯ L'index et le majeur grattent à tour de rôle

Cet exercice est difficile, car il demande plusieurs habiletés combinées. Les enfants vont avoir tendance à basculer le poignet vers le haut ou à avancer index et majeur en même temps.

Ne pas hésiter à poser un doigt sur le poignet de l'enfant pour l'aider à le laisser posé.

Bravo les doigts

Cet exercice permet d'apprendre à dissocier ses doigts. Il incite également à coordonner ses deux mains et à se concentrer sur la différence entre paume de la main et doigts.

CONSIGNE **Joins tes deux mains, puis fais bravo d'abord avec les pouces, puis les index, puis les majeurs, les annulaires et enfin les auriculaires.**

CRITÈRES DE RÉUSSITE

- ◯ Paumes jointes
- ◯ Chaque paire de doigts se soulève sans que les autres bougent

Là encore, c'est un bon exercice pour apprendre à nommer les doigts.

Une fois l'exercice maitrisé, on peut le faire dans le désordre : le maitre (ou un meneur de jeu) nomme les doigts et les élèves font bravo avec le doigt indiqué.

Veiller à ce que les paumes des mains restent jointes.

À PARTIR DE LA GS

3 La gym des doigts des grands

PRÉ-REQUIS aucun

INSTALLATION sur table

MATÉRIEL ENSEIGNANT aucun

MATÉRIEL ÉLÈVE aucun

5 minutes avant d'écrire ou avant les exercices de graphisme

⚠ L'annulaire est difficile à soulever sans bouger les doigts voisins. Proposer à l'élève de le bouger à peine plutôt que d'insister pour faire un vaste mouvement, au détriment de la précision.

💡 L'exercice, une fois maitrisé, peut être fait dans le désordre : le maitre, ou un meneur de jeu, nomme un doigt et les élèves doivent le soulever.

À partir de la **GS**, les 5 minutes quotidiennes de gym des doigts peuvent se faire systématiquement à la table avant toute activité d'écriture. Ainsi, les enfants automatisent le fait que les doigts doivent être échauffés avant d'écrire. Les exercices proposés à partir de la **MS** sont tout à fait pertinents en **GS** et au-delà.
Certains exercices un peu plus difficiles au niveau de la coordination sont à ajouter au panel. On peut bien entendu faire confiance à l'imagination des enseignants pour en inventer d'autres… ou proposer aux enfants de le faire !

Le piano plat

Cet exercice permet d'apprendre à dissocier les doigts tout en gardant le poignet posé sur la table. Il est également utile au renforcement musculaire. Cet exercice peut être travaillé des deux mains, ensemble ou séparément, suivant les objectifs visés.

CONSIGNE **Soulève chaque doigt tout seul, en laissant les autres bien à plat sur la table.**

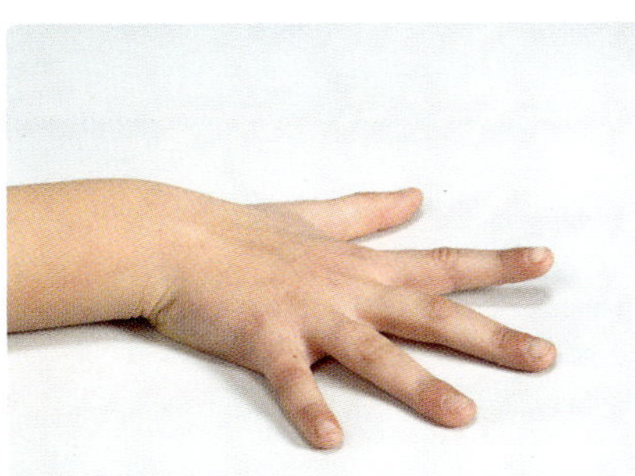

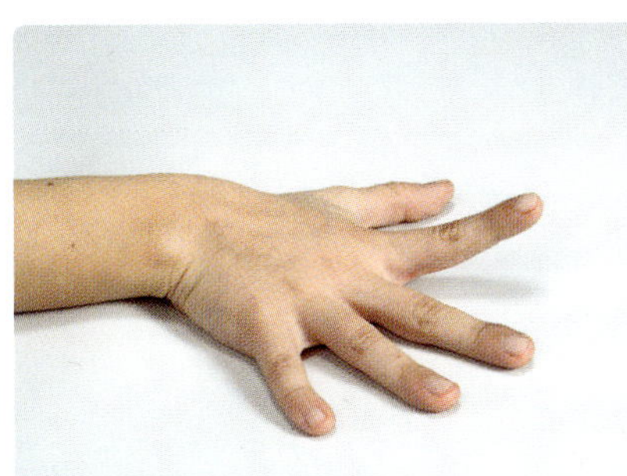

Pour varier l'exercice, on peut faire comme si une main tirait un fil invisible attaché à chaque doigt de l'autre main, posée à plat sur la table : chacun son tour, chaque doigt se lève et redescend.

CRITÈRES DE RÉUSSITE
- ◯ Paume en appui sur la table
- ◯ Chaque doigt se soulève individuellement

⚠ Les enfants ont tendance à garder les doigts raides, surtout pour reculer. Bien leur dire de plier les « genoux des doigts », c'est-à-dire les articulations !

💡 Il faut bien vérifier que les enfants ne sont ni en train de glisser leurs doigts sur la table, ni en train de les faire sauter deux à deux, mais bien avancer l'un après l'autre.

La marche

Cet exercice permet de renforcer l'index et le majeur, de bien les dissocier, en travaillant avec le poignet levé, dans l'alignement du bras.

CONSIGNE Avance en marchant avec les doigts, puis recule.

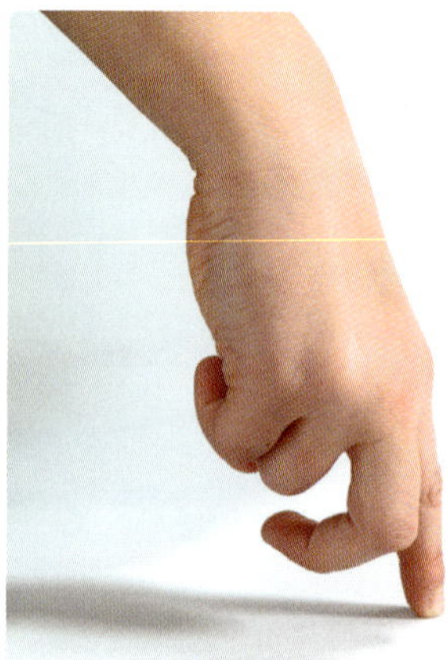

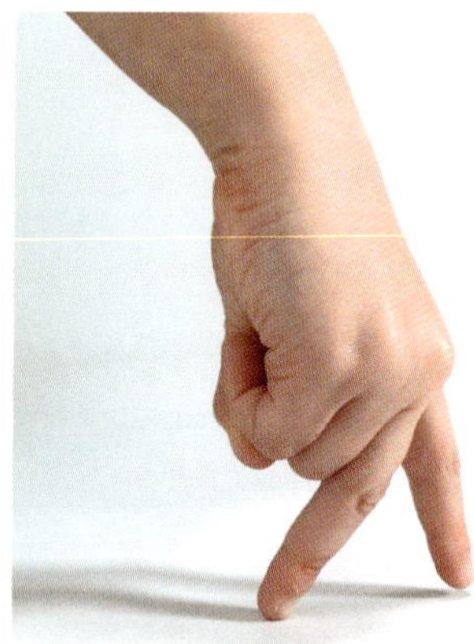

CRITÈRES DE RÉUSSITE
- ◯ Bras et poignet alignés
- ◯ Chaque doigt avance individuellement
- ◯ Pouce, annulaire et auriculaire repliés

LATÉRALITÉ

OBJECTIFS

- Connaitre sa propre droite et sa propre gauche.
- Déterminer la main scriptrice.
- Aider et développer le processus de latéralisation.
- Aider à se repérer dans l'espace.

PROGRAMMES

BO 2021 « La pratique d'activités physiques et artistiques [aide les enfants] à construire leur latéralité, l'image orientée de leur propre corps et à mieux se situer dans l'espace et dans le temps. » ▸ p. 10

ÉDUSCOL « [...] Apparait peu à peu une organisation dynamique asymétrique du corps de l'enfant. Cette organisation entraine la nécessité du choix d'un côté préférentiel de la main ou du pied, utilisés pour l'exécution de certains gestes. Ce processus de latéralisation est en cours à l'école maternelle. L'enseignant doit donc, au travers des situations qu'il propose, permettre au jeune enfant de choisir dans le mouvement ses modes préférentiels, afin de stabiliser progressivement sa propre latéralité fonctionnelle. » ▸ *Agir, s'exprimer, comprendre à travers l'activité physique, Objectif 1: Agir dans l'espace, dans la durée et sur les objets*, p. 13

▸ *L'écriture à l'école maternelle – Les enfants gauchers*, p. 3-4

LIVRET VERT « Prendre en compte l'élève gaucher : l'installer à la gauche d'un droitier, placer le modèle d'écriture de façon à ce qu'il reste visible au moment où l'élève écrit. » ▸ p. 46

À PARTIR DE LA TPS

1 Le tableau d'observation

PRÉ-REQUIS aucun

INSTALLATION aucune

MATÉRIEL ENSEIGNANT un tableau pour prendre des notes

MATÉRIEL ÉLÈVE le matériel de la classe

au fil de la journée

Le tableau d'observation

https://ecriture.mdi-editions.com

⚠ Certains enfants utilisent la main gauche pour tout ce qui se trouve à leur gauche et la main droite pour tout ce qui se trouve à droite. Cela peut être dû à une difficulté à passer la ligne médiane ou à une mauvaise coordination des deux yeux, et non à une ambidextrie.

Pour déterminer la main scriptrice, la première chose à faire est d'observer les élèves dans les tâches de la vie quotidienne à l'école. Il est à noter que ces observations n'ont pas à être effectuées pour tous les élèves, la plupart manifestant très clairement une préférence manuelle sans ambiguïté. Pour ceux-ci, il suffit de noter sur la liste d'élèves « droitier » ou « gaucher ». L'observation plus fine ne portera que sur les enfants qui ne semblent pas privilégier une main plutôt qu'une autre. L'enseignant notera sur un tableau, en face des noms de ses élèves, ceux qu'il a vus utiliser leurs deux mains. Il devra ensuite systématiser ses observations en portant alternativement son attention sur :

- les tâches qui nécessitent **de la force** : visser / dévisser, utiliser un marteau, lancer loin, assembler…
- les tâches qui nécessitent **de la précision** : jouer aux quilles, viser, poinçonner…
- les gestes **de la vie quotidienne** : mettre à la bouche, enfiler sa veste, porter son sac, prendre une pièce de puzzle, ouvrir un robinet, désigner un objet…
- les gestes qui nécessitent **l'utilisation coordonnée des deux mains** – une qui stabilise et l'autre qui agit (celle qui agit est la main dominante) : remplir son seau de sable avec une pelle, transvaser, enfiler des perles…
- les gestes **réflexes** : attraper, se protéger les yeux de la lumière…

L'enseignant peut aussi mettre en place des jeux de **rapidité**, comme le jeu du bouchon : sur une table, il dispose autant de bouchons qu'il y a d'élèves, moins un, et incite les élèves à en attraper au compte de trois.

À la fin de la PS, il sera possible de connaitre la latéralité de la plupart des enfants de la classe, mais un doute peut subsister

concernant certains enfants. En effet, la préférence manuelle peut se manifester plus tardivement, et jusqu'à l'âge de cinq ans !
La main dominante devra être connue pour l'entrée au CP, mais il est très important de laisser l'enfant utiliser ses deux mains librement à l'école maternelle et de ne pas vouloir à tout prix « cocher une case ».

Les jeux de construction sont propices à l'observation de la latéralité.

Il est à noter que certains enfants peuvent subir une influence les incitant à utiliser une main plutôt que l'autre. Dans certaines familles, l'usage de la main gauche est dévalorisé et on ne souhaite pas avoir un enfant gaucher – pour des raisons liées aux coutumes ou à une interprétation de la religion. Dans d'autres, au contraire, l'usage de la main gauche peut être survalorisé, les gauchers étant censés être plus créatifs. Il est important de pouvoir établir le dialogue dans les deux cas et de bien déterminer la main avec laquelle l'enfant devra écrire pour être à l'aise.

Tous les exercices qui nécessitent de « croiser » une partie du corps permettent de développer une meilleure coordination gauche-droite.

Lorsque la main dominante est fixée, il y a une bonne coordination des deux mains, la main non dominante stabilise tandis que la main dominante exécute le geste précis.

À PARTIR DE LA PS

2 Le déplacement des animaux

PRÉ-REQUIS aucun

INSTALLATION en salle de motricité

MATÉRIEL ENSEIGNANT aucun

MATÉRIEL ÉLÈVE aucun

2 à 4 séances de 20 minutes

Au-delà de la phase d'observation, de nombreuses activités en classe permettent de renforcer la prise de conscience par l'enfant de sa dominance latérale. Il est à noter que la latéralité du pied n'est pas forcément liée à la latéralité de la main – un enfant gaucher pourra tout à fait avoir un pied d'appel droit.
L'exercice de déplacement des animaux vise à mieux percevoir les deux côtés de son corps, en les faisant agir en alternance, et à travailler la coordination de ses membres supérieurs et de ses membres inférieurs.
De nombreux enfants n'auront probablement pas bien intégré le réflexe tonique asymétrique du cou (RTAC). ▸ **RÉFLEXES PRIMITIFS, p. 245.** Les déplacements à quatre pattes, en rampant, accroupi, etc., permettent de renforcer la coordination gauche-droite et aident à l'intégration de ce réflexe.

On peut ajouter des cris d'animaux ou des bruitages, pour rendre la séance plus amusante.

On pourra observer que certains enfants ont du mal à marcher à quatre pattes en alternant droite et gauche. Ils avanceront la main et le pied du même côté. Pour les aider, décomposer le mouvement en faisant avancer une main et le genou opposé.

CONSIGNE **Déplace-toi comme l'animal que je vais nommer.**

- **Ondule comme un serpent** : L'enfant avance en ondulant sur le sol.
- **Rampe comme un crocodile** : L'enfant rampe en s'aidant des coudes.
- **Dandine-toi comme un canard** : L'enfant marche en étant accroupi.
- **Marche comme un éléphant** : L'enfant avance, les mains et pieds à plat sur le sol, les fesses en l'air.
- **Marche comme un lion** : L'enfant marche à quatre pattes, souplement.
- **Saute comme une grenouille** : L'enfant fait de petits sauts, pieds joints.
- **Saute comme un kangourou** : L'enfant fait de grands sauts, en dépliant bien les genoux.

Lors des deuxième et troisième séances, on peut nommer un meneur de jeu. Dans un premier temps, ce meneur nomme l'animal qu'il faut imiter. Ensuite, on propose au meneur de se mêler à ses camarades et de changer de déplacement silencieusement – les autres élèves devant suivre son exemple.
Cette manière de faire peut donner lieu à un jeu : un élève sort, on désigne un meneur durant son absence. À son retour, il doit observer la classe et trouver qui est le meneur.

CRITÈRES DE RÉUSSITE

- ○ Déplacements selon la consigne
- ○ Bonne coordination des mouvements

À PARTIR DE LA MS

3 Le jeu du chifoumi ou pierre-feuille-ciseaux

PRÉ-REQUIS aucun

INSTALLATION au coin regroupement

MATÉRIEL ENSEIGNANT aucun

MATÉRIEL ÉLÈVE aucun

quelques minutes, à répéter

Faire en sorte qu'aucun des bras ne soit empêché d'agir (par un mur, un camarade trop proche...).

Peu importe le temps de réaction, la tâche est complexe. Il faut juste vérifier qu'un enfant ne sort pas sa main après avoir vu ce qu'a joué son adversaire.

Le jeu du chifoumi, qui demande d'agir rapidement, est une bonne occasion pour observer la latéralité. Il est intéressant car la main est utilisée seule, sans outil.

Les enfants sont deux par deux, face à face, avec un bras derrière le dos. L'enseignant observe quel bras l'enfant a choisi de placer derrière son dos. On compte jusqu'à trois, et chaque enfant a le choix entre trois gestes :

- le poing fermé, qui symbolise une pierre ;
- la main ouverte, paume vers le sol, qui représente une feuille ;
- l'index et le majeur tendus, qui représentent une paire de ciseaux.

Les enfants observent alors le résultat et doivent expliquer qui a gagné la partie et pourquoi :

- **Ciseaux contre feuille** : les ciseaux gagnent « parce qu'ils coupent la feuille ».
- **Feuille contre pierre** : la feuille gagne « parce qu'elle enveloppe la pierre ».
- **Pierre contre ciseaux** : la pierre gagne « parce que la pierre casse les ciseaux ».

Si les choix sont identiques, tout le monde a gagné et marque le point !

Pour apprendre le jeu, on commence simplement par demander aux élèves en collectif d'associer le geste à l'objet.

CONSIGNE 1 **1, 2, 3 … Pierre !**

L'enseignant vérifie si les élèves ont bien associé le geste à l'objet demandé. Si nécessaire, on peut proposer de montrer une carte réponse de manière à ce que ceux qui se sont trompés corrigent leur geste :

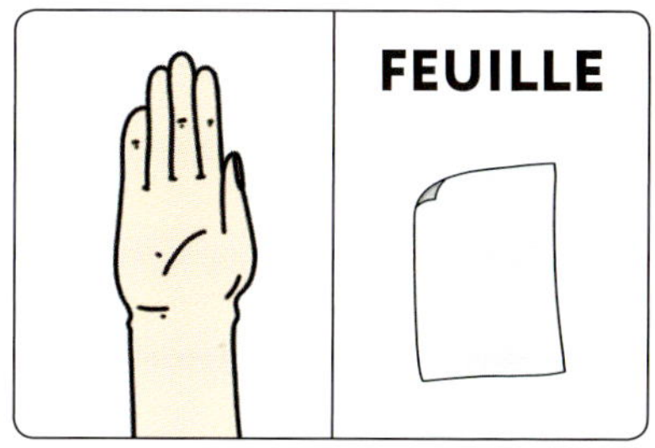

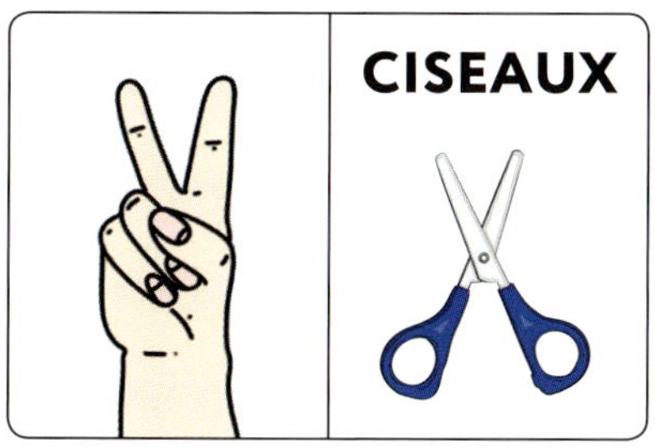

Ce jeu est complexe car il nécessite de programmer son geste et de coordonner mots et gestes. Avec le poing derrière le dos, l'enfant peut préparer sa position de doigts à l'avance et ne la révéler qu'à « 3 ».

CONSIGNE 2 **Cache ta main derrière ton dos. 1, 2, 3… Sors-la !**

CRITÈRES DE RÉUSSITE

- ◯ Compréhension de la règle
- ◯ Association correcte du mot et du geste

Les cartes réponses

https://ecriture.mdi-editions.com

On organisera plusieurs parties consécutives pour observer spécifiquement les élèves sur la latéralité desquels on a un doute. Il est possible que certains changent de main d'une partie à l'autre…

À PARTIR DE LA MS

4 Les mouvements croisés

PRÉ-REQUIS aucun

INSTALLATION en salle de motricité

MATÉRIEL ENSEIGNANT aucun

MATÉRIEL ÉLÈVE aucun

5 minutes en échauffement d'une séance de sport

Certains enfants ont beaucoup de mal à croiser et amènent naturellement leur coude droit vers leur genou droit, par exemple. Il faut les aider à prendre conscience de cette difficulté et à croiser volontairement.

Une pause en mouvement de quelques minutes peut préluder à un recours au calme.

On peut préparer des petits panneaux représentant les mouvements, pour les montrer aux enfants sans devoir parler.

Les mouvements croisés, recommandés pour la mise en place d'une bonne coordination et pour la concentration, ont également un effet positif sur la latéralisation.
Le mouvement favorise les apprentissages, en particulier chez le jeune enfant, mais aussi à tous les âges de la vie.
Il est intéressant de mettre en place des moments de mouvements croisés comme échauffement avant des séances de motricité, mais ils peuvent également être pratiqués en classe, si la configuration des lieux le permet, comme transition entre deux moments d'apprentissage. Les enfants se concentrent mieux après un exercice physique.

CONSIGNE **Fais ces mouvements croisés en rythme.**

Les mouvements possibles sont multiples : main-genou, main-coude, main-épaule, bras par-dessus la tête, coude-genou (à partir de la GS), main-pied.

CRITÈRES DE RÉUSSITE

- ◯ Mouvements réalisés en rythme
- ◯ Coordination bilatérale

À PARTIR DE LA MS

5 Le grand huit en bambou

PRÉ-REQUIS aucun

INSTALLATION individuel

MATÉRIEL ENSEIGNANT aucun

MATÉRIEL ÉLÈVE un huit en bambou – une boule

quelques minutes

Cet exercice de motricité permet de travailler la coordination œil-main, la coordination droite-gauche et la motricité oculaire, qui seront utiles pour la lecture et l'écriture.

CONSIGNE **Fais rouler la boule le long du circuit en forme en huit sans la faire tomber et en suivant la boule des yeux.**

Si l'enseignant ne possède pas de huit en bambou, il est possible de tracer un huit couché sur une grande feuille A3. L'enfant peut alors faire glisser un bouchon en plastique avec son index sur le trajet du huit. On peut aussi décliner cette activité au tableau sur plan vertical, dans le sable…

Si l'élève ne peut pas suivre la boule des yeux ou s'il engage une partie du corps dans le mouvement (sa tête par exemple), il est conseillé de proposer au parent une consultation chez un orthoptiste, spécialiste de la coordination des yeux.

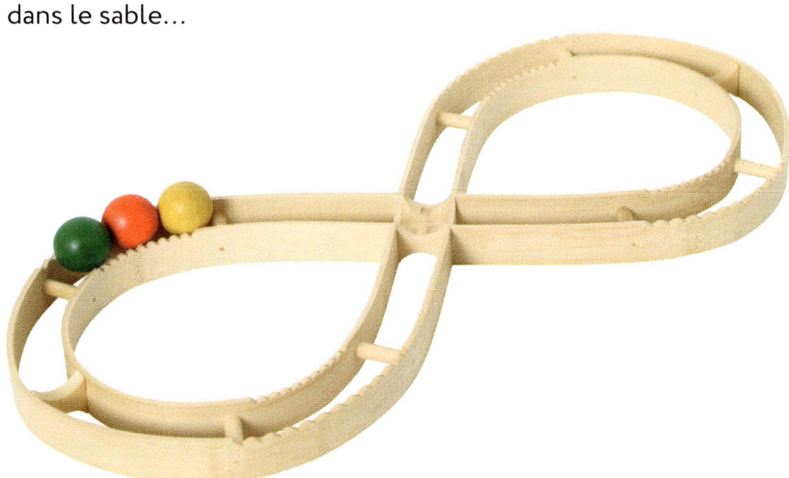

CRITÈRES DE RÉUSSITE

- ◯ Équilibre
- ◯ Fluidité du mouvement
- ◯ Suivi oculaire sans engagement d'une partie du corps

À PARTIR DE LA MS

6 Les comptines pour la latéralité

PRÉ-REQUIS aucun

INSTALLATION au coin regroupement

MATÉRIEL ENSEIGNANT aucun

MATÉRIEL ÉLÈVE aucun

5 minutes, à répéter

⚠ Penser à réaliser les gestes en miroir si l'enseignant fait face aux élèves.

VIDÉO

Mes P'tites Mains

Éditions MDI
https://media.mdi-editions.com/sn3

⚠ Il est important que l'enfant ne pivote pas son buste au moment de mimer « à gauche » et « à droite ». Bien vérifier que les élèves font le mouvement dans le bon sens.

Mes P'tites Mains

La comptine « Mes P'tites Mains » permet de travailler le passage de la ligne médiane, c'est-à-dire de faire des gestes en torsion, avec les mains qui se dirigent vers la droite, puis vers la gauche, ce qui aide à la latéralisation et à la coordination.
Les enfants ont souvent du mal à emmener leur main gauche à droite et leur main droite à gauche, et à suivre le mouvement des yeux.
Cette comptine permet de travailler sur cette difficulté.

Mes p'tites mains tapent, tapent *(frapper les mains)*
Elles tapent en haut *(lever les mains au-dessus de la tête)*
Elles tapent en bas *(baisser les mains)*
Elles tapent à droite *(diriger les mains sur le côté droit)*
Elles tapent à gauche… *(diriger les mains sur le côté gauche)*

Mes p'tites mains dansent, dansent *(bouger les poignets)*
Elles dansent en haut
Elles dansent en bas
Elles dansent à droite
Elles dansent à gauche…

Mes p'tites cognent, cognent
(cogner les poings entre eux)
Elles cognent en haut
Elles cognent en bas
Elles cognent à droite
Elles cognent à gauche…

Mes p'tites mains frottent, frottent *(frotter les mains)*
Elles frottent en haut
Elles frottent en bas
Elles frottent à droite
Elles frottent à gauche…

Mes p'tites mains tournent, tournent *(faire le moulin)*
Elles tournent en haut
Elles tournent en bas
Elles tournent à droite
Elles tournent à gauche…

Mes p'tites mains volent, volent *(accrocher les deux mains par les pouces et remuer les autres doigts)*
Elles volent en haut
Elles volent en bas
Elles volent à droite
Elles volent à gauche…

Tiens, voilà main droite !

Les jeux de cour, comme « Tiens, voilà main droite ! », sont très intéressants car ils combinent mouvements croisés, perception de la latéralité sur autrui et coordination. Il est pertinent de les apprendre durant le temps de motricité. Ils seront souvent repris par les enfants durant la récréation, avec grand profit.

⚠ Bien vérifier que les élèves ne se trompent pas de main au démarrage ! Il peut être utile de leur mettre un petit repère, comme un bracelet à la main droite.

CONSIGNE Pour ce jeu, mettez-vous deux à deux, face à face, et faites les gestes en chantant.

Tiens, voilà main droite ! *(taper les deux mains ensemble, puis la main droite dans celle de l'autre enfant)*
Tiens, voilà main gauche ! *(taper les deux mains ensemble, puis la main gauche dans celle de l'autre enfant)*
Tiens, voilà main droite, main gauche ! *(taper alternativement les deux mains dans celle de l'autre enfant)*
Tiens, voilà les deux ! *(remettre les mains face à face et taper dans les mains de l'autre enfant)*

Ce jeu peut être continué avec toutes les parties du corps :
« Tiens, voilà pied droit », « Tiens, voilà coude droit »,
« Tiens, voilà g'nou droit ».
On peut aussi chanter « Tiens, voilà fesse droite ! », « Tiens, voilà fesse gauche ! ». Fou rire garanti !

CRITÈRES DE RÉUSSITE
- ◯ Bonne coordination des mouvements
- ◯ Synchronisation gestes et paroles

À PARTIR DE LA MS

7 Le jeu de l'autobus

PRÉ-REQUIS aucun

INSTALLATION en salle de motricité

MATÉRIEL ENSEIGNANT aucun

MATÉRIEL ÉLÈVE une chaise par enfant

10 minutes

L'installation en autobus permet d'avoir tous les enfants orientés dans le même sens.

Pour rendre le jeu plus amusant, on peut le faire en accélérant de plus en plus les consignes, qui finissent généralement par un brouhaha général et une chute. On peut aussi jouer en donnant un gage aux enfants qui se trompent.

Les chaises sont installées comme dans un autobus : des rangées de quatre, avec deux chaises de chaque côté d'une allée centrale, toutes dans le même sens, et une chaise à part sur le devant gauche pour le conducteur.
Quand tous les enfants sont installés, l'autobus est prêt à démarrer. Le chauffeur est le meneur de jeu. Au début, c'est l'enseignant qui joue ce rôle, puis des élèves à tour de rôle.

CONSIGNE 1 **Tendez les bras dans la direction indiquée par le chauffeur : à gauche ! À droite ! Devant ! En haut !**

CONSIGNE 2 **Penchez le corps dans la direction indiquée par le chauffeur : en avant ! En arrière ! À droite ! À gauche !**

Tous les enfants répètent en chœur « À droiiiiiiiiiiiiiiiite », « À gauuuuuuuuuuuuuuche » en effectuant les mouvements.
Cet exercice permet de mémoriser par le geste les notions de droite et de gauche. Le fait de tendre le bras ou de pencher le corps en disant la direction active la mémoire kinesthésique.

CRITÈRE DE RÉUSSITE

- ○ Synchronisation gestes et paroles

À PARTIR DE LA MS

8 Jacques a dit

PRÉ-REQUIS avoir travaillé les notions de droite / gauche, devant / derrière, sur / sous, entre, etc.

INSTALLATION en salle de motricité

MATÉRIEL ENSEIGNANT aucun

MATÉRIEL ÉLÈVE aucun

10 à 15 minutes, à répéter

Bien prendre le temps au début de ne proposer que des consignes utilisant la droite pour une meilleure mémorisation. Lorsque c'est bien acquis, on proposera des consignes avec droite et gauche.

Les élèves adorent avoir le droit de désobéir à l'enseignant. Ces séances sont donc très joyeuses mais demandent de la part de l'élève beaucoup d'attention. La durée d'une séance est donc à moduler en fonction de l'âge des joueurs.

Répartis dans la salle, les élèves doivent appliquer les consignes données par l'enseignant, mais seulement si elles sont précédées de « Jacques a dit ». Ceux qui appliquent la consigne non précédée de « Jacques a dit » ont perdu.

CONSIGNE 1 **Pour jouer à Jacques a dit, il faut bien écouter. Si je dis une phrase qui commence par « Jacques a dit », vous devez m'obéir. Mais si je ne dis pas « Jacques a dit », vous ne devez pas m'obéir !**

L'enseignant donne quelques exemples : il commence par dire « Asseyez-vous » et donne un jeton de victoire à ceux… qui n'ont pas obéi ! Il explique : « J'ai dit de s'asseoir, pas que Jacques a dit de s'asseoir ! » Puis il enchaine sur « Jacques a dit de se relever », etc.

Quand la consigne est bien comprise, on peut réinvestir toutes les notions apprises, et en particulier la gauche et à la droite :

CONSIGNE 2 **Jacques a dit de lever la main droite !**

Les possibilités sont nombreuses : Jacques a dit de… lever les bras ! s'asseoir ! se lever ! fermer les yeux ! sauter ! toucher l'épaule gauche ! toucher votre pied gauche ! tourner la tête à droite !
Une fois le jeu bien compris, on peut choisir un meneur de jeu.

CRITÈRES DE RÉUSSITE

- ○ Compréhension des règles du jeu
- ○ Repérage de la droite et de la gauche

À PARTIR DE LA MS

9 Le jeu du robot

PRÉ-REQUIS travail sur la droite et la gauche

INSTALLATION en salle de motricité

MATÉRIEL ENSEIGNANT aucun

MATÉRIEL ÉLÈVE un repère individuel de type bracelet

20 minutes, 1 ou 2 séances

Cette activité a été inventée par Catherine Huby, du blog Bienvenue chez les P'tits :

BLOG

Bienvenue chez les P'tits

https://media.mdi-editions.com/3gc

En salle de motricité, les élèves se donnent la main et forment une ronde. Pour ceux qui ont encore du mal à repérer leur main droite, il est recommandé de leur faire porter un petit bracelet pour qu'ils puissent la repérer.

Ces élèves ont confectionné de jolis bracelets avec leur prénom pour repérer leur main droite.

CONSIGNE **Arrêtez la ronde et écoutez bien les consignes : tendez le bras droit ! ... Tournez la tête à gauche !**

L'enseignant donne des consignes orales concernant toutes les parties du corps en faisant une « voix de robot ». Les enfants font les gestes de manière saccadée.

Les élèves ne manqueront pas de remarquer que les camarades qui sont en face semblent se tromper : ils ne semblent pas lever le même bras ou le même pied par exemple. L'enseignant demande alors à un élève de quitter la ronde avec son bras en l'air et de venir se placer derrière celui « qui se trompe ». Les élèves constateront alors qu'ils lèvent bien tous le même bras ou le même pied !

CRITÈRE DE RÉUSSITE

- ○ Repérage de la droite et de la gauche sur soi

À PARTIR DE LA GS

10 Les déplacements sur quadrillage

PRÉ-REQUIS aucune

INSTALLATION en salle de motricité puis sur table

MATÉRIEL ENSEIGNANT une craie ou des bâtons – des plots – des surprises – une grande feuille – un feutre

MATÉRIEL ÉLÈVE une feuille de papier – un feutre – un quadrillage sous plastique – un feutre effaçable – un chiffon

4 séances de 20 à 30 minutes

Les enfants sont toujours placés en face du quadrillage, dans le même sens.

Tracer plusieurs quadrillages permet de faire « passer » plusieurs élèves en même temps, l'activité est plus dynamique.

Les déplacements latéraux doivent s'effectuer en pas chassés, pour que l'élève ne change pas d'orientation.

On commence cette activité en salle de motricité ou dans la cour. L'enseignant trace deux quadrillages au sol ou les matérialise avec du matériel (cordes, baguettes…). Un rond ou un cerceau marque le point d'entrée dans le parcours, ce qui permet d'orienter le parcours de manière identique pour chaque joueur. Dans chaque case, on place un plot. Sous l'un d'entre eux, il y a un « trésor » – au même endroit dans chaque quadrillage.

Séance 1

L'enseignant guide les enfants en n'utilisant que quatre consignes : « devant, à gauche, à droite, derrière ». Au bout de 5 à 7 déplacements, il dit : « arrivée », et les élèves doivent soulever le plot. S'ils ont suivi le bon parcours, ils trouvent le trésor ! L'enseignant en cache alors un autre dans chaque quadrillage, au même endroit.

CONSIGNE 1 **Écoute les consignes et déplace-toi d'une case à chaque fois.**

Une fois que tous les enfants sont passés et ont trouvé un trésor, on propose à un enfant de chaque groupe de sortir de la pièce. Un élève va alors cacher un trésor sous un plot dans chaque quadrillage. Le groupe vérifie bien qu'il cache le trésor au même endroit dans chaque quadrillage ! C'est l'occasion de

dire : « Le trésor est dans la troisième ligne, au milieu » ou « dans la quatrième ligne, à gauche ».
Les élèves sortis reviennent alors et c'est à un autre élève, sous le contrôle du groupe et de l'enseignant, de les guider oralement jusqu'au trésor.

Séance 2

On propose le codage du parcours avec des flèches, alignées de gauche à droite.

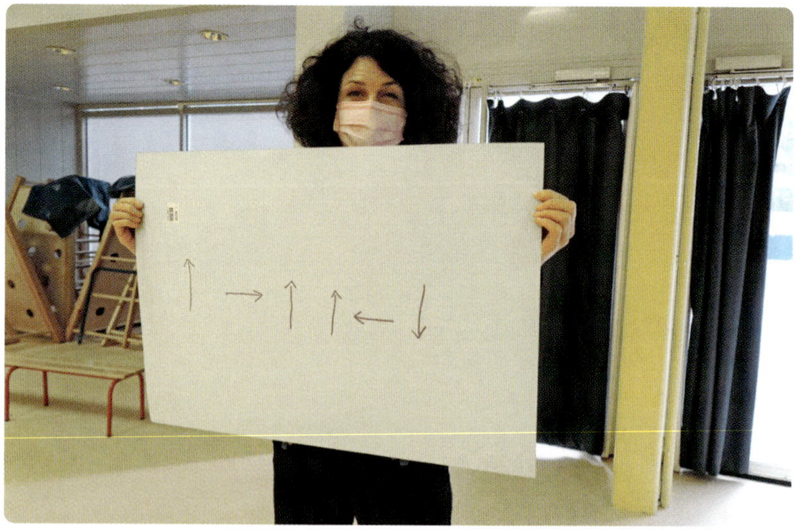

L'élève qui joue doit alors suivre le codage en suivant le sens conventionnel de lecture, tandis que les autres élèves encouragent de la voix : « Devant ! Derrière ! À droite ! À gauche ! »

CONSIGNE 2 **Lis les consignes et déplace-toi en suivant les indications. Quand tu arrives au plot, tu peux prendre le trésor.**

Comme pour la séance précédente, on peut ensuite faire sortir un élève par groupe et élaborer collectivement le parcours qu'il devra faire à son retour. Il faut faire attention à ce que les consignes n'aboutissent pas à une sortie du quadrillage !

Séance 3

Lors de cette séance, dans chaque groupe, un élève va aller cacher le trésor où il veut et ses camarades vont tous noter le parcours. Cette activité est particulièrement intéressante car tous les élèves sont en action simultanément. Chaque groupe obtiendra donc un parcours différent. L'enfant se déplace d'une case à chaque fois, puis doit attendre que ses camarades aient noté le déplacement. Il cache le trésor à la dernière case. On vérifie ensuite les parcours : ils doivent tous aboutir au trésor !

CONSIGNE 3 **Je désigne un élève. Il doit se déplacer d'une seule case à chaque fois, devant, derrière, à gauche ou à droite. À chaque fois qu'il se déplace, vous devez dessiner la flèche correspondante.**

Plusieurs séances seront nécessaires pour que les élèves commencent à s'approprier les notions de droite et de gauche. On peut bien entendu inventer de nombreuses variantes du jeu.
Au moment du retour en classe, il est intéressant, si on doit monter à l'étage, de renforcer le repérage de la main droite.

Quand on redescendra en récréation, on réutilisera la même consigne. Les enfants verront alors que ce n'est plus la même rampe qui est à droite !

CONSIGNE 4 **Nous allons remonter en classe. Tout le monde pose sa main droite sur la rampe.**

Séance 4

En classe, chaque enfant reçoit un quadrillage, à poser sur table, qui reprend le quadrillage proposé en salle de motricité (même nombre de cases, réparties de la même manière), et un bouchon ou un jeton, qu'il devra déplacer avec son doigt.

CONSIGNE 1 **Déplace le bouchon selon les indications données.**

Dans un deuxième temps, on propose de laisser une trace sur le quadrillage avec un feutre effaçable.

CONSIGNE 2 **Trace le chemin en déplaçant ton feutre selon les indications données. À l'arrivée, tu pourras dessiner le trésor !**

En glissant les quadrillages dans une feuille plastifiée, il suffira d'effacer pour répéter le jeu avec des parcours différents.

Les fiches parcours autocorrectives

https://ecriture.mdi-editions.com

Séance 5

Des fiches autocorrectives sont données aux enfants. Chaque élève a un quadrillage et un parcours fléché, qui se termine par un dessin simple à reproduire (cœur, couronne, fleur…) qui représente le trésor. Il doit alors suivre le parcours et dessiner le trésor dans la bonne case. Pour se corriger, il retourne le parcours, au dos duquel apparait la solution.

CRITÈRES DE RÉUSSITE

- ◯ Directions respectées
- ◯ Déplacements d'une seule case à la fois
- ◯ Appropriation des termes « droite » et « gauche »
- ◯ Décodage du parcours
- ◯ Encodage du parcours

À PARTIR DE LA GS

11 Le sapin décoré

PRÉ-REQUIS travail sur la droite et la gauche

INSTALLATION en salle de motricité puis en classe

MATÉRIEL ENSEIGNANT aucun

MATÉRIEL ÉLÈVE des foulards – des sacs de graines – des anneaux – des cordes – des échasses – une feuille d'exercice avec des enfants dessinés et des gommettes

1 à 2 séances de 20 à 30 minutes

Inventée par Catherine Huby[1], l'activité du sapin à décorer permet aux élèves de repérer la droite et la gauche non seulement sur soi, mais également sur les autres.

Séance 1

Cette activité commence en binôme, en salle de motricité. Un élève joue le rôle du sapin, l'autre celui du décorateur. L'élève qui fait le sapin doit rester immobile. Les décorateurs suivent les consignes de l'enseignant tous en même temps.

CONSIGNE 1 **Décorez votre camarade comme si c'était un sapin de Noël ! Attention, écoutez bien les instructions.**

Toujours repasser par l'étape corporelle pour ceux qui ont du mal. Ne pas hésiter à tourner le dos à la feuille si nécessaire !

Les possibilités sont multiples : place un sac de graines sur le pied gauche, dépose un foulard rouge sur l'épaule droite, accroche une échasse au bras gauche…

La difficulté consiste à mettre un sac de graines sur le pied gauche de son camarade… qui est à la droite de l'enfant décorateur.

Au début, on peut positionner le décorateur derrière le sapin, pour l'aider à percevoir où sont la gauche et la droite de son camarade.

Ne pas donner de consigne indiquant la couleur des objets, ce qui détournerait de l'objectif premier.

1 *Pour une maternelle du XXIe siècle*, GRIP éditions, 2015.

L'élève qui fait le sapin ne pourra pas rester longtemps statique : après trois ou quatre consignes, il faut intervertir les rôles.

Pour terminer la séance, l'enseignant propose aux « élèves-sapins » (soit la demi-classe) de se placer face au groupe et demande aux élèves décorateurs de chercher le sapin qui correspond à la description.

CONSIGNE 2 **Montre le sapin qui a un foulard sur l'épaule droite.**

Des personnages sous différents profils

https://ecriture.mdi-editions.com

Séance 2

Cette activité peut être prolongée en classe par une activité sur table : sur un personnage représenté de face, de dos, de profil, l'élève devra exécuter des consignes orales en collant des gommettes aux endroits demandés.

CONSIGNE **Écoutez les consignes et collez les gommettes au bon endroit. Collez une étoile sur la main gauche de l'enfant qui est de dos. Collez une gommette sur le pied de l'enfant qui est de face…**

CRITÈRES DE RÉUSSITE

- ◯ Repérage de la droite et de la gauche sur soi
- ◯ Repérage de la droite et de la gauche sur autrui

LETTRES À MANIPULER

OBJECTIFS

- Encoder la forme des lettres de manière tactile .
- Découvrir le principe alphabétique.
- Lier écriture et lecture.
- Mettre en relation des sons et des lettres.

PROGRAMMES

BO 2021 Dans les attendus de fin de cycle : « Écrire seul un mot en utilisant des lettres ou groupes de lettres empruntés aux mots connus. » ▸ p. 10

ÉDUSCOL « L'enseignant estime le moment ou l'élève peut réaliser l'encodage de mots simples (de une ou deux syllabes) et connus. » ▸ *L'écriture à l'école maternelle*, p. 8

LIVRET VERT « Par le toucher, l'élève s'exerce à décrire et nommer les lettres en recourant à la mémoire kinesthésique. » ▸ p. 38

« Faire écrire les élèves en favorisant les allers-retours entre l'oral et l'écrit : l'encodage d'un mot, par exemple, renforce la discrimination des phonèmes qui le composent. » ▸ p. 46

« L'enseignement de la connaissance des unités sonores de la langue française doit faire l'objet d'un enseignement programmé et progressif, en vue de préparer l'apprentissage de la lecture et de l'écriture à l'école élémentaire. La manipulation des sons de la langue, leur identification et la connaissance progressive du principe alphabétique doivent faire l'objet d'un enseignement régulier en Grande Section. » ▸ p. 56

À PARTIR DE LA GS

1 Les lettres rugueuses

PRÉ-REQUIS avoir déjà travaillé la boucle et son sens de rotation

INSTALLATION sur table

MATÉRIEL ENSEIGNANT aucun

MATÉRIEL ÉLÈVE des lettres rugueuses

5 à 10 minutes

L'utilisation des lettres rugueuses permet d'intégrer le tracé des lettres par le mouvement et le ressenti tactile. La lettre, et le son qu'elle produit, est ainsi abordée de manière à la fois kinesthésique et sensorielle.

Le geste du tracé de la lettre doit être vif. Suivre un tracé au ralenti, tout comme écrire en suivant des pointillés, n'est pas bénéfique pour l'apprentissage du geste. Dans un premier temps, il faut apprendre à se servir du matériel : l'enseignant montre le trajet de la lettre avec l'index ou l'index et le majeur de la main appropriée (ou des deux en cas d'incertitude sur la latéralité de l'enfant), tout en prononçant le son de la lettre.

Le choix du matériel utilisé est essentiel : on ne proposera jamais de tracer des lettres en script, puisque l'élève ne sera pas amené à écrire de cette manière. De même, il faut veiller à ce que l'alphabet cursif proposé soit conforme aux instructions officielles : pas de trait d'attaque avant les lettres rondes (a, c, d, g, o, q), pas d'œilletons aux changements de direction (b, f, o, r, v, w, z), pas de cassure à l'intérieur de la lettre e.

Les éditions MDI proposent un coffret de lettres rugueuses qui, outre les 26 lettres de l'alphabet, propose des enchainements particulièrement intéressants à travailler.

On peut fabriquer ses propres lettres rugueuses avec du papier de verre collé sur des plaques de bois ou de carton.

Par exemple, l'enchainement tutut permet de travailler la continuité du geste et de s'entrainer à ne tracer les barres des t qu'une fois le mot écrit dans son ensemble.

L'élève oralise « tuuutuuut » au rythme de l'avancée du doigt. Les barres des t sont placées en dernier.

On ne dit pas le nom de la lettre, mais bien le son qu'elle produit : « mmmm » et non pas « ème », « fffff » et non pas « èfe ».

Les lettres rugueuses n'étant généralement disponibles dans la classe qu'en un exemplaire, il faudra prendre un temps individuel avec chaque élève. Lors de l'atelier, les enfants font tourner les lettres rugueuses entre eux.
Il est possible par exemple de démarrer un premier atelier avec les lettres e, l, i, u, t, soit les boucles et les pointes.
Si on souhaite démarrer un atelier sur les lettres rugueuses seulement avec les boucles (e et l), il faut prévoir l'atelier pour deux enfants seulement, quitte à proposer à quelques autres élèves d'assister à l'atelier avant d'y participer. Certains enfants apprennent beaucoup en regardant les autres faire.

CONSIGNE 1 **Suis le trajet de la lettre avec tes doigts et dis le son l.**

Le sens de la trajectoire étant primordial, cette activité ne peut se faire en autonomie que lorsque l'élève a automatisé le geste.

Dans un deuxième temps, par exemple après que tous les élèves sont passés, on peut proposer à l'élève de retrouver la bonne lettre parmi deux, puis trois lettres.

CONSIGNE 2 **Trouve la lettre e et trace-la.**

Penser à incliner la plaque du bon côté selon la latéralité de l'enfant.

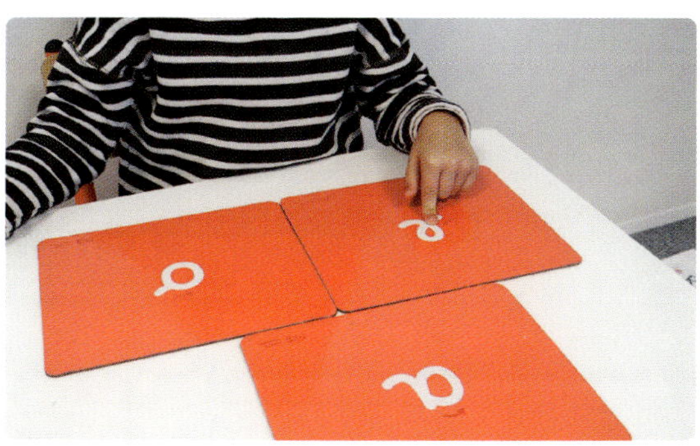

⚠ Il faut rouvrir les yeux pour placer la barre des *t* et le point sur les *i*.

On peut également présenter la plaque quelques temps plus tard et demander à l'enfant de tracer la lettre en disant le son qu'elle fait, sans lui rappeler ce son. Le geste du tracé de la lettre devrait raviver sa mémoire s'il a oublié le son de la lettre.

CONSIGNE 3 **Suis le trajet de la lettre avec tes doigts, les yeux fermés.**

Prolonger cette activité par le tracé des lettres dans le sable ou dans la semoule permet le réinvestissement immédiat du geste formateur de la lettre.
Les lettres rugueuses n'ont pas vocation à être utilisées pour l'encodage des mots, puisqu'elles sont présentées sur des plaques.

CRITÈRES DE RÉUSSITE

- ○ Sens du tracé correct
- ○ Synchronisation geste et son de la lettre

À PARTIR DE LA GS

2 Les lettres mobiles

PRÉ-REQUIS aucun

INSTALLATION collectif devant le tableau puis sur table

MATÉRIEL ENSEIGNANT aucun

MATÉRIEL ÉLÈVE un jeu de lettres mobiles

10 à 15 minutes, à répéter

Les lettres mobiles existent à la fois en capitale d'imprimerie, en scripte et en cursive.

Il faut veiller à ce que la forme des lettres cursives soit conforme aux recommandations officielles : le e doit être une petite boucle, il ne doit pas y avoir d'œilletons sur les o, b, v, s, r, ni de trait d'attaque aux lettres rondes.

Les lettres mobiles sont l'outil idéal en GS pour commencer les premiers essais d'écriture. En effet, l'écriture ayant trois composantes – le geste (composante motrice), le code (composante symbolique) et le sens (composante sémantique) –, l'utilisation des lettres mobiles permet de s'affranchir de la composante motrice et de travailler le code (son des lettres) et le sens conjointement, avant même d'être capable de produire le geste d'écriture correspondant.

L'enseignant invite un élève à venir au tableau.

CONSIGNE 1 **Viens écrire la syllabe ma au tableau : tu dois utiliser deux lettres pour l'écrire.**

L'utilisation des gestes Borel-Maisonny est un atout précieux : ils font appel à la mémoire kinesthésique, en plus de la mémoire visuelle et de la mémoire auditive.

L'enseignant pourra aider l'élève en associant le geste Borel-Maisonny[1] et en prolongeant le son de chaque lettre constituant la syllabe.

On relit en désignant du doigt les lettres mobiles affichées au tableau, pour bien montrer le sens de la lecture, de gauche à droite.

Lorsqu'une lettre produit plusieurs sons, on ne choisit de n'en travailler qu'un seul, de préférence le son le plus fréquent. Par exemple, c fait le son (k), g fait le son (g), s fait le son (s), etc.

1 Clotilde Silvestre de Sacy, *Bien lire et aimer lire*, éd. ESF, 2020.

SITE

Les lettres mobiles

Matériel Montessori Pour Tous
https://media.mdi-editions.com/mat

On proposera ensuite un jeu de lettres mobiles en atelier. Chaque enfant recevra quelques lettres, de manière à pouvoir encoder les syllabes travaillées.

CONSIGNE 2 **Écris la syllabe *ma* en utilisant les lettres mobiles.**

© Matériel Montessori Pour Tous – Fabricant Français

Au fil de l'année, on pourra aborder progressivement de petits mots entièrement en sons simples, voire de courtes phrases comme *il lit*, *papa a vu la lune*...

L'élève est ainsi mis en situation d'encoder des mots, sans avoir besoin de maitriser le geste graphique de chaque lettre utilisée.

La présence éventuelle de lettres muettes sera indiquée par l'enseignant.

Attention : les lettres *b*, *o*, *v* et *w* se terminent par un « bec » en hauteur. Il est donc difficile de les lier à la lettre suivante. Si on écrit le mot *bébé*, par exemple, il y aura un décalage entre la fin du *b* et le début du *e*. Avec le mot *pirate*, les lettres sont bien liées.

© Matériel Montessori Pour Tous – Fabricant Français

CRITÈRES DE RÉUSSITE

- ◯ Encodage correct
- ◯ Relecture du mot ainsi écrit

LOGIQUE

OBJECTIFS

- Apprendre à établir des relations entre les informations.
- Développer la pensée logique.
- Préparer aux stratégies de copie.

PROGRAMMES

BO 2021 « Pour provoquer la réflexion des enfants, l'enseignant les met face à des problèmes à leur portée. [...] Il cible des situations, pose des questions ouvertes pour lesquelles les enfants n'ont pas de réponse directement disponible. [...] L'enseignant est attentif aux cheminements qui se manifestent par le langage ou en action [...]. Ces activités cognitives de haut niveau sont fondamentales pour donner aux enfants l'envie d'apprendre et les rendre autonomes intellectuellement. » ▸ p. 2

REMARQUES

Écrire est un acte très complexe, qui mobilise trois niveaux d'élaboration en même temps : le geste graphomoteur, la connaissance du code, la rédaction proprement dite, tâche de haut niveau qui doit occuper les ressources attentionnelles et cognitives pour mettre en mots la pensée.
La majeure partie de cet ouvrage insiste sur le geste graphomoteur, qui doit en effet être prioritairement être appris en maternelle pour s'automatiser le plus rapidement possible. Mais il ne faut pas faire l'impasse sur la partie cognitive de l'écriture, et sur les liens logiques qui doivent être mis en œuvre dans l'acte d'écrire.
Même pour copier un texte déjà écrit, l'enfant a besoin de comprendre la construction de la phrase, les liens logiques entre les mots, pour se construire une image mentale du texte en question. Cela lui permettra aussi progressivement d'automatiser une partie de la connaissance du code orthographique. Le risque, dans le cas inverse, serait de copier de manière mécanique une succession de lettres sans avoir accès au sens de ce qui est en train d'être écrit.
C'est pourquoi il nous a semblé utile de proposer une entrée « logique », afin de renforcer des compétences transversales qui seront mobilisées lors de l'apprentissage de l'écriture.

À PARTIR DE LA PS

1 Les devinettes

PRÉ-REQUIS aucun

INSTALLATION au coin regroupement

MATÉRIEL ENSEIGNANT aucun

MATÉRIEL ÉLÈVE aucun

5 à 10 minutes, à répéter souvent

Les devinettes sont un jeu que les enfants affectionnent particulièrement et qui est très formateur pour apprendre à développer la pensée logique et la mémoire de travail. Conduire les enfants à faire des liens logiques leur donnera plus tard l'habitude d'observer la langue écrite et de comprendre les liens qu'entretiennent les mots les uns avec les autres : les accords, les relations de cause, de conséquence…
Pour pouvoir écrire le français correctement, c'est indispensable !

Attention au choix des élèves pour ne pas mettre les enfants en trop grande difficulté : ne pas choisir deux enfants qui ont trop de caractéristiques semblables !

Pour cette activité, on choisira 4 ou 5 élèves qu'on alignera devant le reste du groupe classe.
Les élèves doivent trouver l'élève auquel l'enseignant pense.
Les réponses directes ne sont pas valides. Il faudra donc poser une question et, en fonction de la réponse, « éliminer » les enfants qui ne possèdent pas le critère évoqué.

CONSIGNE **Dans ma tête, je pense à un des enfants qui sont là. Pour trouver à qui je pense, il faut me poser des questions. Qui veut me poser une question ?**

Au début, on peut demander aux enfants éliminés de s'asseoir. Petit à petit, on ne le fera plus, pour que les élèves gardent les réponses aux questions en tête.

Questions possibles :

- S'agit-il d'une fille ou d'un garçon ?
- A-t-il des lunettes ? des baskets ? une robe ? un short ? les cheveux châtains ? Porte-t-il du rouge ? A-t-il les yeux verts ? les cheveux longs ? un pull ? des rayures ?

L'enseignant prend le soin d'expliciter la démarche à voix haute : « Il s'agit d'une fille ? Alors, ce n'est ni Benjamin, ni Ahmed, parce que ce sont des garçons ! Elle porte un tee-shirt ? Alors, cela ne peut pas être Lisa, qui est en robe aujourd'hui. »

Pour les plus grands, il existe un jeu du commerce, sur le même principe, qui se joue à deux : le « Qui est-ce ? ».

Penser à régulièrement récapituler les informations découvertes pour aider ceux qui n'ont pas intégré le mode de pensée à développer leur esprit déductif.

On complexifiera au fur et à mesure en fonction du niveau de classe : en ne choisissant que parmi des filles, en posant des questions sur l'initiale du prénom, le niveau de classe dans les classes multi-niveaux, etc.

Variantes possibles :

- Trouver l'intrus : choisir trois enfants qui ont un point commun et un quatrième qui ne le possède pas.
- Évoquer un objet ou un animal qui n'est pas visible mais qu'il faut imaginer : par exemple, « je suis un fruit, je suis long, jaune, ma peau est lisse, on m'épluche, les singes adorent me manger. Je suis... ».

On peut aussi partir d'une question très générale :

CONSIGNE **Je pense à un animal, devinez lequel.**

Nombreux sont les plus jeunes à répondre par une liste d'animaux espérant « tomber » sur la bonne réponse. Tout le travail va consister à inciter à poser des questions sur les caractéristiques de l'animal. Chaque élève devra apprendre à prendre en compte les réponses apportées à ses camarades. Si par exemple un enfant propose un éléphant alors que l'on vient de dire que l'animal a deux pattes, on amènera ses camarades à expliquer pourquoi ce n'est pas possible. En fonction des réponses, on va construire ensemble par déduction ce que l'animal n'est pas (s'il a deux pattes, on élimine tous les animaux à quatre, six ou huit pattes) et ce qu'il peut être (un oiseau).

CRITÈRES DE RÉUSSITE

- ○ Capacité à poser une question pertinente
- ○ Capacité de déduction

À PARTIR DE LA PS

2 Les animaux

PRÉ-REQUIS connaitre le nom des animaux

INSTALLATION sur table

MATÉRIEL ENSEIGNANT des cartes représentant les animaux

MATÉRIEL ÉLÈVE des figurines d'animaux miniatures par paire – un sac opaque

10 à 15 minutes, à répéter

Choisir des animaux suffisamment gros et de bonne qualité pour permettre de développer le sens du toucher.

Si les enfants ont du mal à fermer les yeux, on peut utiliser un bandeau opaque.

Apprendre à mettre des mots sur ses perceptions permet de développer le langage et d'enrichir le vocabulaire – deux compétences très utiles en production d'écrit. Les jeux de reconnaissance tactile apprennent à établir des relations entre les informations reçues et à les expliciter. Passer par le langage permet d'habituer l'élève à analyser ce qu'il voit, ce qu'il touche, ce qu'il entend.[1]

Le sens de la vue prend généralement le pas sur tous les autres sens. Le fait de chercher à reconnaitre les animaux à l'aveuglette, par le toucher, renforce le sens kinesthésique et aide à faire confiance à ses doigts, ce qui est indispensable pour écrire.

Pour cette activité, on installe sur la table les figurines d'animaux miniatures par paire.

CONSIGNE 1 Prends une girafe. Avec tes doigts, touche les pattes. Comment sont-elles ? Peux-tu les compter ? Est-ce qu'elle a une queue ? Comment est son cou ? Et sa tête ? Est-elle grosse ? Qu'est-ce que tu sens, là ? Oui, c'est ça, ce sont des oreilles et des petites cornes.

1 Élisabeth Nuyts, *Dyslexie, Dyscalculie, Dysorthographie, Troubles de la mémoire - Prévention et remèdes*, 2011.

⚠ En TPS / PS, on choisira des animaux très différents et en petit nombre.

L'élève met ensuite la figurine dans un sac, où se trouvent d'autres figurines, et mélange.

CONSIGNE 2 **Retrouve la girafe parmi les autres animaux.**

Pour aider l'enfant, on pourra lui rappeler toutes les caractéristiques de la girafe, qu'on a listées précédemment.

Progression selon les niveaux :
Pour les TPS et PS, il est important que les élèves puissent avoir le modèle à l'identique devant les yeux. La consigne est alors : trouve dans le sac le même animal que celui-ci.
En MS, les animaux sont déjà dans le sac opaque. Chaque enfant tour à tour pioche une carte représentant une photo de l'animal et doit retrouver le même à l'aveugle en oralisant les critères sur lesquels il se base : « Je cherche un animal avec une trompe », par exemple, pour l'éléphant.
En GS, on pourra complexifier l'exercice en mélangeant dans le sac opaque des animaux aux caractéristiques similaires :

- dauphin, baleine, requin, requin marteau, orque…
- tigre, panthère, lion, guépard, lionne…
- coq, poule, canard, dindon, oie…

CRITÈRES DE RÉUSSITE

- ◯ Analyse fine des perceptions tactiles
- ◯ Mise en mots des perceptions

À PARTIR DE LA PS

3 Les puzzles d'observation

PRÉ-REQUIS aucun

INSTALLATION sur table ou au sol

MATÉRIEL ENSEIGNANT aucun

MATÉRIEL ÉLÈVE un puzzle d'observation

15 à 20 minutes, à répéter

À la place d'un puzzle du commerce, on peut également prendre une image de son choix, la plastifier et la découper en plusieurs morceaux.

Habituellement, lors de la réalisation d'un puzzle, on propose une technique qui consiste à commencer par les bords. Notre méthode est différente car elle a pour objectif de développer la mémoire de travail et de préparer aux stratégies de copie. La méthode se fait en deux temps.

- **Premier temps** : décrire oralement le modèle du puzzle, en respectant le sens conventionnel de l'écriture, y compris le retour à la ligne.

CONSIGNE 1 **Décris l'image le plus précisément possible.**

La description doit être la plus étoffée possible et doit utiliser le vocabulaire topologique. Prenons l'exemple du puzzle ci-dessous :

Puzzle Les contes, *éd. Nathan, 6 pièces, pour la PS.*

Pour ce puzzle, on pourrait dire : « On voit la maison des trois ours. Son toit est rouge. L'ourse regarde par la porte ouverte, elle a un

Aider les enfants à être méthodique en détaillant l'image de gauche à droite en commençant par le haut.

Sur le même principe, on peut utiliser un jeu du commerce tel que « Organicolor » qui permet de décrire des formes géométriques.

nœud dans les cheveux. Le grand ours est à l'intérieur, il regarde par la fenêtre. Tout en haut de la colline, très loin, on voit un moulin avec un arbre. Dans le coin du bas, il y a deux ruches et des fleurs devant. Il y a une barrière blanche à côté de la maison et une autre tout devant, avec une boite aux lettres. Sur le chemin, Petit Ours pleure, il a un doudou lapin dans les mains. Dans le coin, Boucle d'or court sur le chemin, elle se sauve. »

- **Deuxième temps** : étaler les pièces du puzzle et reprendre la description.

CONSIGNE 2 **On va maintenant essayer de se rappeler de tout ce qu'on a vu. Qu'est-ce qu'il y a en haut du puzzle ? Maman ourse avec un nœud dans les cheveux. Cherchons la pièce.**

Une fois la pièce trouvée, on continue ainsi dans l'ordre de la description, de gauche à droite.
L'oralisation est primordiale, elle permet de coordonner l'œil, la main, la parole et le travail de mémorisation.
Pour les plus grands, ou collectivement, en petit groupe, on peut utiliser des puzzles plus complexes.

Puzzle d'observation La ferme, *Djeco, 35 pièces, à partir de la MS.*

CRITÈRES DE RÉUSSITE

- ○ Description détaillée du modèle
- ○ Oralisation structurée
- ○ Mémorisation

MANIPULATIONS

OBJECTIFS

- Développer la dextérité manuelle.
- Développer la coordination oculo-motrice.
- Développer le tonus musculaire.
- Aider au développement de la latéralité.

PROGRAMMES

BO 2021 « Une première appréhension du concept de matière est favorisée par l'action directe sur les matériaux dès la Petite Section. Les enfants s'exercent régulièrement à des actions variées (transvaser, malaxer, mélanger, transporter, modeler, tailler, couper, morceler, assembler, transformer). Tout au long du cycle, ils découvrent les effets de leurs actions et ils utilisent quelques matières ou matériaux naturels (l'eau, le bois, la terre, le sable, l'air, etc.) ou fabriqués par l'homme (le papier, le carton, la semoule, le tissu, etc.). » ▸ p. 19

À PARTIR DE LA TPS

1 Enfiler

PRÉ-REQUIS aucun

10 à 15 minutes

INSTALLATION sur table

MATÉRIEL ENSEIGNANT des modèles d'algorithmes de difficulté croissante

MATÉRIEL ÉLÈVE des perles et des fils de tailles différentes selon l'âge

Toutes les activités de manipulation couramment pratiquées en classe maternelle permettent de consolider les habiletés manuelles. Certaines activités permettront d'acquérir davantage de tonus musculaire, d'autres de travailler la coordination œil / main – toutes consolident le processus de latéralisation.

On peut proposer d'enfiler de grosses perles sur une tige en bois / un fil / un scoubidou sans donner de consignes précises concernant le choix des perles dans un premier temps. Ce temps de manipulation libre est essentiel et doit permettre à l'enfant, durant plusieurs séances, de s'approprier progressivement le matériel et de s'exercer à enfiler le lacet dans le trou de la perle. On veillera à ce que les nœuds soient déjà faits afin que les perles restent sur le fil.
Lorsque les élèves auront développé leur habileté à enfiler les perles, on pourra s'inspirer des productions spontanées de l'un d'entre eux pour proposer des consignes plus fermées, faisant appel à du tri.
Par exemple :

⚠ Penser à choisir un fil un peu rigide, comme un lacet, ou en plastique, comme un scoubidou.

CONSIGNE **N'utilisez pour votre collier que les perles de couleur rouge.**

En **PS**, on passera du fil scoubidou au cordon. On pourra introduire progressivement des modèles auxquels se conformer (simples et répétitifs : alternance de deux formes, de deux couleurs, deux tailles).

La main qui sert à enfiler la perle est généralement la main dominante. Cette activité permet d'observer les enfants quand on a un doute sur leur latéralité.

Faire oraliser les enfants : synchroniser geste et parole est très important.

CONSIGNE **Observe bien le collier qui est devant toi. Tu vas devoir refaire le même mais, avant, tu dois venir chercher les perles qu'il te faut.**

En MS et GS, on réduit la taille des perles de façon à ce que cela demande une coordination de plus en plus précise. On pourra complexifier les modèles et inciter les élèves à en inventer.

À partir de la GS, il est aussi possible de prendre un fil et une aiguille avec un chas pas trop fin et d'enfiler des perles type « graine de verre ».
On peut également confectionner ses propres perles à partir de pâte à sel colorée ou de pâte à modeler durcissante, que l'on prendra soin de perforer avec une baguette de bois, quand la pâte est encore molle.

CRITÈRES DE RÉUSSITE

- Enfilage des perles
- Respect des modèles demandés

À PARTIR DE LA PS

2 Lacer

PRÉ-REQUIS aucun

INSTALLATION sur table

MATÉRIEL ENSEIGNANT aucun

MATÉRIEL ÉLÈVE un lacet – une planche à lacer

10 à 15 minutes

Dans un premier temps, les petits passeront le lacet au hasard. Il faut leur laisser le temps de s'approprier le matériel.

Là encore, ne pas hésiter à faire oraliser les enfants : « dessus / dessous »…

Il existe de multiples jeux à lacer. Ces jeux permettent de travailler la coordination oculo-motrice, mais aussi les notions de dessous / dessus. En jouant sur la taille du cordon et sur la taille et le nombre de trous, on peut introduire plusieurs niveaux de difficultés.

CONSIGNE **Passe le lacet dans un trou et ressors le lacet par le trou d'à côté : dessus – dessous – dessus – dessous…**

En PS, il est difficile de suivre les contours.

En GS, c'est plus facile !

CRITÈRES DE RÉUSSITE

- ◯ Bonne coordination oculo-manuelle
- ◯ Respect de la consigne

À PARTIR DE LA MS

3 Lacer avec un picfil

PRÉ-REQUIS aucun

INSTALLATION sur table

MATÉRIEL ENSEIGNANT aucun

MATÉRIEL ÉLÈVE une tablette – un crayon « picfil » (éd. Nathan)

10 à 15 minutes

L'enfilage du lacet dans le stylet est une activité motrice intéressante en soi !

Le stylet est tenu verticalement, contrairement au crayon.

Avec les élèves de GS, il est possible de créer de nouveaux modèles.

Ici, l'enseignant a proposé de réaliser des lignes dans le sens de l'écriture, de gauche à droite.

Cette activité permet de travailler plusieurs compétences. Elle a la particularité d'utiliser un stylet à l'intérieur duquel on glisse un lacet. L'enfant doit enfoncer la pointe du crayon dans les trous d'une tablette en plastique. Quand il relève le stylet, le lacet reste dans le trou. Il parvient ainsi à créer des lignes ou une trajectoire avec le lacet. Cet exercice demande un certain tonus musculaire. Le quadrillage présent sur la tablette permet de travailler la latéralité et le vocabulaire du déplacement dans l'espace. On peut ainsi dire « j'avance de trois cases vers la droite », « je descends en diagonale de quatre cases », etc.

CONSIGNE 1 Choisis un lacet et invente un dessin.

Il est important de passer par cette phase d'expérimentation libre et d'appropriation du matériel avant d'ajouter une consigne.

CONSIGNE 2 Choisis un dessin et reproduis le modèle.

CRITÈRES DE RÉUSSITE

- ◯ Tonicité suffisante
- ◯ Respect de la consigne

À PARTIR DE LA GS

4 Lacer ses chaussures

PRÉ-REQUIS avoir des chaussures à lacets

INSTALLATION aucune

MATÉRIEL ENSEIGNANT aucun

MATÉRIEL ÉLÈVE ses chaussures, celles d'un camarade ou des chaussures de grande poupée

5 minutes, à répéter toute l'année

Les lacets se font en deux temps.

Ne pas hésiter à décerner un diplôme ou une médaille. Pour ne laisser personne de côté, le nœud simple peut déjà être valorisé.

Ne pas exiger cette compétence d'un élève dyspraxique.

De moins en moins d'enfants savent faire leurs lacets, alors que c'est un exercice de motricité très intéressant et très utile !
Les activités vraies sont porteuses de sens ; c'est pourquoi nous déconseillons les chaussures fictives pour s'entrainer à lacer des chaussures « à vide ». Si tous les enfants ne portent pas de chaussures à lacets, il y a forcément un élève qui en porte : les autres élèves peuvent alors s'entrainer avec ses chaussures. Les chaussures de poupées sont également à recommander.
Si cette compétence est valorisée – et elle doit l'être, comme parvenir à faire du vélo sans roulettes – nul doute que les enfants réclameront des chaussures à lacets à leurs parents pour être « grands ». C'est une activité difficile, mais les enfants en retirent une grande fierté. Cela nécessite plusieurs entrainements. Il ne faut pas hésiter à demander aux parents (et aux ATSEM) de prendre le temps de laisser les enfants faire plusieurs essais.

CONSIGNE 1 **Prends un lacet dans chaque main et croise-les (1). Passe un des deux bouts par-dessous et tire sur les deux extrémités bien fort (2).**

(1)

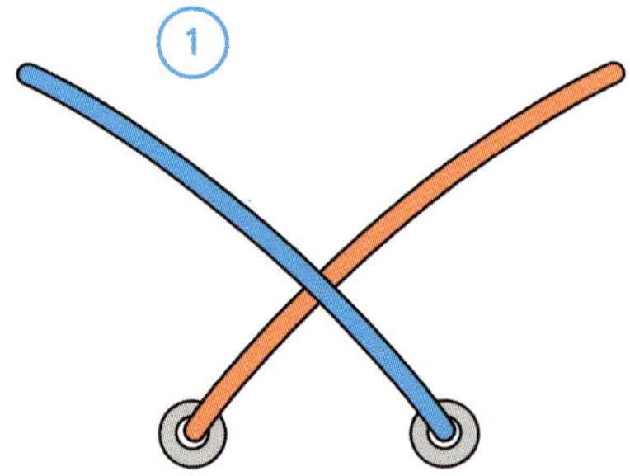

(2)

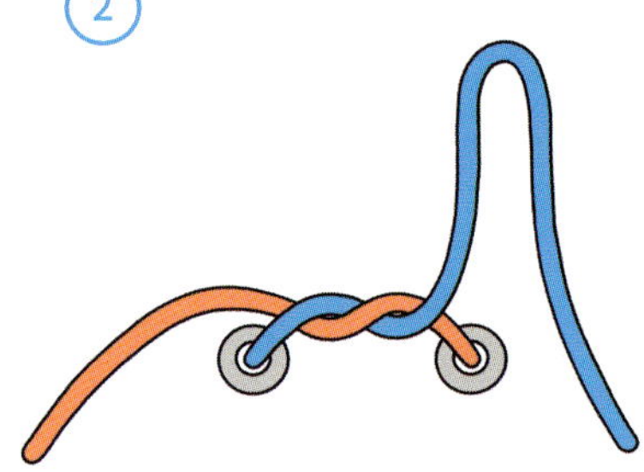

L'enseignant doit se placer à côté de l'enfant plutôt qu'en face de lui ; l'enfant pourra alors l'imiter plus facilement.

CONSIGNE 2 **Plie en deux un bout pour faire une boucle et fais le tour avec l'autre bout ③. Passe dans le petit trou du bas ④, tire sur les deux boucles et voilà ! ⑤ et ⑥**

③

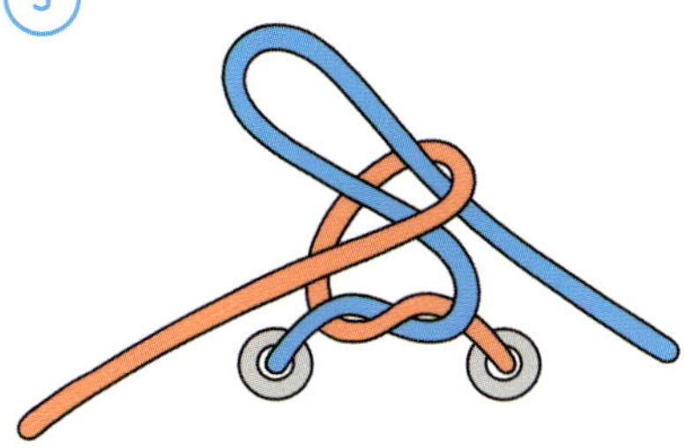

④

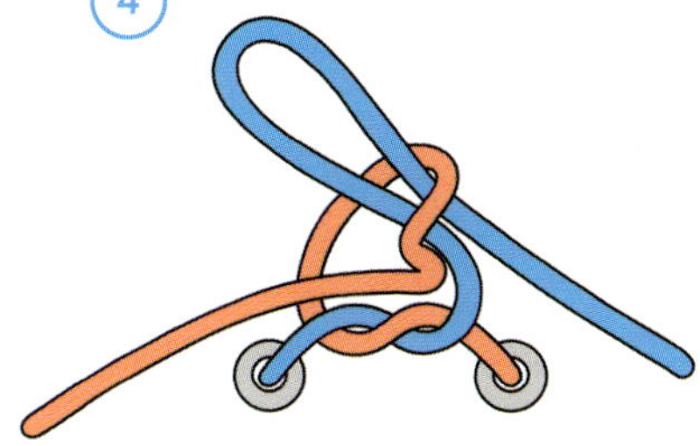

⑤

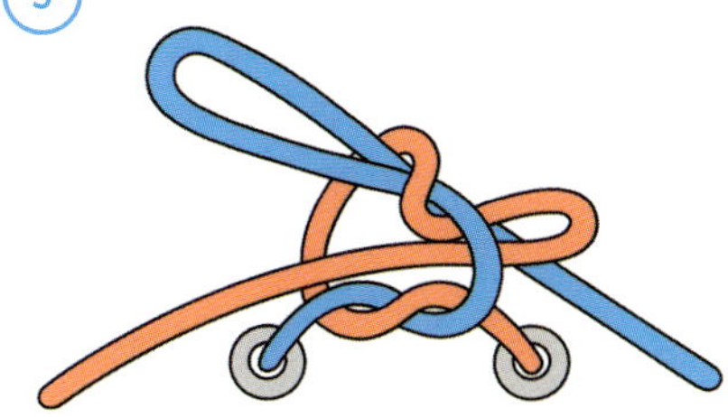

⑥

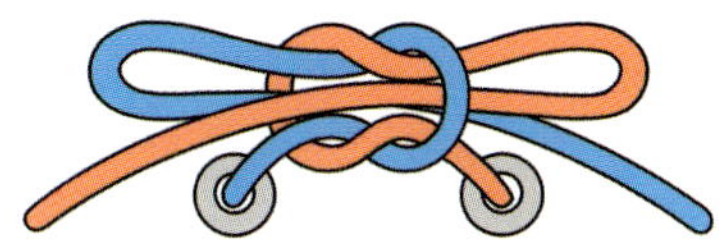

CRITÈRES DE RÉUSSITE

- ◯ Niveau 1 : réussir un nœud simple
- ◯ Niveau 2 : réussir à lacer des chaussures avec de l'aide
- ◯ Niveau 3 : réussir à lacer des chaussures seul

À PARTIR DE LA GS

5 Tisser

PRÉ-REQUIS aucun

INSTALLATION sur table

MATÉRIEL ENSEIGNANT aucun

MATÉRIEL ÉLÈVE des chaines prêtes – des bandes de papier ou des pelotes de laine

10 à 20 minutes

Pour l'élevage de vers à soie, contacter le Musée de la soie :

SITE

Le Musée de la soie

https://media.mdi-editions.com/z9f

Choisir un support suffisamment épais, la rigidité facilitera la manipulation.

Il sera parfois nécessaire de faire des réparations des bandes de chaine avec un morceau de ruban adhésif.

Il est profitable de commencer par observer ce qu'est un tissu. Ce sera l'occasion de travailler au niveau sensoriel les différents tissus : coton, laine, soie… L'enseignant et ses élèves pourront faire des recherches documentaires pour trouver leurs origines (végétales ou animales) et, pourquoi pas, fabriquer du fil à partir de coton, de laine de mouton si l'on peut s'en procurer ou de cocons de vers à soie (l'élevage en classe de ces petites bêtes est facile et très pédagogique).
Pour comprendre la structure du tissu, il peut être intéressant de « dépiauter » un carré. Un tissu comme de la toile de jute permettra alors de faciliter l'observation : il y a des fils dans un sens (la chaine) et des fils dans l'autre sens (la trame). Chaque fil passe au-dessus puis en-dessous d'un autre fil.

Il existe des jeux du commerce qui proposent des supports en plastique souple avec des bandelettes toutes prêtes.
Cependant, il est tout à fait possible de confectionner soi-même sa chaine sur un support papier Canson A4 paysage, en ayant soin de laisser un cadre de 2,5 cm au moins. Il faut tracer des traits espacés de 2 cm et fendre à l'aide d'un cutter.

SITE

De l'art et du tissage

zaubette.fr
https://media.mdi-editions.com/3bi

Cette activité demande beaucoup de concentration. L'ATSEM devra être à proximité pour venir en aide en cas de besoin et éviter le découragement.

L'enseignant distribue alors à chaque élève 4 bandes de papier de 4 cm de large et 40 cm de long de couleurs différentes.

CONSIGNE **Choisis une bande de couleur et passe entre les fentes du papier, une fois par-dessus et une fois par-dessous, par-dessus, par-dessous…**

Le métier à tisser utilisant de la vraie laine est aussi très intéressant. Pensez à proposer de petites réalisations ou une œuvre collective,

car le travail est minutieux. Si vous n'avez pas de petit métier à tisser, il est facile de fabriquer un cadre à l'aide de 4 bouts de bois attachés par de la ficelle, mais il faut en ce cas bien fixer la chaine. Les brins de laine doivent ensuite être attachés à une navette, qui facilite le passage dessus / dessous. Il est aussi possible de fabriquer des supports en carton.

Il ne faut pas oublier, une fois le fil passé dessus / dessous sur toute la largeur, de le faire glisser pour l'agréger au tissu déjà réalisé.

CRITÈRE DE RÉUSSITE

- ◯ Alternance dessous / dessous

MÉMOIRE

OBJECTIFS

- Stimuler la mémoire.
- Soutenir l'attention.
- Développer des stratégies pour retenir des informations.

PROGRAMMES

BO 2021 « Les opérations mentales de mémorisation chez les jeunes enfants ne sont pas volontaires. Dès la première année de vie, les enfants s'appuient fortement sur ce qu'ils perçoivent de leur environnement. Le langage qu'ils entendent aide à l'apprentissage et joue un rôle fondamental dans les opérations de mémorisation. » ▸ p. 5

« Ce qui est attendu des enfants en fin d'école maternelle : Dire de mémoire et de manière expressive plusieurs comptines et poésies. » ▸ p. 9

ÉDUSCOL « À l'école maternelle, la mémorisation des comptines s'exerce habituellement par imprégnation-répétition. L'étayage par le geste [...] aide à la mémorisation et permet que chacun puisse participer selon ses propres capacités. »
▸ *Mobiliser le langage dans toutes ses dimensions Partie II.3 - Lien oral-écrit - Ressources pour la classe : démarches pour apprendre des comptines, formulettes et jeux de doigts*, p. 4

À PARTIR DE LA TPS

1 Les jeux d'écoute

PRÉ-REQUIS aucun

INSTALLATION au coin regroupement

MATÉRIEL ENSEIGNANT des petits instruments à percussion – un dispositif permettant de cacher les instruments

MATÉRIEL ÉLÈVE aucun

10 minutes, à répéter

La mémoire de travail permet de retenir temporairement l'information pour accomplir une tâche. Elle est aussi appelée « mémoire à court terme ». Elle est utilisée dans toutes les tâches scolaires et bien évidemment aussi lors des tâches d'écriture, notamment lors de la copie. Les jeux d'écoute proposés permettent d'exercer et de renforcer cette mémoire de travail et en particulier à réentendre, dans sa tête, une séquence sonore.

Dans un premier temps, on apprendra le nom des instruments et à reconnaitre le son émis par chacun d'entre eux. Il est possible de coder chaque instrument par un dessin (deux bâtons pour les claves, un rond pour le tambourin, un triangle pour le triangle, etc.), comme le propose par exemple Thierry Venot pour la GS en préparation à la lecture.[1]

Avec les tout-petits, on mettra à disposition des élèves un exemplaire de chaque instrument et on leur demandera de montrer celui qu'ils ont entendu.

CONSIGNE 1 **Écoute bien et montre quel instrument tu as entendu jouer.**

Puis, on peut distribuer une série de cartes aux élèves et leur demander de montrer l'image correspondante lorsqu'on fait entendre le son d'un instrument (ces derniers étant cachés).

Les cartes des instruments

https://ecriture.mdi-editions.com

1 Thierry Venot, *De l'écoute des sons à la lecture*, GRIP Éditions.

C'est l'occasion d'utiliser le vocabulaire ordinal : premier, deuxième, troisième…

On dit qu'un enfant retient environ deux éléments à 2 ans, cinq éléments à 7 ans, six éléments à 9 ans. Les performances adultes (environ 7 éléments) sont atteintes à l'adolescence.

On peut demander à ce que les enfants ferment les yeux pour favoriser la concentration.

Chaque élève dispose ensuite d'un instrument. L'enseignant (ou un élève meneur de jeu) caché derrière un dispositif (chevalet, castelet, carton) joue d'un instrument. Les élèves qui possèdent le même instrument doivent lui répondre en jouant à leur tour.

CONSIGNE 2 **Écoutez bien : je vais me cacher et jouer d'un instrument. Ceux qui ont le même instrument que moi jouent à leur tour, et les autres ne font rien.**

On ne donnera au départ que deux types d'instruments. Puis, à partir de la MS, on passera à trois, quatre, puis cinq instruments différents. On pourra également complexifier l'activité en jouant de deux instruments ou plus successivement.

CRITÈRES DE RÉUSSITE

- ◯ Écoute attentive
- ◯ Mémorisation de la séquence sonore
- ◯ Connaissance du nom des instruments
- ◯ Discrimination auditive

À PARTIR DE LA TPS

2 Les jeux de rythme

PRÉ-REQUIS aucun

INSTALLATION au coin regroupement ou en salle de motricité

MATÉRIEL ENSEIGNANT un répertoire de comptines et chants

MATÉRIEL ÉLÈVE aucun

5 à 10 minutes, à répéter souvent

Au début, les enfants se joignent au rythme proposé par l'enseignant. Plus tard, ils pourront reproduire le rythme seuls.

La parole facilite la régularité de la pulsation. Parvenir à synchroniser le geste et la parole sera très important pour l'apprentissage de l'écriture.

Mettre en place des consignes gestuelles silencieuses (fermer le poing pour le silence, tendre les paumes de mains pour donner le départ, par exemple).

Dès la TPS, on proposera de frapper des mains pour accompagner un chant où pulsation et rythme sont identiques : chaque syllabe correspond à un frappé de main. On peut essayer avec un instrument à percussion, mais c'est nettement plus difficile.
À partir de la MS, on proposera de reproduire des formules rythmiques simples en frappant dans les mains, sur les genoux, en tapant des pieds... Ces rythmes peuvent être également reproduits à l'aide de petites percussions. Il faut proposer systématiquement un guidage vocal. Par exemple, si l'enseignant frappe trois fois dans ses mains puis une fois sur ses genoux, il peut dire :

CONSIGNE **Reprenez le rythme avec moi quand vous êtes prêts : tape, tape, tape, boum !**

Il est important de trouver une astuce pour que tous les élèves commencent le rythme en même temps. En PS et MS, c'est un véritable apprentissage que d'écouter avant de faire : il faut donc prendre le temps de bien installer ces habitudes.

CRITÈRES DE RÉUSSITE

- ◯ Écoute attentive
- ◯ Mémorisation du rythme
- ◯ Synchronisation des gestes, rythmes et paroles

À PARTIR DE LA PS

3 Les comptines récapitulatives

PRÉ-REQUIS aucun

INSTALLATION au coin regroupement

MATÉRIEL ENSEIGNANT des images si besoin

MATÉRIEL ÉLÈVE aucun

3 minutes, à répéter souvent

On peut utiliser des images pour soutenir la mémoire.

Les images de la comptine
https://ecriture.mdi-editions.com

VIDÉO
Mon âne
Éditions MDI
https://media.mdi-editions.com/m4y

Expliciter le vocabulaire potentiellement inconnu des enfants avant de commencer la comptine : couleur lilas, souliers...

Apprendre des comptines entraine remarquablement la mémoire, ce qui favorise tous les apprentissages. Certaines comptines travaillent plus particulièrement la mémorisation lorsqu'elles sont basées sur le principe de la récapitulation : chaque couplet procède à une addition au fur et à mesure que la chanson progresse.

Mon âne

Mon âne, mon âne
A bien mal à la tête. *(poser sa tête sur une main)*
Madame lui a fait faire
Un bonnet pour sa tête. *(poser les deux mains sur sa tête)*

Un bonnet pour sa tête *(poser les deux mains sur sa tête)*
Et des souliers lilas, la, la, *(taper sur ses cuisses)*
Et des souliers lilas. *(taper sur ses cuisses)*

Mon âne, mon âne
A bien mal aux oreilles. *(mettre les mains sur ses oreilles)*
Madame lui a fait faire
Une paire de boucles d'oreilles. *(pincer le lobe de ses oreilles)*

Une paire de boucles d'oreilles *(pincer le lobe de ses oreilles)*
Un bonnet pour sa tête *(poser les deux mains sur sa tête)*
Et des souliers lilas, la, la, *(taper sur ses cuisses)*
Et des souliers lilas. *(taper sur ses cuisses)*

Mon âne, mon âne
A bien mal à ses yeux. *(montrer ses yeux)*
Madame lui a fait faire
Une paire de lunettes bleues. *(mimer des lunettes)*

Une paire de lunettes bleues *(mimer des lunettes)*
Une paire de boucles d'oreilles *(pincer le lobe de ses oreilles)*
Un bonnet pour sa tête *(poser les deux mains sur sa tête)*
Et des souliers lilas, la, la, *(taper sur ses cuisses)*
Et des souliers lilas. *(taper sur ses cuisses)*

Mon âne, mon âne
A bien mal à son nez. *(montrer son nez)*
Madame lui a fait faire
Un joli cache-nez. *(se cacher le nez)*

Un joli cache-nez *(se cacher le nez)*
Une paire de lunettes bleues *(mimer des lunettes)*
Une paire de boucles d'oreilles *(pincer le lobe de ses oreilles)*
Un bonnet pour sa tête *(poser les deux mains sur sa tête)*
Et des souliers lilas, la, la, *(taper sur ses cuisses)*
Et des souliers lilas. *(taper sur ses cuisses)*

On pourra chanter aussi : « Alouette gentille alouette », « Chère Elise », « Jean Petit qui danse »…

CRITÈRES DE RÉUSSITE

- ◯ Participation
- ◯ Mémorisation de la comptine
- ◯ Mémorisation des gestes associés

À PARTIR DE LA PS

4 Le mémory

PRÉ-REQUIS aucun

INSTALLATION en atelier de 6 enfants environ

MATÉRIEL ENSEIGNANT aucun

MATÉRIEL ÉLÈVE un jeu de mémory

10 à 20 minutes

Pour jouer au mémory, les élèves sont installés en atelier. L'enseignant dispose sur la table des images retournées (de préférence sur deux à quatre lignes, pour faciliter le repérage).

CONSIGNE **Chacun votre tour, retournez deux images. Si vous retournez deux images identiques, vous gagnez les images et pouvez rejouer. Sinon, c'est à votre camarade de jouer !**

Au début, les enfants retournent des images de manière aléatoire et ne tiennent aucun compte des actions passées. C'est donc presque un jeu de hasard. Puis ils se souviennent progressivement des images qu'ils ont retournées au coup d'avant. Ce n'est que dans un troisième temps qu'ils prendront le temps d'observer les cartes retournées par les autres joueurs et d'en déduire des informations utiles.
En début d'année scolaire, pour apprendre à reconnaitre ses camarades, l'enseignant peut préparer un mémory de la classe : les cartes sont les photos d'identité des enfants, en double bien entendu. On peut y ajouter la photo de l'enseignant, de l'ATSEM, du directeur, des animateurs de cantine... C'est un moyen de faire apprendre les prénoms tout en travaillant la mémoire et la discrimination visuelle. En PS, il peut être nécessaire de faire deux lots de photos si les élèves sont très nombreux.
Par la suite, pour complexifier le jeu, on peut mettre plus de cartes en circulation, prévoir des images qui se ressemblent (ce qui fait travailler l'observation fine), proposer aux enfants de créer leur propre mémory...

CRITÈRES DE RÉUSSITE

- ◯ Respect de la règle du jeu
- ◯ Prise en compte des cartes retournées précédemment

⚠ En PS, choisir un mémory ne comportant pas plus de vingt cartes.

💡 Il peut être utile d'accompagner une ou plusieurs parties en les commentant : « Marie, tu as retourné la pomme et la maison. Il faut maintenant les cacher. Oh, je remarque que la maison est dans le coin en bas à droite ! Je vais m'en souvenir ! »

💡 Le thème du mémory est déclinable à l'infini : mémory des animaux, des objets, des couleurs, des nombres, des lettres...

À PARTIR DE LA PS

5 La liste de courses

PRÉ-REQUIS aucun

INSTALLATION en atelier

MATÉRIEL ENSEIGNANT aucun

MATÉRIEL ÉLÈVE la dinette de la classe

5 à 10 minutes par élève

Bien vérifier que tout le matériel demandé est bien présent dans la dinette de classe.

Au début, l'enseignant proposera de très courtes listes, de deux ou trois objets.

Une fois les objets apportés au coin regroupement, on peut refaire le jeu dans l'autre sens en proposant aux élèves d'aller les ranger !

Lors de cet atelier, l'enseignant propose de jouer à aller faire les courses. Il donne à chaque volontaire successif une liste, plus ou moins longue, d'objets à rapporter.

CONSIGNE 1 **Apporte-moi une tomate, du pain, une assiette, un verre et une fourchette.**

Pour aider les enfants à mémoriser la liste, on leur proposera des stratégies : compter combien il y a d'objets en tout et combien de choses à manger, faire du lien entre les objets (j'imagine la tomate posée sur une tranche de pain, j'imagine l'assiette avec un verre devant), répéter la liste des courses à voix haute tout le temps du trajet et se la réciter une fois arrivé au coin dinette…
Une fois le jeu bien maitrisé, on pourra charger certains élèves de passer des commandes et d'autres élèves d'aller « faire les courses ». On pourra complexifier le jeu en allongeant les listes d'objets à aller chercher et en faisant des commandes plus précises.

CONSIGNE 2 **Apporte-moi une tomate, deux tranches de pain, une assiette bleue, un verre rouge et une fourchette jaune.**

Variante pour les MS et GS : cinq élèves jouent les « papas / mamans » au restaurant. Ils choisissent chacun un aliment sur une carte illustrée des aliments présents dans le coin dinette.
Le sixième élève, qui joue le rôle du serveur, doit mémoriser le plat de chacun, aller les chercher et distribuer les aliments à la bonne personne. Puis on change de serveur.

CRITÈRE DE RÉUSSITE

- ◯ Mémorisation de la commande

À PARTIR DE LA MS

6 Les comptines soustractives

PRÉ-REQUIS connaitre les quantités jusqu'à 5

INSTALLATION au coin regroupement

MATÉRIEL ENSEIGNANT 5 cailloux de teintes différentes qui puissent tenir dans le poing fermé

MATÉRIEL ÉLÈVE aucun

3 minutes, à répéter

VIDÉO

Cinq petits cailloux blancs

Éditions MDI
https://media.mdi-editions.com/6b5

Penser à proposer une trace écrite pour aider à la mémorisation. Faire correspondre cailloux, constellations du dé, écritures chiffrées et doigts de la main.

Cinq petits cailloux blancs

Cette comptine nécessite que les enfants se rappellent la quantité de cailloux restée dans le creux de la main tout en chantant.
Pour commencer, l'enseignant montre sa main dans laquelle cinq cailloux sont posés.

CONSIGNE **Regardez ce que j'ai dans ma main : un, deux, trois, quatre, cinq cailloux.**

Il ferme et ouvre le poing à plusieurs reprises, et demande combien de cailloux il a dans la main. Quand les enfants sont prêts, il entame la chanson le poing fermé.
Cinq petits cailloux blancs
Pour aller voir maman
J'en pose un sur le chemin
(Sans ouvrir la main, l'enseignant pose un caillou devant lui avec le pouce et l'index)
Combien j'en ai dans la main ?
(Il ouvre la main, paume vers le ciel)
1, 2, 3, 4 !
(Il dénombre les cailloux restants, puis referme le poing)

Quatre petits cailloux gris
Pour aller voir mamie
J'en pose un sur le chemin
(Sans ouvrir la main, il pose un caillou devant lui avec le pouce et l'index)

Il est possible de continuer ou modifier la chanson en inventant d'autres couplets en jouant sur les rimes : 6 petits cailloux bleus pour aller voir Mathieu…

Cette comptine permet aussi de passer du simple comptage (énumération des cailloux à l'aide de la comptine numérique) au dénombrement (quantité).

Combien j'en ai dans la main ?
(Il ouvre la main, paume vers le ciel)
1, 2, 3 !
(Il dénombre les cailloux restants, puis referme le poing)

Trois petits cailloux verts
Pour aller voir mon frère
J'en pose un sur le chemin
(Sans ouvrir la main, il pose un caillou devant lui avec le pouce et l'index)
Combien j'en ai dans la main ?
(Il ouvre la main, paume vers le ciel)
1, 2 !
(Il dénombre les cailloux restants, puis referme le poing)

Deux petits cailloux ronds
Pour aller voir tonton
J'en pose un sur le chemin
(Sans ouvrir la main, il pose un caillou devant lui avec le pouce et l'index)
Combien j'en ai dans la main ?
(Il ouvre la main, paume vers le ciel)
1 !
(Il dénombre les cailloux restants, puis referme le poing)

Un petit caillou noir
C'est pour aller te voir
(Il désigne un enfant du doigt)
Je le pose dans ta main pour te montrer le chemin
(Il dépose un caillou dans la main d'un enfant et referme son poing)
Combien j'en ai dans la main ?
Il n'y a plus rien !
(Il ouvre la main et la secoue)

CRITÈRES DE RÉUSSITE
- ○ Mémorisation de la comptine
- ○ Déduction de la quantité restante

À PARTIR DE LA MS

7 Le jeu de Kim

PRÉ-REQUIS aucun

INSTALLATION au coin regroupement, sur table

MATÉRIEL ENSEIGNANT des objets ou des images d'objets – un tissu pour les cacher

MATÉRIEL ÉLÈVE aucun

10 minutes, à répéter

Kim est le titre d'un livre de Rudyard Kipling dont le héros a un grand sens de l'observation et une grande mémoire.

Interroger en premier les enfants qui participent le moins pour reconstituer la collection : il est plus facile de participer au début qu'à la fin.

Les objets peuvent être déposés dans une boite / sac à malice ou sur un plateau recouvert d'un tissu.

L'enseignant pose quelques objets devant les enfants et vérifie que le nom de chaque objet est bien connu de tous. Il prend le temps de décrire l'objet, sa fonction, son utilisation dans la vie quotidienne…

CONSIGNE **Je vais cacher les objets et vous devez vous souvenir des objets qui sont cachés.**

Pour aider les enfants à mémoriser les objets, l'enseignant peut proposer des stratégies, comme choisir des objets de même catégorie (un couteau et une fourchette du coin dinette, deux animaux de la basse-cour, par exemple). Quand viendra le moment de se rappeler les objets, on pourra faire appel à cette catégorisation et rappeler aux enfants qu'il y a deux couverts, deux animaux…

Une classe peut réussir collectivement à mémoriser une dizaine d'objets en PS, entre quinze et trente objets à partir de la MS.

Lorsque la collection d'objets est devenue trop importante, on laisse passer un peu de temps avant de recommencer avec une nouvelle série pour que la collection précédente ne vienne pas gêner la mémorisation.

En fonction des niveaux, l'enseignant peut proposer des variantes :

- proposer des collections avec une seule catégorie d'objets ;
- varier le nombre d'objets proposés ;
- enrichir quotidiennement la collection d'un ou deux éléments ;
- retrouver les objets qui ont été retirés de la collection.

CRITÈRES DE RÉUSSITE

- ◯ Mémorisation du nom des objets
- ◯ Mémorisation des objets cachés

À PARTIR DE LA MS

8 Le défi mémoire

PRÉ-REQUIS aucun

INSTALLATION sur table

MATÉRIEL ENSEIGNANT aucun

MATÉRIEL ÉLÈVE des cartes séries – des jetons ou autres objets de couleurs différentes

10 à 15 minutes

Les élèves sont installés en atelier. Chaque élève choisit un « défi mémoire » plus ou moins long : les séries proposées vont de trois à dix éléments.

CONSIGNE **Prends une carte et pose-la devant toi. Dis à voix haute la série que tu vois plusieurs fois pour te la rappeler, puis cache le modèle et refais la même chose.**

L'enfant prend une carte défi, choisit dans quel sens il la pose (les cartes peuvent être « lues » dans l'un ou l'autre sens). Il regarde la carte et mémorise la série de couleurs présentée. Par exemple, ici, sur l'exemple de droite : « bleu / rouge / bleu / rouge / rouge / bleu ». Puis il masque la carte et essaie de reproduire la série de couleurs avec les jetons ou autres objets mis à sa disposition. Quand il a fini, il vérifie en enlevant le cache et corrige si nécessaire.

Ici, des kaplas de couleurs font office de jetons.

Pour rendre le jeu plus complexe, on peut ajouter des couleurs, préparer des séries plus longues, voire faire préparer de nouvelles cartes défi par les élèves eux-mêmes, qui devront dessiner le modèle.

CRITÈRES DE RÉUSSITE

- ○ Mémorisation de l'algorithme
- ○ Synchronisation geste et parole

⚠ Il vaut mieux masquer le modèle plutôt que de le retourner, au risque de le positionner dans le mauvais sens quand on voudra le voir à nouveau.

Cette activité est bien plus facile à réaliser en disant la série de couleurs à voix haute tout en la reproduisant.

On peut utiliser des éléments de divers jeux pour faire les jetons.

Exemples de cartes défi

https://ecriture.mdi-editions.com

À PARTIR DE LA GS

9 Les poésies

PRÉ-REQUIS aucun

INSTALLATION au coin regroupement

MATÉRIEL ENSEIGNANT aucun

MATÉRIEL ÉLÈVE aucun

10 minutes, à répéter

⚠ Pour que l'écoute soit au rendez-vous, ne pas faire réciter plus de 3 ou 4 élèves d'affilée.

Proposer de monter sur la chaise ou le banc pour réciter sa poésie (et sauter quand on a fini) et applaudir bien fort les récitants.

Associer une gestuelle aide à la fois à la mémorisation et à la compréhension de texte.

À partir de la GS, il est souhaitable de commencer à encourager la mémorisation de courtes poésies. Il ne s'agit plus là de travailler seulement la mémoire de travail, mais au contraire d'exercer la mémoire à long terme.

L'enseignant commence par réciter la poésie, en insistant sur l'intonation et en n'hésitant pas à mimer.
Par exemple, pour *La Fourmi* de Robert Desnos :

Une fourmi *(toute petite voix, pouce et index qui montrent un tout petit espace)*
De dix-huit mètres *(voix exclamative, regard vers le haut qui semble se perdre à l'infini)*
Avec un chapeau sur la tête *(voix amusée, geste des deux mains de mettre un chapeau)*
Ça n'existe pas ! *(voix assurée, main qui fait « non »)*

Ensuite, il demande aux enfants ce qu'ils ont compris. Il laisse chaque enfant s'exprimer, en autorisant les répétitions.
Il peut ensuite apporter des éléments, souvent sous forme d'images, permettant de mieux comprendre le texte. Par exemple, pour *La Fourmi*, il peut montrer une photo représentant une fourmi et montrer la photo d'un immeuble d'une hauteur de 18 mètres.

Puis il lit strophe par strophe et demande aux enfants de répéter immédiatement après. Il corrige les erreurs de prononciation si besoin.
Chaque jour, la poésie est reprise. Ceux qui commencent à la maitriser viennent réciter devant leurs camarades.

La poésie est affichée en classe puis rangée dans un classeur constituant le patrimoine culturel commun à la classe. Une illustration permettra de bien l'identifier. Un exemplaire sera également collé dans le cahier de vie s'il y en un.

Voici une liste de poèmes qu'il est possible de mémoriser en GS :

- Maurice Carême : *Trois escargots, Le chat et le soleil*
- Anne Sylvestre : *J'ai froid aux doigts, À sept ans*
- Robert Desnos : *La fourmi*
- Rosemonde Gérard : *Bonne année*
- Paul Fort : *Par la fenêtre*
- Andrée Chedid : *La cervelle de papa*
- Pierre Coran : *Au verger*
- Anne-Marie Chapouton : *Printemps*

En fin de séance, on peut demander aux élèves d'illustrer le poème étudié.

Illustration du poème La Fourmi *par Eliot, élève de GS.*

CRITÈRES DE RÉUSSITE

- ○ Récitation de mémoire
- ○ Expressivité et articulation

MINUSCULES CURSIVES

a b c d e f g h i j k l m

n o p q r s t u v w x y z

OBJECTIFS

- Apprendre le tracé des lettres par famille de geste.
- Respecter la progression propre à l'écriture.
- Lier le geste au son.
- Écrire de manière fluide pour automatiser le geste d'écriture.

PROGRAMMES

BO 2021 « L'écriture cursive nécessite quant à elle un entrainement pour apprendre à tracer chaque lettre et l'enchainement de plusieurs lettres, en ne levant qu'à bon escient l'instrument d'écriture. Cet entrainement ne peut intervenir que si les enfants ont acquis une certaine maturité motrice : s'il peut avec certains être commencé en Moyenne Section, c'est en Grande Section qu'il a le plus naturellement sa place, et souvent en deuxième partie d'année. [...] L'objectif étant de construire la valeur symbolique des lettres, l'enseignant veille à ne jamais isoler les trois composantes de l'écriture : la composante sémantique (le sens de ce qui est écrit), la composante symbolique (le code alphabétique) et la composante motrice (la dextérité graphique). » ▸ p. 8

Parmi les attendus de fin de cycle : « Écrire son prénom en écriture cursive, sans modèle. Copier en cursive un mot ou une très courte phrase dont le sens est connu. » ▸ p. 10

ÉDUSCOL Livret « La forme des lettres » ▸ p. 6 à 13

LIVRET VERT « La connaissance de la forme s'appuie sur deux modalités qui tiennent compte de la composante visuelle (reconnaitre que telle forme graphique est une lettre ou pas) et de la composante motrice (l'élève peut la reproduire, ce qui relève de la production écrite). » ▸ p. 36

« Ces gestes doivent être automatisés : un entrainement régulier, inscrit dans des situations variées (supports, outils pour écrire, implication du corps dans sa globalité) permet aux gestes liés à la production des lettres de devenir progressivement plus fluides. La fluidité du geste d'écriture automatisé libère des ressources cognitives pour des processus de plus haut niveau relatifs à la production orthographique, à la planification de textes. » ▸ p. 40

À PARTIR DE LA GS

1 Écrire en cursive

PRÉ-REQUIS les boucles, p. 45

INSTALLATION sur table

MATÉRIEL ENSEIGNANT aucun

MATÉRIEL ÉLÈVE des modèles sur format adapté ou le cahier d'écriture GS – un crayon gris triangulaire

10 minutes quotidiennes

▸ BOUCLES, p. 45

Une fois les boucles travaillées avec les élèves, il est temps d'entrer dans l'écriture cursive proprement dite. Les exercices graphiques permettent aux élèves de travailler leur geste, leur posture, de guider leurs tracés avec une précision de plus en plus grande. Mais ils ne sauraient être confondus avec l'écriture. Écrire, c'est tracer des lettres qui transcrivent des sons et produisent du sens. Les trois composantes de l'écriture – motrice, symbolique, sémantique, c'est-à-dire le geste, le code et le sens – sont absolument indissociables. Nous proposons ces exercices à partir de la GS, même si dans certaines situations favorables ils peuvent être abordés dès la fin de la MS.

Déroulé type d'une séance d'écriture

▸ GYM DES DOIGTS, p. 121

Gym des doigts (5 minutes)

Il est important de prendre le temps de cet échauffement au début de chaque séance d'écriture. On peut terminer le moment de gym des doigts en se frottant les mains l'une sur l'autre et en disant une petite formule, comme « ça y est, j'ai les mains prêtes à écrire ! ».

Apprentissage de la lettre (5 minutes)

Juste après l'échauffement de la gym des doigts, on vérifie systématiquement la posture, la position de la feuille et la tenue du crayon. Cet enchainement – on s'échauffe les doigts, on s'installe bien – doit devenir une habitude.

CONSIGNE RITUALISÉE 1, 2, 3, soleil ! Le crayon est dans le hamac. La feuille est bien placée... On est prêt !

Une fois l'enfant bien installé, la séance d'écriture peut se dérouler de la façon suivante :

- L'enseignant propose une petite frise en fonction de la taille des lettres qui seront travaillées afin de se familiariser avec le lignage.

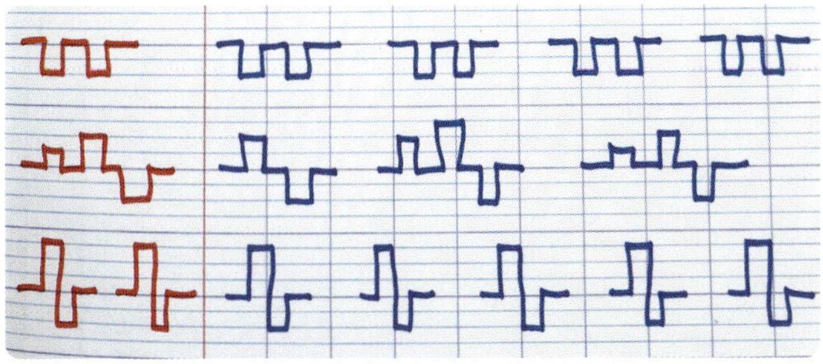

- L'enseignant présente la lettre par le son qu'elle produit le plus souvent. Nous conseillons vivement d'introduire à cette occasion la gestuelle Borel-Maisonny[1], qui permet à l'enfant de mémoriser plus facilement le son de la lettre grâce au mouvement.
- L'enseignant montre le tracé et les élèves observent et s'entrainent en l'air (pointe du crayon levée mais avant-bras en appui sur la table).

On peut aussi s'appuyer sur les personnages des Alphas (éditions Récréalire) s'ils sont utilisés en classe.

CONSIGNE 1 **Faites semblant d'écrire la lettre en l'air.**

Lorsque l'enseignant montre au tableau comment écrire, il faut qu'il mobilise ses doigts pour montrer aux élèves le bon geste à accomplir.

- L'enseignant distribue des cahiers sur lesquels il aura d'abord préparé un modèle de lettre isolé, avec éventuellement une flèche au point de départ, pour permettre aux enfants de s'imprégner du geste. Il vérifie que les cahiers sont positionnés correctement, dans le sens de l'avant-bras qui écrit, pour chaque enfant.
- Les enfants commencent par repasser sur la lettre rapidement, en bougeant bien leurs doigts. L'enseignant vérifie le geste individuellement.

CONSIGNE 2 **Repassez rapidement sur la lettre en faisant le geste qu'on vient d'apprendre. On peut dépasser !**

Il s'agit d'utiliser le support pour tracer la lettre d'un mouvement rapide des doigts. La préoccupation de l'enfant ne doit pas être de ne pas dépasser, ce qui induirait de la lenteur.

- Quand ils sont prêts, les enfants copient la lettre en disant le son qu'elle produit.

1 Clotilde Silvestre de Sacy, *Bien lire et aimer lire*, éd. ESF, 2020.

CONSIGNE 3 **Copiez la lettre plusieurs fois en disant bien le son qu'elle fait.**

Écriture de mots (5 minutes)

- L'enseignant présente au tableau les mots qu'il a préparés sur le cahier : un à trois mots contenant uniquement des lettres dont le tracé a été appris et des sons simples. Il oralise en les écrivant, sans oublier de prononcer les e « muets » (syllabes écrites).
- Les élèves copient ensuite les mots sur leur cahier en suivant le modèle et en oralisant les sons.

CONSIGNE 4 **Copiez les mots en disant bien toutes les syllabes.**

Écriture de phrases (5 minutes)

- L'enseignant présente au tableau la phrase qu'il a préparée sur le cahier. Elle contient uniquement des lettres dont le tracé a été appris et des sons simples. Il oralise en l'écrivant, sans oublier de prononcer les e « muets » (syllabes écrites).

Toute phrase doit bien sûr commencer par une majuscule. Selon le choix pédagogique de l'enseignant, il peut tracer la majuscule cursive de début de phrase sur le cahier ou demander aux enfants de l'écrire eux-mêmes en capitale d'imprimerie.

Le point de fin de phrase ne doit pas être négligé. Il est important que les élèves aient pris l'habitude de le mettre systématiquement.

CONSIGNE 5 **Écrivez la phrase en la disant à voix haute. N'oubliez pas le point à la fin de la phrase !**

Ou, si l'élève doit tracer lui-même la majuscule :

CONSIGNE 5 **Écrivez la phrase en la disant à voix haute. N'oubliez pas la majuscule au premier mot et le point à la fin de la phrase !**

Progression

La progression des lettres doit être élaborée à partir des gestes de base de l'écriture cursive :

- On doit ainsi commencer par les petites boucles, puis les grandes boucles : e et l.
- Ensuite, on abordera les pointes, petites et grandes : i, u et t.
- On pourra enchainer sur les lettres rondes les plus simples : c, a, d, o. Ces lettres nécessitent un « saut » de la pointe du crayon.
- Ensuite, on pourra aborder les lettres en pont : m, n et r.
- La lettre s, qui se termine à l'envers, c'est-à-dire par un geste qui va de droite à gauche, est complexe. Elle est néanmoins si fréquente dans la langue qu'il peut être pertinent de la travailler ensuite.
- On pourra ensuite, au choix, commencer par les autres lettres en pont – p, h, k – ou par les jambages – j, y, q, g, f – ou les finales hautes – b, v, w. L'important est de bien grouper les lettres selon leurs caractéristiques communes.
- Les lettres z et x, plus complexes, seront gardées pour la fin.

Nous détaillons cette progression lettre à lettre dans les fiches suivantes.

CRITÈRES DE RÉUSSITE

- ○ Formation des lettres d'un geste des doigts
- ○ Tracé fluide
- ○ Respect de la forme et de la taille des lettres
- ○ Oralisation des mots en écrivant
- ○ Capacité à relire les mots écrits

À PARTIR DE LA GS

2 Les boucles : e et l

▸ BOUCLES, p. 45

Les boucles ont été largement travaillées en amont. Il s'agit maintenant de les utiliser dans des séances d'écriture proprement dite.

Séance 1 : le e, le l et écriture de le

• **Présentation et tracé des lettres e et l :** La toute première lettre, le e, est travaillée pour elle-même, d'abord par séries de trois lettres (eee), puis de façon isolée. L'enseignant présente la lettre e en expliquant que, selon la présence ou l'absence d'accent, elle peut se prononcer (e), (é) ou (è). On peut associer la gestuelle Borel-Maisonny : main en avant comme pour quêter pour le (e), main sur la tête comme un accent en avant pour le (é), main sur la tête vers l'arrière avec doigts ouverts pour le (è).
Ensuite, l'enseignant présente la lettre l et le son qu'elle fait, (l). La lettre l est une grande boucle. Elle est expliquée par son geste formateur : c'est une petite boucle allongée en faisant le geste de la fléchette (p. 279).
On peut associer la gestuelle Borel-Maisonny, index levé qui avance devant la bouche, comme la langue qui monte pour prononcer (l).
• **Écriture de le :** C'est à partir de l'introduction de la grande boucle que l'on commence à écrire des mots. Les deux mots possibles à écrire avec les lettres e et l sont le et elle. Il est à noter que le son « elle » est de fait un son complexe, mais le mot elle est très facilement mémorisé par les élèves et ne pose pas de difficulté particulière.
On commence par le mot le.

CONSIGNE RITUALISÉE 1, 2, 3, soleil ! Le crayon est dans le hamac. La feuille est bien placée… On est prêt !

CONSIGNE 1 Dans l'air, avec la pointe du crayon, faites une grande boucle bien allongée pour écrire (l), puis une petite boucle, pour écrire (e). Vous avez écrit le mot le !

En écrivant le mot au tableau, l'enseignant émet le son des deux lettres successivement. Il peut ensuite répéter le mot en utilisant la gestuelle Borel-Maisonny.

CONSIGNE 2 Prenez une feuille blanche et écrivez le mot le.

Ne pas hésiter à féliciter largement les élèves et à les applaudir : ils viennent d'écrire leur premier mot en cursive !

Le vocabulaire de la phrase (« mot », « phrase »…) devra avoir été souvent employé lors des séances de dictée à l'adulte, de dessin libre, etc., pour qu'il soit bien compris des élèves.

Bien déterminer le nom par lequel on va désigner les images (par exemple, va-t-on dire « le soulier » ou « la chaussure ? »).

Ensuite, on passe à l'écriture sur feuille lignée, d'abord sur une ligne simple, puis sur lignage Gurvan ou Seyès agrandi 3 mm. Il n'est pas pertinent d'utiliser un lignage plus grand, ce qui obligerait les enfants à trop tirer sur leurs doigts pour allonger les boucles.

CONSIGNE 3 Écrivez le mot *le* en le prononçant quand vous l'écrivez.

L'enseignant propose ensuite de réfléchir avec la classe : quand utilise-t-on le mot « le » ? À quoi sert-il ?
Le mot « déterminant » (ou article) pourra éventuellement être utilisé à l'oral par l'enseignant, mais n'a pas à être mémorisé par les enfants. On leur fait juste remarquer que c'est un mot qui se met avant un nom, mais qu'on ne peut pas le mettre devant tous les noms, seulement les noms masculins.
On proposera uniquement, dans un premier temps, des noms commençant par une consonne : le pantalon, le crayon, le bureau…
L'enseignant interroge les élèves : « Et "le" voiture ? Peut-on dire "le" voiture ? Non, on ne peut pas : on doit dire "la" voiture. C'est un mot féminin, pas masculin. Cherchons ensemble d'autres noms où on peut dire "le". »
On présente ensuite une fiche avec un certain nombre d'images représentant des mots débutant par une consonne, ainsi qu'une petite planche d'étiquettes avec le mot *la* écrit plusieurs fois.

CONSIGNE 4 Écrivez le mot *le* si on peut dire *le*, et collez le mot *la* s'il faut dire *la*.

Séance 2 : écriture de *elle*

Pour introduire la séance, l'enseignant peut demander à un garçon et à une fille de la classe de courir. On interroge alors les élèves : « Que fait Léa ? Elle court. Et Victor ? Il court. » On insiste sur la différence de mot selon qu'un garçon ou une fille effectue l'action. On peut donner à chaque enfant deux petits panneaux avec écrit *il* et *elle*, et leur demander de lever le bon.

CONSIGNE 1 **Écoutez bien ce que je dis et levez le panneau avec le mot *il* ou le mot *elle*.**

Les possibilités sont multiples : maman, papa, Léo, Anna, ma petite sœur, mon copain, la maitresse, le boulanger, mais aussi le camion, la voiture, le vélo, la trottinette…
Au tableau, l'enseignant écrit *elle*, puis explique comment on fait pour écrire le mot : une petite boucle, deux grandes et une petite, sans interrompre le geste.

CONSIGNE RITUALISÉE **1, 2, 3, soleil ! Le crayon est dans le hamac. La feuille est bien placée… On est prêt !**

CONSIGNE 2 **Maintenant, on va écrire *elle*. Regardez comment je fais – vous connaissez déjà les lettres. Tracez maintenant les lettres en l'air avec la pointe du crayon.**

On passe ensuite à la feuille blanche. L'enseignant peut rappeler aux enfants que pour tracer les grandes boucles, il faut faire le geste de la fléchette, c'est-à-dire tendre et replier le pouce.

CONSIGNE 3 **Écrivez le mot *elle* : petite, grande, grande, petite !**

On passe ensuite sur feuille lignée – d'abord sur feuille blanche avec une simple ligne, puis sur lignage Gurvan ou Seyès 3 mm.

CONSIGNE 4 **Écrivez le mot *elle* en le prononçant quand vous l'écrivez.**

CRITÈRES DE RÉUSSITE

- ◯ Formation des lettres d'un geste des doigts
- ◯ Tracé fluide
- ◯ Respect des proportions entre le *e* et le *l*
- ◯ Oralisation des mots en écrivant
- ◯ Identification des noms masculins et féminins

Penser à utiliser le vocabulaire spécifique (ligne, marge, interligne, carreaux, etc.).

On peut proposer de réaliser une petite frise qui permette de repérer les interlignes.

À PARTIR DE LA GS

3 Les pointes : i, u, t

Séance 1 : le i

• **Présentation et tracé de la lettre i** : L'enseignant présente la lettre i, qui est constituée d'une petite pointe. Le geste Borel-Maisonny – l'index en l'air pour (i), en n'hésitant pas à accentuer l'écartement des coins de la bouche, pour bien faire percevoir le son – est montré aux élèves.

CONSIGNE RITUALISÉE 1, 2, 3, soleil ! Le crayon est dans le hamac. La feuille est bien placée… On est prêt !

CONSIGNE 1 Dans l'air, avec le crayon, faites une petite pointe pour écrire i.

On proposera ensuite une lettre à repasser rapidement, pour encoder le bon geste.

CONSIGNE 2 Repassez rapidement sur la lettre en bougeant bien les doigts. On peut dépasser !

On pourra ensuite passer à l'écriture sur feuille blanche, sur feuille lignée, puis enfin sur lignage Seyès agrandi ou Gurvan.

CONSIGNE 3 Écrivez des i sur la feuille en les prononçant (i).

• **Écriture de mots** : Le premier mot à écrire est le mot il. Les élèves le connaissent déjà : il a été vu avec le mot elle appris aux séances précédentes. L'enseignant rappelle aux élèves qu'on utilise « elle » quand on parle d'une fille, d'une femme ou d'un objet dont le nom est féminin, et qu'on utilise « il » quand on parle d'un garçon, d'un homme ou d'un objet dont le nom est masculin.
La lettre i comporte un point, qui ne fait pas partie du tracé et qui doit donc être ajouté après coup. Il est très important, au moment où on commence à aborder cette lettre, d'expliquer aux élèves que le point doit être mis une fois le mot écrit en entier, pour ne pas interrompre le geste. L'écriture du mot il est une excellente occasion de commencer à s'entrainer.

La règle qui consiste à poser les signes (points, barres et accents) après l'écriture du mot est fondamentale pour accéder à la fluidité du geste.

On peut utiliser la métaphore du petit train : le mot avance comme un train et les passagers (les points sur les i, les barres du t et les accents) doivent attendre que le voyage soit fini avant de descendre du train (avant d'être placés sur la lettre).
On proposera ensuite des planches d'images représentant des actions, où il est facile d'identifier si le personnage est féminin ou masculin.

CONSIGNE 4 Écrivez elle quand c'est une fille qui fait l'action, il quand c'est un garçon.

Pour trouver des images d'actions, fureter du côté des flashcards proposées sur les sites d'apprentissage de langues étrangères pour le premier degré.

Séance 2 : le u

Un geste de type ligne brisée est à proscrire. Le u, tout comme le i et le t, sont des boucles étrécies.

- **Présentation et tracé de la lettre u** : La lettre u est constituée de deux petites pointes, ce qui fait qu'il n'y a aucun geste nouveau à apprendre. L'enseignant présente la lettre u, le son (u) et le geste Borel-Maisonny : deux doigts levés. Ne pas hésiter à accentuer la moue de la bouche.

CONSIGNE RITUALISÉE 1, 2, 3, soleil ! Le crayon est dans le hamac. La feuille est bien placée… On est prêt !

CONSIGNE 1 Dans l'air, avec le crayon, faites deux petites pointes pour écrire u.

On proposera ensuite une lettre à repasser rapidement.

CONSIGNE 2 Repassez rapidement sur la lettre en bougeant bien les doigts. On peut dépasser !

On pourra ensuite passer à l'écriture sur feuille blanche, sur feuille lignée, puis enfin sur lignage Seyès agrandi ou Gurvan.

Il est possible de d'entrainer ou réinvestir ce geste de la pointe dans les graphismes décoratifs (tuiles, jupon de robe de princesse, chapiteau...).

Ces lettres permettent d'écrire certains prénoms. Tous les élèves peuvent s'entrainer à écrire Élie, Lili, Lulu, Ali.

Il est fréquent que les gauchers tracent les barres de leurs t de droite à gauche, ce qui n'a aucune incidence. Ces barres peuvent être tracées dans n'importe quel sens, dans la mesure où elles ne sont pas portées par le geste.

CONSIGNE 3 Écrivez des u sur la feuille !

- **Écriture de mots :** On peut s'entrainer à écrire lu. Attention, le mot lu n'a aucun sens seul – l'enseignant incite les enfants à trouver une phrase, comme « Il a lu. » ou « Elle a lu. » où il pourrait être utilisé – même si cette phrase ne peut pas être écrite par les enfants avant qu'ils aient appris le tracé de la lettre a.

CONSIGNE 4 Écrivez le mot lu en le disant à voix haute.

Séance 3 : le t

- **Présentation et tracé de la lettre t :** La lettre t est constituée d'une grande pointe. L'enseignant la présente avec le son (t) et le geste Borel-Maisonny (les doigts pincent dans l'air).

CONSIGNE RITUALISÉE 1, 2, 3, soleil ! Le crayon est dans le hamac. La feuille est bien placée... On est prêt !

CONSIGNE 1 Dans l'air, avec le crayon, faites une grande pointe pour écrire t.

On proposera ensuite une lettre à repasser rapidement.

CONSIGNE 2 Repassez rapidement sur la lettre en bougeant bien les doigts. On peut dépasser !

On pourra ensuite passer à l'écriture sur feuille blanche, sur feuille lignée, puis enfin sur lignage Seyès agrandi ou Gurvan.

On proposera une petite frise du type ell afin de se familiariser avec la hauteur du t qui est de deux interlignes.

CONSIGNE 3 Écrivez des t sur la feuille en disant (t).

- **Écriture de mots :** Le corpus s'agrandit : tu, tutu, titi, le lit... Ce sont autant d'occasions de rappeler que les barres de t doivent être tracées une fois le mot écrit en entier.
On explicitera chacun des mots choisis : « "tu", c'est pour dire que c'est toi qui fais quelque chose, "tutu", c'est un vêtement de danse pour les filles (on rappellera que les garçons qui font de la danse

Il est tout à fait profitable de faire des essais d'encodage avec des lettres mobiles, p. 155.

portent plutôt un justaucorps), "le lit", c'est l'endroit où on dort et il a une lettre muette, t, puisqu'on dit "literie". » Cette étape est importante pour que les enfants sachent ce qu'ils écrivent.

CONSIGNE 4 **Écrivez les mots tu, le tutu, le lit en les disant à voix haute. Attention, il y a un t muet à la fin du mot lit.**

CRITÈRES DE RÉUSSITE

- ◯ Formation des lettres d'un geste des doigts
- ◯ Tracé fluide
- ◯ Tracé des points, barres et accents en fin de mot
- ◯ Différence de hauteur entre le i et le t
- ◯ Oralisation des mots en écrivant
- ◯ Utilisation correcte du pronom masculin ou féminin

À PARTIR DE LA GS

4 Les rondes : c, o, a, d

L'apprentissage de cette famille de lettres va permettre la mise en place d'une règle de base de l'écriture cursive qui consiste à lever brièvement le crayon juste avant la lettre ronde, sans arrêter son mouvement. Il peut être nécessaire d'entrainer ce geste sur d'autres supports : au tableau, sur une grande feuille, avec des lettres rugueuses, dans le sable ou la semoule…

Le coffret de lettres rugueuses MDI propose un enchainement ece qui permet de s'entrainer à ce saut de crayon. On peut l'utiliser en accompagnant le geste d'une petite « chanson » qui aide à l'encoder, par exemple « tourne, saute, tourne ».

Il est aussi possible de proposer une activité de type « Les cordes à sauter », p. 92.

Séance 1 : le c

- **Présentation et tracé de la lettre c** : La lettre c est présentée uniquement avec le son (k), représenté par le geste Borel-Maisonny (l'index arrondi indique la bouche ouverte, d'où s'échappe l'air).

CONSIGNE RITUALISÉE 1, 2, 3, soleil ! Le crayon est dans le hamac. La feuille est bien placée… On est prêt !

Pour le geste de la demi-pomme, voir « Les ronds », p. 286.

CONSIGNE 1 Dans l'air, faites le geste de la demi-pomme pour tracer la lettre c.

On proposera ensuite une lettre à repasser rapidement.

CONSIGNE 2 Repassez rapidement sur la lettre en bougeant bien les doigts. On peut dépasser !

On pourra ensuite passer à l'écriture sur feuille blanche, sur feuille lignée, puis enfin sur lignage Seyès agrandi ou Gurvan.

CONSIGNE 3 Écrivez des c sur la feuille en disant (k).

Le guidage vocal est très utile pour aider à sauter avec la pointe du crayon. L'enseignant pourra aider en disant « saute » ou « hop » au bon moment.

• **Écriture de mots :** On peut proposer le mot *clé*, qui ne nécessite aucun saut de crayon, donc qui est plus facile. Ensuite, on pourra proposer *clic*, qui oblige à sauter pour le second c.

CONSIGNE 4 **Écrivez les mots *clé* et *clic*, en les disant à voix haute. Faites bien sauter la pointe du crayon avant le c de *clic* !**

Séance 2 : le o

• **Présentation et tracé de la lettre o :** La lettre o, comme l'ensemble des lettres rondes, se trace à partir de la lettre c. L'enseignant présente le geste : démarrer comme le c, fermer le rond, tracer un petit bec en haut (premier interligne). Le geste Borel-Maisonny est présenté : les doigts arrondis pour le son (o). Ne pas hésiter à bien marquer également l'arrondi des lèvres en prononçant le son de manière exagérée.

CONSIGNE RITUALISÉE **1, 2, 3, soleil ! Le crayon est dans le hamac. La feuille est bien placée… On est prêt !**

CONSIGNE 1 **Dans l'air, commencez comme un c, fermez-le par un petit bec en haut pour tracer le o.**

On proposera ensuite une lettre à repasser rapidement.

CONSIGNE 2 **Repassez rapidement sur la lettre en bougeant bien les doigts. On peut dépasser !**

On pourra ensuite passer à l'écriture sur feuille blanche, sur feuille lignée, puis enfin sur lignage Seyès agrandi ou Gurvan.

CONSIGNE 3 **Écrivez des o sur la feuille.**

Il n'y a pas d'œilleton au o, pas plus qu'aux lettres b, v, w, s et r (Éduscol 2015, *La forme des lettres*, p. 12).

• **Écriture de mots :** On peut écrire *col* et *loto*. Pour *col*, il n'y a qu'un saut de crayon. Pour *loto*, il y a deux sauts de crayon, pour chacun des o, et en plus une barre de t à ajouter à la fin. L'enseignant explique bien aux enfants que *le col* n'est pas *la colle* ! Certains élèves peuvent remarquer la différence de prononciation entre le [ɔ] ouvert de *col* et le [o] fermé de *loto*. On peut faire trouver des mots qui comportent le [ɔ] ouvert (école, bol, sol, homme…). C'est important, car bien souvent les élèves ont des difficultés à encoder quand ils ne reconnaissent pas, à juste titre, le son [ɔ] dans le mot « pomme », par exemple, qui se prononce différemment du mot « paume ».

Il n'existe pas de geste Borel-Maisonny pour le [ɔ] ouvert. On pourra ouvrir légèrement le rond qu'on fait avec les doigts pour montrer la différence avec le [o] fermé.

CONSIGNE 4 Écrivez les mots le col et le loto, en les disant à voix haute. Faites bien sauter la pointe du crayon avant les o et n'oubliez pas la barre du t que vous tracez à la fin !

Séance 3 : le a

• **Présentation et tracé de la lettre a** : La lettre a commence également comme la lettre c (ou comme la demi-pomme). De fait, elle correspond exactement au mot ci, qui serait écrit en télescopant les deux lettres. Les gestes sont donc connus des élèves. L'enseignant présente la lettre, le son, le geste Borel-Maisonny (la main grande ouverte, la bouche également ouverte pour faire (a)).

CONSIGNE RITUALISÉE 1, 2, 3, soleil ! Le crayon est dans le hamac. La feuille est bien placée… On est prêt !

CONSIGNE 1 Dans l'air, faites un c fermé par une petite pointe pour tracer le a.

On proposera ensuite une lettre à repasser rapidement.

CONSIGNE 2 Repassez rapidement sur la lettre en bougeant bien les doigts. On peut dépasser !

On pourra ensuite passer à l'écriture sur feuille blanche, sur feuille lignée, puis enfin sur lignage Seyès agrandi ou Gurvan.

CONSIGNE 3 Écrivez des a sur la feuille en les prononçant à voix haute.

L'encodage avec des lettres mobiles permet à l'élève de repérer les sons avant de les écrire.

• **Écriture de mots** : On peut maintenant écrire le déterminant la. L'enseignant peut faire copier, par exemple, le lac, la colle, la tata, le cacao… en insistant sur la différence de déterminant selon que le nom est masculin ou féminin.

CONSIGNE 4 Écrivez les mots le lac et la colle en les disant à voix haute. N'oubliez pas de faire sauter la pointe de votre crayon avant le a, le c et le o.

Il faut vérifier que les élèves ne font sauter la pointe de leur crayon qu'avant les lettres rondes et n'interrompent pas leur geste ailleurs !

On peut ensuite reprendre le travail initié lors de l'écriture des lettres e et l (p. 195), en proposant cette fois aux élèves d'écrire le ou la devant chaque image.

CONSIGNE 5 Écrivez le devant les noms masculins et la devant les noms féminins.

Séance 4 : le d

- **Présentation et tracé de la lettre d :** Elle est formée exactement du même geste que la lettre a, avec une grande pointe au lieu d'une petite pointe. Il n'y a donc ici pas de nouveau geste travaillé. Autrement dit, le a se trace comme un c fermé par un i, le d comme un c fermé par un t.

L'enseignant présente aux élèves le geste formateur de la lettre, le son qu'elle produit, (d), et le geste Borel-Maisonny : un poing fermé dans le dos.

Ce geste est un très bon point de repère (le dos) pour faire la distinction avec le son (b) dont le geste consiste à mettre le poing sur le ventre (le bidon).

CONSIGNE RITUALISÉE 1, 2, 3, soleil ! Le crayon est dans le hamac. La feuille est bien placée… On est prêt !

CONSIGNE 1 Dans l'air, faites un c fermé par une grande pointe pour tracer le d.

On proposera ensuite une lettre à repasser rapidement.

CONSIGNE 2 Repassez rapidement sur la lettre en bougeant bien les doigts. On peut dépasser !

On pourra ensuite passer à l'écriture sur feuille blanche, sur feuille lignée, puis enfin sur lignage Seyès agrandi ou Gurvan.

Quand on passe sur le lignage, penser à expliquer aux enfants que la pointe du d monte au deuxième interligne.

CONSIGNE 3 Écrivez des d sur la feuille en disant (d).

- **Écriture de mots :** On peut maintenant écrire des mots comme la date, le dada (la plupart des enfants connaissent le jeu de « à dada », le mot dada désignant un cheval), do (la note de musique), dodo… Bien vérifier que les élèves ne font sauter la pointe de leur crayon que pour démarrer les lettres rondes.

L'oralisation du son (d) en l'écrivant aide à éviter les confusions avec les sons proches, comme (b) et (t).

CONSIGNE 6 Écrivez les mots la date et le dada en les disant à voix haute. Faites bien sauter la pointe de votre crayon avant les a et les d.

CRITÈRES DE RÉUSSITE

- ◯ Formation des lettres d'un geste des doigts
- ◯ Tracé fluide
- ◯ Tracé des points, barres et accents en fin de mot
- ◯ Différence de hauteur entre le a et le d
- ◯ Saut de crayon avant les lettres c, o, a et d
- ◯ Oralisation des mots en écrivant

À PARTIR DE LA GS

5 Les ponts : m, n, r

> ⚠ Les ponts doivent être collés. Le tracé des lettres qui comportent des ponts n'est donc pas à proposer en parallèle d'une activité sur les vagues en graphisme décoratif.

> 💡 Le « zou » représente le retour sur la ligne.

> ⚠ Les fiches de graphisme proposant des ponts à l'infini ne sont pas recomman-dées, car elles incitent à oublier le retour souple sur la ligne, « zou ».

Séance 1 : le m

- **Présentation et tracé de la lettre m** : La lettre m comporte des ponts (ou arcades), qui tournent dans le sens horaire, contrairement à toutes les lettres déjà vues, tracées uniquement dans le sens principal de l'écriture. Cette lettre est également la première à avoir un départ en haut et non sur la ligne de base. L'enseignant présente la lettre m et le son (m) qu'elle fait, avec le geste Borel-Maisonny (trois doigts posés sur la table, bouche fermée).

CONSIGNE RITUALISÉE 1, 2, 3, soleil ! Le crayon est dans le hamac. La feuille est bien placée… On est prêt !

CONSIGNE 1 Dans l'air, faites trois ponts avec la pointe du crayon et terminez par un petit « zou » pour tracer le m.

On proposera ensuite une lettre à repasser rapidement.

CONSIGNE 2 Repassez rapidement sur la lettre en bougeant bien les doigts. On peut dépasser !

On pourra ensuite passer à l'écriture sur feuille blanche, sur feuille lignée, puis enfin sur lignage Seyès agrandi ou Gurvan.

CONSIGNE 3 Écrivez des m sur la feuille.

L'enseignant encourage les élèves à oraliser. On peut dire le son (m), mais si les tracés ne sont pas corrects on peut décomposer en disant : « pont, pont, pont, zou » tout en traçant la lettre pour que le m ne se termine pas par un trait droit arrivant sur la ligne (planté de bâton), mais bien par un retour souple rebondissant sur la ligne et repartant dans le sens premier de l'écriture (anti-horaire). C'est ce petit retour qui correspond au son « zou ».

- **Écriture de mots et de phrases** : On peut maintenant écrire midi, moto, ami, malade et même une courte phrase comme Il a mal. ou Elle a mal., voire Il a mal lu. !

CONSIGNE 4 Écrivez les mots *midi* et *moto* en les disant à voix haute. N'oubliez pas les passagers à la fin du mot !

Pour l'écriture de phrases, se pose la question de la majuscule : on peut l'écrire en cursive et donner la phrase à compléter aux élèves ou leur proposer de l'écrire eux-mêmes en capitale d'imprimerie. En oralisant la phrase écrite, on insistera sur le petit silence entre chaque mot, pour bien segmenter la phrase.

⚠ On prend l'habitude d'écrire une phrase avec une majuscule au début et un point à la fin.

CONSIGNE 5 Écrivez la phrase *Il a mal.* en la disant à voix haute. N'oubliez pas le point à la fin de la phrase !

Séance 2 : le *n*

• **Présentation et tracé de la lettre *n*** : La lettre *n* est très similaire à la lettre *m*. L'enseignant présente la lettre, le son (n), le geste Borel-Maisonny (deux doigts posés sur les ailes du nez).

CONSIGNE RITUALISÉE 1, 2, 3, soleil ! Le crayon est dans le hamac. La feuille est bien placée… On est prêt !

CONSIGNE 1 Dans l'air, faites deux ponts avec la pointe du crayon et terminez par un petit « zou » pour tracer le *n*.

On proposera ensuite une lettre à repasser rapidement.

CONSIGNE 2 Repassez rapidement sur la lettre en bougeant bien les doigts. On peut dépasser !

On pourra ensuite passer à l'écriture sur feuille blanche, sur feuille lignée, puis enfin sur lignage Seyès agrandi ou Gurvan.

CONSIGNE 3 Écrivez des *n* sur la feuille.

💡 Pour aider à faire le retour en fin de lettre, on peut faire écrire au début plutôt *me* que *m* seul, *ne* que *n* seul.

L'enseignant incite les élèves à dire le son (n) ou « pont, pont, zou » en écrivant les lignes de *n*.

• **Écriture de mots et de phrases** : On peut maintenant écrire des mots comme *la nuit* (bien insister sur la lettre muette *t*, car on dit *nuitée*), *la lune* et *le nid* (qui comporte une autre lettre muette, le *d*, comme dans *nidifier*, que les élèves ne connaissent pas mais qu'on peut leur dire). On peut aussi écrire des phrases comme *Il a tenu la moto.* ou *Elle a noté le mot.*

CONSIGNE 4 Écrivez les mots *la nuit* et *la lune* en les disant à voix haute. N'oubliez pas les passagers à la fin du mot !

En oralisant la phrase écrite, on insistera sur le petit silence entre chaque mot, pour bien segmenter la phrase. On rappellera l'importance de la majuscule en début de phrase, soit que l'enseignant l'ait tracée en cursive, soit que l'élève doive la tracer en capitale d'imprimerie.

CONSIGNE 5 Écrivez la phrase *Il a tenu la moto.* en la disant à voix haute. N'oubliez pas le point à la fin de la phrase !

Séance 3 : le *r*

- **Présentation et tracé de la lettre *r*** : Le *r* est une lettre relativement complexe, dans la mesure où elle implique un changement de direction. De plus, sa forme est extrêmement variable d'un modèle à l'autre. Nous avons ici fait le choix de la présenter en nous référant à deux lettres déjà connues : le *i* et le *n*. Cette manière de faire simplifie les choses.

L'enseignant, en présentant la lettre *r* au tableau, peut choisir une couleur pour la partie qui est comme le *i* et une autre couleur pour la partie qui est comme le *n*, pour que les élèves perçoivent mieux cette explication. Il présente la lettre, le son *r* avec le geste Borel-Maisonny de l'index qui gratte la gorge.

CONSIGNE RITUALISÉE 1, 2, 3, soleil ! Le crayon est dans le hamac. La feuille est bien placée... On est prêt !

CONSIGNE 1 Dans l'air, commencez comme une pointe, puis terminez par un « pont-zou » pour tracer la lettre *r*.

On proposera ensuite une lettre à repasser rapidement.

CONSIGNE 2 Repassez rapidement sur la lettre en bougeant bien les doigts. On peut dépasser !

On pourra ensuite passer à l'écriture sur feuille blanche, sur feuille lignée, puis enfin sur lignage Seyès agrandi ou Gurvan.

CONSIGNE 3 Écrivez des *r* sur la feuille.

Si le geste est exécuté très rapidement, on peut voir apparaitre un petit œilleton entre le « pic » (première moitié de la lettre i) et le « pont, zou » (deuxième moitié de la lettre n). C'est un signe d'accélération du geste.

Les passagers (barres des t, points sur les i, accents) se mettent bien en fin de mot et non pas en fin de phrase !

L'enseignant incite les élèves à dire « pic, pont, zou » en écrivant les lignes de r.

- **Écriture de mots et de phrases** : On peut écrire la rue, le rat, le renard (insister sur les lettres muettes en évoquant le raton, le renardeau) ou des mots amusants comme le rototo ou taratata !

CONSIGNE 4 **Écrivez les mots la rue et le renard en les disant à voix haute. N'oubliez pas les lettres muettes !**

On peut ensuite composer des phrases comme Rémi a ri. ou des phrases plus cocasses, comme Le renard a ri., voire Le renard a ri du rat. ! On prendra alors le temps d'imaginer une petite histoire pour mettre la phrase en situation et qu'elle ait un sens pour les enfants.

En oralisant la phrase écrite, on insistera sur le petit silence entre chaque mot, pour bien segmenter la phrase. On rappellera l'importance de la majuscule en début de phrase, soit que l'enseignant l'ait tracée en cursive, soit que l'élève doive la tracer en capitale d'imprimerie.

CONSIGNE 5 **Écrivez la phrase Rémi a ri. en la disant à voix haute. N'oubliez pas le point à la fin de la phrase !**

CRITÈRES DE RÉUSSITE

- ○ Formation des lettres d'un geste des doigts
- ○ Tracé fluide
- ○ Tracé des points, barres et accents en fin de mot
- ○ Retour souple sur la ligne à la fin des m, n, r
- ○ Espaces entre les mots dans les phrases
- ○ Oralisation des mots en écrivant

À PARTIR DE LA GS

6 Les rouleaux : la lettre s

C'est le moment de rappeler le tracé des anses (p. 290) qui prépare celui du rouleau.

• **Présentation et tracé de la lettre s** : La lettre s a pour caractéristique de se terminer vers la gauche, c'est-à-dire dans le sens contraire à celui de notre écriture. Cela rend l'enchainement à la lettre suivante compliqué : pour repartir de gauche à droite, il faut « rebondir » après avoir refermé le s. Nous proposons cependant de l'apprendre relativement vite, car elle est très fréquente dans la langue.
L'enseignant présente la lettre s, le son (s), le geste Borel-Maisonny qui est un mouvement de serpent réalisé avec l'index, en disant « ssssssssssss ».

CONSIGNE RITUALISÉE 1, 2, 3, soleil ! Le crayon est dans le hamac. La feuille est bien placée… On est prêt !

CONSIGNE 1 Dans l'air, commencez comme un i puis terminez par un rouleau pour tracer la lettre s.

On proposera ensuite une lettre à repasser rapidement.

CONSIGNE 2 Repassez rapidement sur la lettre en bougeant bien les doigts. On peut dépasser !

On pourra ensuite passer à l'écriture sur feuille blanche, sur feuille lignée, puis enfin sur lignage Seyès agrandi ou Gurvan.

CONSIGNE 3 Écrivez des s sur la feuille.

• **Écriture de mots et de phrases** : On peut écrire *si*, *su* (comme dans *Elle a su*), *sur*, *dessus*… Il vaut mieux, dans un premier temps, éviter de devoir d'abord rebondir, puis sauter pour une lettre ronde, comme pour écrire *sa* par exemple.
On peut travailler ces enchainements difficiles avec des lettres rugueuses :

On insistera sur le rebond à faire après avoir fermé le *s*. Ce petit « zou » n'existe pas si le *s* est en fin de mot, comme dans *cas* ou *tas*.

CONSIGNE 4 **Écrivez les mots *si* et *dessus* en les disant à voix haute. Rebondissez bien à la fin des *s* vers l'intérieur des mots !**

Selon l'avancement de la classe en lecture, on pourra, si les élèves sont prêts, introduire le mot *est*, qui est un mot-son impossible à diviser en plus petites unités et qui est très fréquent dans la langue. On dira alors qu'il s'agit du verbe *être* (sans insister sur la notion, bien sûr) et qu'on peut mettre un pronom avant (on rappellera le travail sur *il* ou *elle*, p. 198).
On pourra alors écrire *Il est assis.*, *Elle est sur le mur.*, *Il est sur le sol*…

CONSIGNE 5 **Écrivez la phrase *Il est assis.* en la disant à voix haute. N'oubliez pas le point à la fin de la phrase !**

CRITÈRES DE RÉUSSITE

- ◯ Formation des lettres d'un geste des doigts
- ◯ Tracé fluide
- ◯ Tracé des points, barres et accents en fin de mot
- ◯ Différenciation entre le *s* de fin de mot et le *s* dans le mot
- ◯ Espaces entre les mots dans les phrases
- ◯ Oralisation des mots en écrivant

À PARTIR DE LA GS

7 Les ponts : p, h, k

Séance 1 : le p

- **Présentation et tracé de la lettre p** : L'enseignant présente la lettre p, dont le jambage comporte un aller-retour de la pointe du crayon. La lettre est assez complexe : il faut d'abord monter comme pour le i, puis plier et tendre le pouce (comme pour le geste des yoyos, p. 291), puis terminer par un pont et un retour sur la ligne, comme un n. Le geste Borel-Maisonny est un poing ouvert que l'on ouvre brutalement en prononçant p. Comme c'est une lettre explosive, le son ne peut pas être prolongé.

CONSIGNE RITUALISÉE 1, 2, 3, soleil ! Le crayon est dans le hamac. La feuille est bien placée… On est prêt !

CONSIGNE 1 Dans l'air, commencez comme un i puis faites le yoyo et terminez comme un n.

On proposera ensuite une lettre à repasser rapidement.

CONSIGNE 2 Repassez rapidement sur la lettre en bougeant bien les doigts. On peut dépasser !

On pourra ensuite passer à l'écriture sur feuille blanche, sur feuille lignée, puis enfin sur lignage Seyès agrandi ou Gurvan.

La lettre p est la première qui va devoir passer sous la ligne de base, il est donc important de bien expliquer sa taille en montant au premier interligne et en descendant de deux interlignes.

CONSIGNE 3 Écrivez des p sur la feuille en les prononçant à voix haute.

- **Écriture de mots et de phrases** : On peut écrire le mot épée, qui ne nécessite aucun saut de crayon, ou bien papa, pirate… Fou rire assuré si on écrit pipi !

Sur feuille, pour remonter sur le jambage du p par un trait couvrant, il suffit de déplier le pouce. Au tableau, par contre, repasser sur le même trait est difficile. Il peut donc être pertinent de lever le crayon quand on écrit au tableau.

Pour se familiariser avec les repères du lignage une petite frise peut être proposée.

CONSIGNE 4 Écrivez les mots *une épée* et *le pirate* en les disant à voix haute. N'oubliez pas les passagers à la fin du mot !

On peut ensuite composer des phrases comme *Papa a parlé.* ou, si on a travaillé le mot *est* et qu'on souhaite le réinvestir, *Papa est parti.*

CONSIGNE 5 Écrivez la phrase *Papa a parlé.* en la disant à voix haute. N'oubliez pas le point à la fin de la phrase !

Séance 2 : le *h*

- **Présentation et tracé de la lettre *h*** : La lettre *h* est souvent muette en français. Aucun geste Borel-Maisonny ne lui est donc associé. Nous proposons de la travailler d'abord en l'associant au c, pour faire le son (ch).

L'enseignant présente les lettres *ch*, le son (ch) et le geste Borel-Maisonny associé : prendre ses deux joues entre les doigts en avançant les lèvres.

Le c est déjà connu, on enchaine avec le *h* qui est relativement simple à tracer : on commence comme un *l*, puis on rebondit sur la ligne et on termine comme un *n*. Certains élèves ont tendance à avancer avant de commencer la partie en pont. Il faut leur conseiller de bien « remonter » sur le même trait.

CONSIGNE RITUALISÉE 1, 2, 3, soleil ! Le crayon est dans le hamac. La feuille est bien placée… On est prêt !

CONSIGNE 1 Dans l'air, écrivez un c, puis pour le *h* commencez comme un *l*, rebondissez sur la ligne et terminez comme un *n*.

On proposera ensuite les deux lettres à repasser rapidement.

CONSIGNE 2 Repassez rapidement sur les lettres en bougeant bien les doigts. On peut dépasser !

On pourra ensuite passer à l'écriture sur feuille blanche, sur feuille lignée, puis enfin sur lignage Seyès agrandi ou Gurvan.

CONSIGNE 3 Écrivez des *ch* sur la feuille en les prononçant à voix haute.

• **Écriture de mots et de phrases** : On peut écrire chat, chute, châle… ou l'onomatopée chut !, bien souvent utilisée en classe ! On prendra soin alors de montrer la différence d'orthographe avec la chute.

CONSIGNE 4 **Écrivez les mots le chat et la chute en les prononçant à voix haute. Attention, il faut deux lettres pour faire le son ch !**

On peut ensuite aborder le h muet. Il est plus facile de le positionner en début de mot. On peut écrire huit, homme (signaler les deux m), hutte (signaler les deux t)… Comme il est muet, aucun geste ne lui est associé.

CONSIGNE 5 **Écrivez les mots huit et homme en les disant à voix haute. N'oubliez pas qu'ils commencent par un h muet !**

⚠ Une phrase comme Le chat dort. est difficile à écrire à cause de l'enchainement or. Il vaut mieux l'éviter.

On peut ensuite composer des phrases comme Le chat marche. À partir de cette phrase, on peut changer le verbe pour travailler le sens : Le chat chasse., Le chat rit. (comme dans *Alice au pays des merveilles* !), voire Le chat vole., phrase amusante à illustrer !

CONSIGNE 6 **Écrivez la phrase Le chat marche. en la disant à voix haute. N'oubliez pas le point à la fin de la phrase !**

Séance 3 : le k

• **Présentation et tracé de la lettre k** : Du point de vue du geste, la lettre k est une simple variante de la lettre h : au lieu de tracer le classique « pont, zou » de fin de mot, il faut fermer le pont à mi-hauteur, puis repartir. Le geste associé au k est le même que pour la lettre c : doigt pointé vers la bouche pour sentir l'air qui sort quand on prononce (k). Il est à noter que la lettre c est bien plus fréquente que la lettre k pour faire le son (k). La lettre k sert essentiellement à écrire des mots d'origine étrangère.

CONSIGNE 1 **Dans l'air, commencez comme un h, puis faites un tout petit rouleau et repartez sur la ligne.**

On proposera ensuite une lettre à repasser rapidement.

CONSIGNE 2 **Repassez rapidement sur les lettres en bougeant bien les doigts. On peut dépasser !**

💡 À la fin de la lettre k, après le rouleau, le modèle présente un pont suivi d'un retour. Ce pont est difficile à tracer en tout petit et peut être remplacé par un simple retour vers la ligne, « zou ».

On pourra ensuite passer à l'écriture sur feuille blanche, sur feuille lignée, puis enfin sur lignage Seyès agrandi ou Gurvan.

CONSIGNE 3 Écrivez des *k* sur la feuille en disant (k).

- **Écriture de mots et de phrases** : On pourra écrire *kilo*, *képi*, *kilt*, *kimono*... Les élèves connaissent rarement ces trois derniers mots, qui devront être expliqués et illustrés.

⚠ On ne propose que des phrases entièrement décodables, sans lettres qui n'auraient pas été étudiées.

CONSIGNE 4 Écrivez les mots *kilo* et *képi* en les disant à voix haute. N'oubliez pas les passagers à la fin du mot !

On construira ensuite des phrases avec ces mots nouveaux, comme *Elle a mis le kimono.*, *Il a mis le kilt.* On fera remarquer le *s* muet à la fin de *mis*. On pourra ensuite faire varier les phrases en changeant les pronoms : *Il a mis le kimono.*, *Elle a mis le kilt.* On pourra faire choisir parmi des images celles qui correspondent ou faire illustrer par les enfants.

CONSIGNE 5 Écrivez la phrase *Elle a mis le kimono.* en la disant à voix haute. N'oubliez pas le point à la fin de la phrase !

CRITÈRES DE RÉUSSITE

- ◯ Formation des lettres d'un geste des doigts
- ◯ Tracé fluide
- ◯ Tracé des points, barres et accents en fin de mot
- ◯ Retour correct sur la ligne à la fin des lettres *p*, *h*, *k*
- ◯ Espaces entre les mots dans les phrases
- ◯ Oralisation des mots en écrivant

À PARTIR DE LA GS

8 Les jambages : j, y, q, g, f

Séance 1 : le j

• **Présentation et tracé de la lettre j** : L'enseignant présente la lettre j, qui est une lettre descendante, donc qui amène à plier le pouce. Il présente le son (j) et le geste Borel-Maisonny associé : l'index posé sur la joue, comme le point sur le j. Il rappelle que le point du j devra toujours être écrit à la fin du mot.

CONSIGNE RITUALISÉE 1, 2, 3, soleil ! Le crayon est dans le hamac. La feuille est bien placée... On est prêt !

CONSIGNE 1 Dans l'air, commencez comme un i puis pliez le pouce et revenez en tournant pour tracer la lettre j.

On proposera ensuite une lettre à repasser rapidement.

CONSIGNE 2 Repassez rapidement sur les lettres en bougeant bien les doigts. On peut dépasser !

On pourra ensuite passer à l'écriture sur feuille blanche, sur feuille lignée, puis enfin sur lignage Seyès agrandi ou Gurvan.

CONSIGNE 3 Écrivez des j sur la feuille en prononçant le son (j).

• **Écriture de mots et de phrases** : On peut écrire je, le jus, une jupe, le judo, joli...

CONSIGNE 4 Écrivez les mots le jus et la jupe en les disant à voix haute. N'oubliez pas les passagers à la fin du mot !

Le mot je, pourtant simple et pratique, ne doit pas se retrouver en début de phrase si on souhaite travailler son tracé en cursive. On peut écrire Elle a mis une jupe., ce qui permet de réinvestir le mot mis, travaillé précédemment.

CONSIGNE 5 Écrivez la phrase Elle a mis une jupe. en la disant à voix haute. N'oubliez pas le point à la fin de la phrase !

Il est intéressant de faire dessiner la phrase qui vient d'être copiée.

⚠ Le *y* commençant par un pont est aussi possible mais plus difficile à enchainer, par exemple dans *pyjama* qui est plus difficile à lire que *pyjama*.

Séance 2 : le *y*

- **Présentation et tracé de la lettre *y*** : L'enseignant présente la lettre *y*, qui est une lettre plutôt rare en français, et le son (i) qui lui est associé.

CONSIGNE RITUALISÉE 1, 2, 3, soleil ! Le crayon est dans le hamac. La feuille est bien placée… On est prêt !

CONSIGNE 1 Dans l'air, commencez comme un *u* puis pliez le pouce et revenez en tournant pour tracer la lettre *y*.

On proposera ensuite une lettre à repasser rapidement.

CONSIGNE 2 Repassez rapidement sur les lettres en bougeant bien les doigts. On peut dépasser !

On pourra ensuite passer à l'écriture sur feuille blanche, sur feuille lignée, puis enfin sur lignage Seyès agrandi ou Gurvan.

CONSIGNE 3 Écrivez des *y* sur la feuille en disant le son (i).

- **Écriture de mots** : On peut écrire les mots *yoyo*, *pyjama*, *stylo*, *yéti*… On pourra également proposer l'expression *il y a*, très fréquente en français et que les élèves mémorisent généralement bien.

CONSIGNE 4 Écrivez les mots *pyjama* et *stylo* en les disant à voix haute. N'oubliez pas les passagers à la fin du mot !

On peut ensuite reprendre une structure de phrase déjà bien connue, en écrivant *Il a mis le pyjama*. On pourra ensuite, si on veut aller plus loin, enchainer sur une phrase comme *Il a pris le stylo*. ou *Il y a un stylo sur le canapé*.

CONSIGNE 5 Écrivez la phrase *Il a mis le pyjama*. en la disant à voix haute. N'oubliez pas le point à la fin de la phrase !

Séance 3 : le q

- **Présentation et tracé de la lettre q** : La lettre q est la seule lettre qui oblige à lever le crayon pour enchainer sur la lettre suivante. En effet, pour la tracer, il faut plier le pouce, ce qui fait qu'elle se termine sous la ligne. L'élève doit ensuite lever son crayon pour tracer le u qui la suit toujours.

L'enseignant présente la lettre q, explique aux élèves qu'à l'exception de deux mots (cinq et coq), le q est toujours suivi du u en français, et présente le son (k) et son geste Borel-Maisonny (l'index replié pointant vers la bouche, d'où sort l'air).

CONSIGNE RITUALISÉE 1, 2, 3, soleil ! Le crayon est dans le hamac. La feuille est bien placée… On est prêt !

CONSIGNE 1 Dans l'air, commencez comme un a puis pliez le pouce.

On proposera ensuite une lettre à repasser rapidement.

CONSIGNE 2 Repassez rapidement sur la lettre en bougeant bien les doigts. On peut dépasser !

On pourra ensuite passer à l'écriture sur feuille blanche, sur feuille lignée, puis enfin sur lignage Seyès agrandi ou Gurvan.

CONSIGNE 3 Écrivez des q sur la feuille en disant le son (k).

- **Écriture de mots et de phrases** : On peut écrire le coq, qui, que, quatre…

CONSIGNE 4 Écrivez les mots qui et quatre en les disant à voix haute. N'oubliez pas les passagers à la fin du mot !

On peut consolider le tracé du y en donnant une phrase comme Il y a quatre chats.
Si les élèves suivent bien, on peut proposer de changer le nom final – quatre rats, quatre tulipes, quatre tomates, quatre dés… C'est l'occasion de faire remarquer qu'on met un s muet à la fin du mot quand il y en a plusieurs. Il ne s'agit bien entendu pas de faire mémoriser cette règle, mais juste de procéder à une première imprégnation.

CONSIGNE 5 Écrivez la phrase *Il y a quatre chats.* en la disant à voix haute. N'oubliez pas le *s* muet et le point à la fin de la phrase !

Séance 4 : le *g*

- **Présentation et tracé de la lettre *g*** : La lettre *g* est présentée uniquement avec le son (g), représenté par le geste Borel-Maisonny : l'index pointe vers la bouche tandis que le pouce de la même main pointe vers la gorge, pour montrer que le (g) fait vibrer l'air à la fois dans la gorge et dans la bouche. La fin de la lettre *g* est composée du même geste que les lettres *j* et *y*.

CONSIGNE RITUALISÉE 1, 2, 3, soleil ! Le crayon est dans le hamac. La feuille est bien placée... On est prêt !

CONSIGNE 1 Dans l'air, commencez comme un *a* puis pliez le pouce et revenez en tournant pour tracer la lettre *g*.

On proposera ensuite une lettre à repasser rapidement.

CONSIGNE 2 Repassez rapidement sur la lettre en bougeant bien les doigts. On peut dépasser !

On pourra ensuite passer à l'écriture sur feuille blanche, sur feuille lignée, puis enfin sur lignage Seyès agrandi ou Gurvan.

CONSIGNE 3 Écrivez des *g* sur la feuille en disant le son (g).

- **Écriture de mots et de phrases** : On peut écrire les mots *go*, *la gare*, *le gag*, *gâté*, *gomme* (bien insister sur les deux *m*, comme dans *homme*)...

CONSIGNE 4 Écrivez les mots *la gare* et *le gag* en les disant à voix haute.

On peut écrire une phrase comme *Il part de la gare.* Si on veut retravailler les pronoms, c'est l'occasion de faire varier la phrase, avec *Elle part de la gare.*

CONSIGNE 5 Écrivez la phrase *Il part de la gare.* en la disant à voix haute. N'oubliez pas le point à la fin de la phrase !

Séance 5 : le f

Pour les élèves qui auraient du mal à s'approprier le geste pensez à repasser par les activités en grand du type lettres rugueuses ou semoule.

• **Présentation et tracé de la lettre f** : La lettre f est la seule lettre qui est à la fois montante et descendante. C'est donc celle qui a la plus grande amplitude. Le geste commence par monter, comme un l, puis il faut plier le pouce jusqu'en bas (soit au niveau du deuxième interligne vers le bas), remonter sur la ligne (toujours dans le même sens de rotation) puis fermer la forme sur la ligne et repartir avec un bec, similaire à celui du σ, mais posé sur la ligne. Ce geste est un peu difficile à reproduire et demande un accompagnement de l'enseignant. Celui-ci présente la lettre, le son (f), le geste Borel-Maisonny (une main, paume vers le bas, qui imite le trajet d'un fer à repasser).

CONSIGNE RITUALISÉE 1, 2, 3, soleil ! Le crayon est dans le hamac. La feuille est bien placée... On est prêt !

CONSIGNE 1 Dans l'air, commencez comme un l puis pliez le pouce jusqu'en bas et terminez par un bec sur la ligne pour tracer le f.

On proposera ensuite une lettre à repasser rapidement.

CONSIGNE 2 Repassez rapidement sur la lettre en bougeant bien les doigts. On peut dépasser !

On pourra ensuite passer à l'écriture sur feuille blanche, sur feuille lignée, puis enfin sur lignage Seyès agrandi ou Gurvan.

CONSIGNE 3 Écrivez des f sur la feuille en disant le son (f).

• **Écriture de mots et de phrases** : On peut écrire fa (la note de musique), une fée, la fumée (faire remarquer les e du féminin), le film (faire remarquer que c'est un mot anglais, donc sans e final)...

CONSIGNE 4 Écrivez les mots la fée et la fumée en les disant à voix haute.

• On peut écrire une phrase comme Il regarde le film. Si on veut retravailler les pronoms, c'est l'occasion de faire varier la phrase, avec Elle regarde le film.

CONSIGNE 5 Écrivez la phrase Il regarde le film. en la disant à voix haute. N'oubliez pas le point à la fin de la phrase !

À PARTIR DE LA GS

9 Les finales hautes : b, v, w

Séance 1 : le b

• **Présentation et tracé de la lettre b** : La lettre b, comme le o, se termine à hauteur du premier interligne. Son tracé est simple : il combine le début du l et la fin du o. L'enseignant présente la lettre b, le son (b), le geste Borel-Maisonny qui consiste à poser la main, arrondie comme autour d'une boule imaginaire, sur son ventre.

CONSIGNE RITUALISÉE 1, 2, 3, soleil ! Le crayon est dans le hamac. La feuille est bien placée... On est prêt !

CONSIGNE 1 Dans l'air, commencez comme un l et terminez par un bec en haut pour tracer le b.

On proposera ensuite une lettre à repasser rapidement.

CONSIGNE 2 Repassez rapidement sur la lettre en bougeant bien les doigts. On peut dépasser !

On pourra ensuite passer à l'écriture sur feuille blanche, sur feuille lignée, puis enfin sur lignage Seyès agrandi ou Gurvan.

CONSIGNE 3 Écrivez des b sur la feuille en disant le son (b).

• **Écriture de mots** : On peut écrire le bal, la bulle (attention aux deux l), la balle (deux l également), le tuba, (montrer l'instrument de musique), le baba (montrer le gâteau).
Attention : pour le mot bulle, il faut expliciter le fait que le u ne commence plus d'en bas, sur la ligne, mais en haut, après le bec du b. Il en ira de même pour l'enchainement bi. Si on écrit blé, le l, lui, commencera plus haut.

⚠ Les lettres b, v et w, tout comme le o, présentent une réelle difficulté lorsqu'il faut enchainer avec les lettres e ou r. C'est pourquoi on veillera à ne pas employer ces enchainements en maternelle et à laisser cela pour la classe de CP.

CONSIGNE 4 Écrivez les mots *le bal* et *la bulle* en les disant à voix haute.

On peut écrire une phrase comme *Il a bu le bol de chocolat.* Si on veut retravailler les pronoms, c'est l'occasion de faire varier la phrase, avec *Elle a bu le bol de chocolat.*

CONSIGNE 5 Écrivez la phrase *Il a bu le bol de chocolat.* en la disant à voix haute. N'oubliez pas le point à la fin de la phrase !

Séance 2 : le *v*

- **Présentation et tracé de la lettre *v*** : La lettre *v* se termine également par un bec à la hauteur du premier interligne. On peut indiquer à l'élève de commencer comme un *n* et de finir comme un *b*. Il est à noter qu'on n'insiste pas sur le tracé en « vague » du *v*, mais bien sur le départ et l'arrivée.

L'enseignant présente la lettre *v* et le son (v) aux élèves, avec le geste Borel-Maisonny : les deux mains en V, qui avancent en faisant « vvvvvvvvvv ».

⚠ Si un enchainement difficile est présent dans un prénom (*Abel*, *Ambre*, *Geneviève*, *Corentin*...), on peut le travailler avec l'enfant concerné grâce aux lettres rugueuses. Il faut baisser un peu le bec de la lettre précédente avant de tracer le *e* ou le *r*.

CONSIGNE RITUALISÉE 1, 2, 3, soleil ! Le crayon est dans le hamac. La feuille est bien placée… On est prêt !

CONSIGNE 1 Dans l'air, commencez comme un *n* terminez par un bec en haut pour tracer le *v*.

On proposera ensuite une lettre à repasser rapidement.

CONSIGNE 2 Repassez rapidement sur la lettre en bougeant bien les doigts. On peut dépasser !

On pourra ensuite passer à l'écriture sur feuille blanche, sur feuille lignée, puis enfin sur lignage Seyès agrandi ou Gurvan.

CONSIGNE 3 Écrivez des *v* sur la feuille en disant le son (v).

- **Écriture de mots et de phrases** : On peut écrire *le vol*, *la ville* (signaler les deux *l*), *Il a vu*. Comme après le *b*, le départ de la lettre suivante devra se faire en haut (on ne fait pas la partie qui monte du *u* ou du *i*).

CONSIGNE 4 Écrivez les mots *le vol* et *la ville* en les disant à voix haute.

On peut écrire une phrase comme *Il a vu.* et ajouter le complément de son choix. Cela peut être l'occasion de réviser les mots déjà appris. On peut aussi proposer aux enfants de choisir ce qu'ils veulent écrire : *Il a vu le chocolat.* ou *Elle a vu le chat.*, par exemple !

CONSIGNE 5 Écrivez la phrase *Il a vu la fée.* en la disant à voix haute. N'oubliez pas le point à la fin de la phrase !

Séance 3 : le *w*

• **Présentation et tracé de la lettre *w*** : La lettre *w* est une variante de la lettre *v*. Les enfants, qui entendent « doublevé », ne réalisent pas qu'il s'agit d'un « double v ». L'enseignant le leur explique en leur présentant la lettre. Il explique également que le *w* sert essentiellement à écrire des mots venant de langues étrangères : *wapiti* et *kiwi*, par exemple, désignent des animaux qu'on ne trouve pas en France à l'état naturel.
À l'exception du mot *wagon*, qui en France métropolitaine se prononce avec le son (v), le *w* se prononce le plus souvent (w), à l'anglaise. Il n'existe pas de geste Borel-Maisonny pour ce son, qui n'est pas intrinsèque à la langue française. Le geste de la main qui s'ouvre et imite le chien qui aboie est utilisé pour coder (wa) (« oi » en français).

CONSIGNE RITUALISÉE 1, 2, 3, soleil ! Le crayon est dans le hamac. La feuille est bien placée… On est prêt !

CONSIGNE 1 Dans l'air, tracez le début de la lettre *v* puis la fin avec le bec en haut pour le *w*.

On proposera ensuite une lettre à repasser rapidement.

CONSIGNE 2 Repassez rapidement sur la lettre en bougeant bien les doigts. On peut dépasser !

On pourra ensuite passer à l'écriture sur feuille blanche, sur feuille lignée, puis enfin sur lignage Seyès agrandi ou Gurvan.

CONSIGNE 3 **Écrivez des w sur la feuille.**

- **Écriture de mots et de phrases :** Il n'y a pas de mots simples avec le w. On peut écrire wapiti et kiwi. Il faudra penser à prévoir de montrer des images. Le mot kiwi désigne d'ailleurs aussi bien un fruit qu'un oiseau, tous deux exotiques !

CONSIGNE 4 **Écrivez les mots le wapiti et le kiwi en les disant à voix haute.**

On peut écrire une phrase comme Le wapiti galope.

CONSIGNE 5 **Écrivez la phrase Le wapiti galope. en la disant à voix haute. N'oubliez pas le point à la fin de la phrase !**

À PARTIR DE LA GS

10 Les lettres z et x

> ⚠ Le z est la seule lettre qui comporte une boucle à l'envers, donc un jambage qui commence dans le sens du rouleau.

> ⚠ Éviter le mot zèbre, qui comporte l'enchainement difficile br.

Séance 1 : le z

- **Présentation et tracé de la lettre z** : La lettre z est l'une des plus complexes à tracer. Après avoir commencé comme un i et tracé un bec, comme à la fin du b, o, v ou w, l'élève doit tracer un trait oblique qui recule légèrement, puis une boucle à l'envers. Ni l'une, ni l'autre de ces formes ne sont présentes dans d'autres lettres. Le z est donc à travailler à part. L'enseignant présente la lettre z, le son (z) et le geste Borel-Maisonny (l'index descend en zigzag).

CONSIGNE RITUALISÉE **1, 2, 3, soleil ! Le crayon est dans le hamac. La feuille est bien placée… On est prêt !**

CONSIGNE 1 **Commencez comme un i, faites un bec, reculez, puis terminez par une boucle à l'envers pour tracer le z.**

On proposera ensuite une lettre à repasser rapidement.

CONSIGNE 2 **Repassez rapidement sur la lettre en bougeant bien les doigts. On peut dépasser !**

On pourra ensuite passer à l'écriture sur feuille blanche, sur feuille lignée, puis enfin sur lignage Seyès agrandi ou Gurvan.

CONSIGNE 3 **Écrivez des z sur la feuille en disant le son (z).**

- **Écriture de mots et de phrases** : On peut faire écrire zéro, le zoo, le zébu (présenter la photo de l'animal)…

CONSIGNE 4 **Écrivez les mots zéro et le zoo en les disant à voix haute.**

On peut écrire une phrase comme Il a vu le zébu au zoo.
On pourra ensuite proposer d'autres animaux : le wapiti, le guépard, le tigre, le lama… et faire illustrer.

CONSIGNE 5 Écrivez la phrase *Il a vu le zébu au zoo.* en la disant à voix haute. N'oubliez pas le point à la fin de la phrase !

Séance 2 : le x

● **Présentation et tracé de la lettre x** : La lettre x est présentée en dernier, car c'est la seule lettre qui nécessite un lever de crayon en cours de tracé. En effet, elle commence comme un c à l'envers (mouvement de rouleau) mais oblige ensuite à lever le crayon avant de venir tracer un c à l'endroit, collé au premier. On présente le son le plus fréquent de cette lettre : (ks). Le geste Borel-Maisonny est celui de croiser index et majeur l'un sur l'autre.

CONSIGNE RITUALISÉE 1, 2, 3, soleil ! Le crayon est dans le hamac. La feuille est bien placée… On est prêt !

CONSIGNE 1 Dans l'air, commencez par un rouleau, puis levez le crayon et collez un c.

On proposera ensuite une lettre à repasser rapidement.

CONSIGNE 2 Repassez rapidement sur la lettre en bougeant bien les doigts. On peut dépasser !

On pourra ensuite passer à l'écriture sur feuille blanche, sur feuille lignée, puis enfin sur lignage Seyès agrandi ou Gurvan.

CONSIGNE 3 Écrivez des x sur la feuille.

⚠ Le x commence sur la ligne lorsqu'il est à l'intérieur ou en finale d'un mot contrairement au modèle proposé dans les abécédaires où il démarre sur le premier interligne.

● **Écriture de mots et de phrases** : On choisira de préférence des mots où le x fait bien le son (ks), comme le taxi ou le luxe.

CONSIGNE 4 Écrivez les mots *le taxi* et *le luxe* en les disant à voix haute.

On peut écrire une phrase comme *Elle a pris un taxi.*

CONSIGNE 5 Écrivez la phrase *Elle a pris un taxi.* en la disant à voix haute. N'oubliez pas le point à la fin de la phrase !

PÂTE À MODELER

OBJECTIFS

- S'entrainer à la motricité fine.
- Se muscler les doigts.
- Intégrer les réflexes primitifs.

PROGRAMMES

BO 2021 « Une première appréhension du concept de matière est favorisée par l'action directe sur les matériaux dès la Petite Section. Les enfants s'exercent régulièrement à des actions variées (transvaser, malaxer, mélanger, transporter, modeler, tailler, couper, morceler, assembler, transformer). » ▸ p. 19

REMARQUES

La pâte à modeler est un incontournable en maternelle et elle sert des objectifs extrêmement variés. Excellent outil de préparation à l'écriture, elle permet d'exercer la motricité fine, d'acquérir du tonus dans les doigts et d'aider à l'intégration du réflexe d'agrippement palmaire lors des manipulations sollicitant la paume de la main. Modeler, écraser, aplatir, découper, pétrir, malaxer : autant d'actions qui vont permettre à l'enfant d'assurer son geste et préparer sa main à manier un crayon.

À PARTIR DE LA TPS

1 Le modelage libre

PRÉ-REQUIS aucun

INSTALLATION tables recouvertes de toiles cirées ou de sets plastifiés

MATÉRIEL ENSEIGNANT aucun

MATÉRIEL ÉLÈVE des pâtes à modeler (ou de la pâte à sel / de l'argile)

5 à 15 minutes, souvent

La pâte à modeler doit d'abord être utilisée librement par les élèves, qui doivent se l'approprier avant toute chose.
Même en atelier dirigé, il est nécessaire de laisser les enfants manipuler librement en début ou en fin de séance, quel que soit le niveau de classe, pour laisser la place aux tâtonnements et à la créativité.
La pâte à modeler est en effet un formidable support de créativité et permet à l'enfant de prendre conscience des trois dimensions. Nous ne développerons pas ici l'aspect plastique et créatif, car ce n'est pas notre propos, mais il n'est bien sûr pas à négliger.
Pour favoriser le renforcement du tonus musculaire, il faut que la pâte offre une certaine résistance. L'élève apprendra ainsi à doser sa force.
Il peut être intéressant de varier les matières : pâte à modeler, mais aussi argile, pâte à sel, voire pâte durcissante pour garder de belles réalisations.
On peut également proposer des outils de modelage : rouleaux, couteaux, ébauchoirs, grattoirs…

CONSIGNE **Amuse-toi avec la pâte à modeler et crée les formes que tu veux.**

CRITÈRE DE RÉUSSITE

- ◯ Modelage libre

À PARTIR DE LA TPS

2 Les boules

PRÉ-REQUIS aucun

2 à 5 minutes

INSTALLATION tables recouvertes de toile cirée ou de sets plastifiés

MATÉRIEL ENSEIGNANT aucun

MATÉRIEL ÉLÈVE des pâtes à modeler offrant différentes résistances (ou de la pâte à sel / de l'argile)

⚠ Choisir un volume de pâte qui puisse être malaxé d'une seule main.

Pour favoriser le renforcement du tonus musculaire, choisir une pâte qui offre une certaine résistance. L'élève apprendra ainsi à doser sa force.

Certaines consignes auront pour but de tonifier la main toute entière, d'autres celui de fortifier les doigts (pouce / index / majeur en particulier).

Après de longues manipulations libres, on peut commencer à proposer aux élèves des idées de réalisations guidées. Les boules de différentes tailles peuvent ensuite être utilisées dans des créations – bonshommes, chenilles, fleurs…

CONSIGNE 1 Fais une boule sur la table.

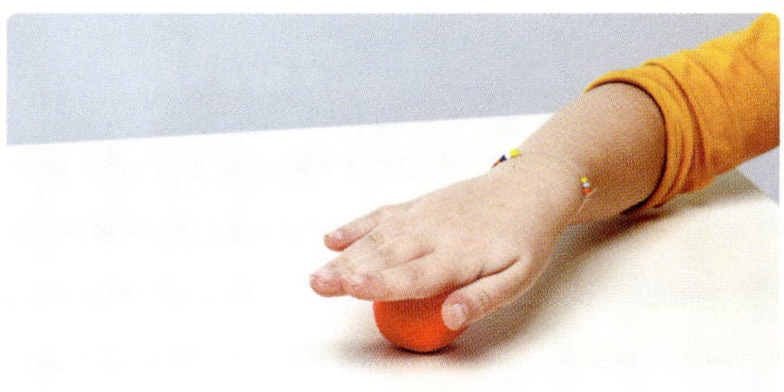

Cette consigne très simple peut être proposée à partir de la TPS. On fera remarquer aux enfants que plusieurs morceaux de pâte à modeler peuvent s'agréger pour former une seule boule.

CONSIGNE 2 Fais une boule entre tes mains.

Cette consigne peut être donnée dès la TPS ou la PS. Elle favorise la coordination des deux mains.

Si vous voulez que votre pâte à modeler garde sa couleur d'origine, il est prudent de ne donner qu'une couleur par table, pour éviter les mélanges intempestifs.

CONSIGNE 3 Fais une boule avec une seule main.

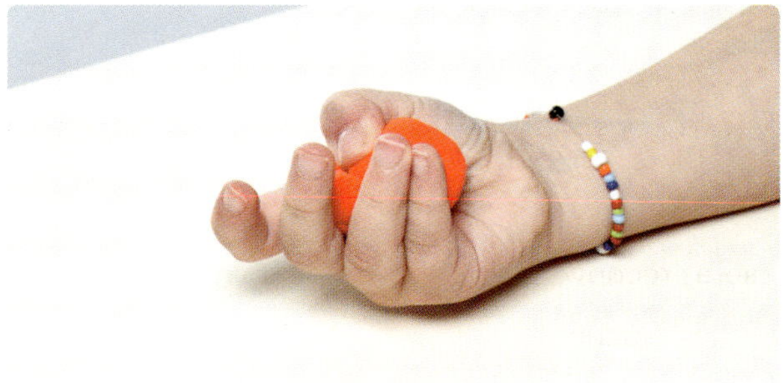

Bien plus difficile, cette consigne ne sera pas donnée avant la MS, voire la GS. Elle permet de dissocier l'usage de ses deux mains.

CONSIGNE 4 Fais des petites boules avec le bout de tes doigts.

Cette activité, réalisable à partir de la PS, permet d'affiner le geste de ses doigts. Les petites boules ainsi obtenues peuvent ensuite être utilisées dans diverses activités : alignement de gauche à droite, entourage d'une forme, créations en trois dimensions…

CRITÈRES DE RÉUSSITE

- ◯ Façonnage de boules bien rondes
- ◯ Respect de la consigne

À PARTIR DE LA PS

3 Le colombin

PRÉ-REQUIS aucun

INSTALLATION tables recouvertes de toile cirée ou de sets plastifiés

MATÉRIEL ENSEIGNANT aucun

MATÉRIEL ÉLÈVE des pâtes à modeler offrant différentes résistances (ou de la pâte à sel / de l'argile)

2 à 5 minutes

Pour faire un colombin, on fait rouler la boule de pâte à modeler sur la table grâce à un mouvement de va-et-vient d'avant en arrière en pressant les mains pour l'allonger plus ou moins. Les mains doivent être bien à plat.

Un colombin, un serpent, une saucisse... Vous pouvez l'appeler comme vous voulez !

CONSIGNE 1 **Fais une boule, puis fais rouler la pâte pour former un colombin.**

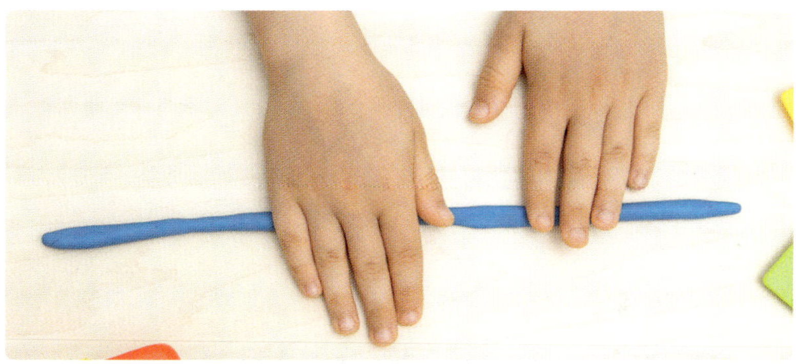

Si on veut obtenir une rose à la place d'un escargot, aplatir le colombin avant de l'enrouler !

CONSIGNE 2 **Fais rouler la pâte pour former un colombin, puis enroule-le pour former un escargot. Fais deux petites cornes avec des boules au bout pour les yeux.**

À partir de la GS, une fois que les exercices du serpent et de l'escargot ont été assimilés par les élèves, il est possible de leur demander de faire un pot.

On peut aussi aplatir une boule pour former le fond du pot.

CONSIGNE 3 **Fais quatre ou cinq colombins. Avec le premier, fais une spirale pour former le fond du pot. Prends un autre colombin et fais le tour de la spirale sur le bord. Soude les deux extrémités et coupe ce qui dépasse. Fais la même chose avec les autres colombins.**

Après avoir réalisé quelques colombins, l'enseignant propose des paires de ciseaux et laisse les élèves les prendre en main seuls : c'est l'occasion d'observer quelle main est utilisée. Il ne faut cependant pas tirer de conclusion hâtive sur l'utilisation de telle ou telle main : il arrive assez fréquemment que des gauchers découpent avec la main droite. Si l'enfant a pris des ciseaux pour droitier avec sa main gauche ou inversement, on peut lui proposer de changer de paire de ciseaux.
Avant de découper, l'enfant doit prendre le colombin bien en main, avec son autre main. Ce colombin ne doit pas être trop long ni trop épais, pour que le découpage puisse se faire d'un seul coup de ciseaux.

Il n'est pas recommandé de faire réaliser des lettres avec la pâte à modeler. En effet, cette activité inciterait à traiter la forme de la lettre comme un dessin à reproduire, favorisant ainsi le contrôle visuel, alors qu'on cherche bien au contraire à enseigner le geste d'écriture.

CONSIGNE 4 **Découpe des petits bouts de pâte, d'un seul coup, avec les ciseaux.**

On pourra bien entendu trouver de multiples créations à réaliser avec des colombins, y compris et avant tout des créations libres. Avec la combinaison de colombins et de boules, les possibilités sont infinies !

CRITÈRES DE RÉUSSITE
- ○ Pression équilibrée sur le colombin
- ○ Bonne coordination des deux mains

À PARTIR DE LA MS

4 Le nid et la galette

PRÉ-REQUIS savoir faire une boule

10 minutes

INSTALLATION tables recouvertes de toile cirée ou de sets plastifiés

MATÉRIEL ENSEIGNANT aucun

MATÉRIEL ÉLÈVE des pâtes à modeler offrant différentes résistances (ou de la pâte à sel / de l'argile)

⚠ Si la pâte à modeler est trop molle ou le geste trop fort, le pouce traverse la pâte et fait un trou. Recommencer alors du début.

À partir d'une boule de pâte à modeler, l'enfant va creuser avec ses deux pouces pour écarter la pâte sur les bords et façonner un petit nid (bol, panier au choix).

CONSIGNE 1 **Fais une boule, puis creuse avec ton pouce pour faire un petit nid.**

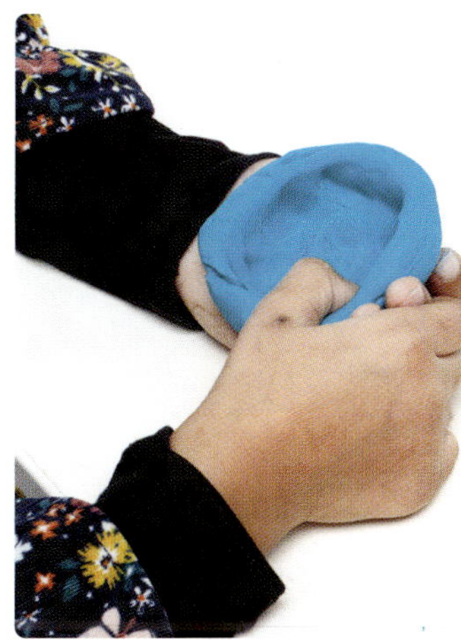

Cette activité permet de travailler la mobilité du pouce. Elle permet également d'apprendre à bien maitriser son geste, en fonction de la résistance de la pâte à modeler.

CONSIGNE 2 **Aplatis le nid en pinçant les côtés pour faire une galette.**

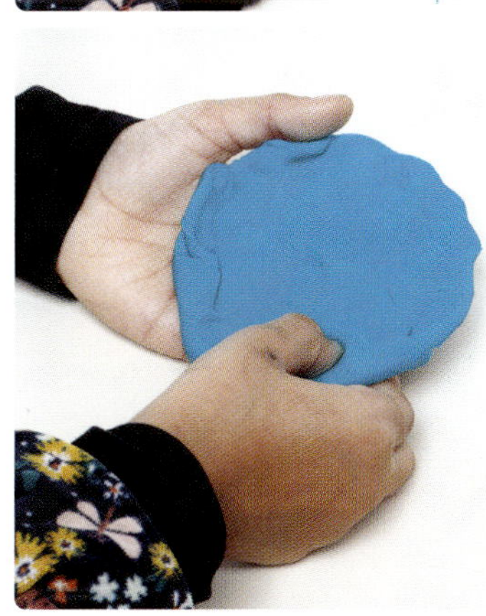

En pinçant les côtés du nid, l'élève exerce encore la pression de son pouce. Il s'entraine également à maitriser finement son geste.

CRITÈRE DE RÉUSSITE

○ Pressions exercées par le pouce

PRÉNOM

OBJECTIFS

- Reconnaitre son prénom dans les trois graphies : script, cursive et capitales.
- Écrire son prénom en écriture cursive.

PROGRAMMES

BO 2021 « L'écriture régulière du prénom fournit une occasion de s'exercer [à l'apprentissage du tracé de chaque lettre en cursive], les enfants ayant un moindre effort de mémoire à fournir et pouvant alors se concentrer sur la qualité du tracé. » ▸ p. 8

« Ce qui est attendu des enfants en fin d'école maternelle : Reconnaitre son prénom écrit en lettres capitales, en script ou en cursive. Connaitre le nom des lettres qui le composent. Écrire son prénom en écriture cursive, sans modèle » ▸ p. 10

ÉDUSCOL « Le premier écrit que l'enfant manipule dès son entrée à l'école, et même avant parfois, est son prénom. Cependant, son écriture s'avère parfois difficile compte tenu de sa longueur ou de la présence de lettres complexes. Il est possible et même profitable parfois de choisir un mot collectif qui permet un travail en commun au cours duquel l'enseignant pourra nommer les lettres, énoncer les règles de l'écriture, transférables aux autres mots qui seront écrits ultérieurement. » ▸ *L'écriture à la maternelle*, p. 9

LIVRET VERT « Le premier mot travaillé est le prénom mais d'autres mots sont également support de phonémisation lorsque l'orthographe du prénom est complexe et qu'elle met l'élève en difficulté. » ▸ p. 42

« Faire écrire les élèves en effectuant des allers-retours constants entre l'oral et l'écrit. Par exemple, demander aux élèves de répéter le mot à écrire lentement en essayant de prolonger les phonèmes pour retrouver les lettres auxquelles ils correspondent. » ▸ p. 42

À PARTIR DE LA MS

1 Reconnaitre les différentes graphies

PRÉ-REQUIS aucun

5 à 10 minutes

INSTALLATION sur table

MATÉRIEL ENSEIGNANT aucun

MATÉRIEL ÉLÈVE des lettres majuscules (étiquettes ou tuiles du commerce) – des étiquettes-prénoms

En MS, il est possible de proposer un modèle de prénom en minuscules script et les élèves doivent retrouver les lettres correspondantes en capitales d'imprimerie.

CONSIGNE Colle les lettres de ton prénom dans l'ordre.

⚠ Les lettres doivent être collées dans l'ordre en commençant à gauche.

Quand la correspondance graphie-phonie n'est pas transparente, comme par exemple avec le prénom ANTOINE, il ne faut pas hésiter à l'expliciter. Par exemple : « La lettre A et la lettre N pour faire le son (an), la lettre T, la lettre O et la lettre I pour faire le son (oi), le N et le E. Voilà, ça fait bien Antoine ».

CRITÈRES DE RÉUSSITE

- ◯ Correspondances script / capitale
- ◯ Respect du sens conventionnel gauche-droite
- ◯ Espaces inter-lettres réguliers

À PARTIR DE LA MS

2 L'écriture du prénom en capitales d'imprimerie

PRÉ-REQUIS posture – tenue du crayon, p. 273

INSTALLATION sur table

MATÉRIEL ENSEIGNANT aucun

MATÉRIEL ÉLÈVE des étiquette-prénoms en capitales d'imprimerie – une ardoise – un feutre – une feuille A5 avec une ligne – un crayon triangulaire

8 à 10 minutes par élève

Le tracé des capitales d'imprimerie, s'il est travaillé correctement au niveau du geste, permet aussi de préparer l'écriture des chiffres.

L'écriture en capitales d'imprimerie donne lieu à de très nombreux tracés en miroir, car contrairement à l'écriture cursive, elle n'est pas portée par le mouvement. Ces inversions sont parfaitement normales et ne laissent en rien présager d'une quelconque difficulté ni de lecture, ni d'écriture.

Les prénoms sont des mots chargés d'affect, sans orthographe définie, très différents selon les personnes et à la correspondance graphie-phonie aléatoire : ils sont le plus mauvais choix qu'on puisse trouver pour entrer en lecture comme en écriture ! Sans compter le fait que ce sont des noms propres, donc qu'ils doivent commencer par une majuscule, ce qui complique leur écriture en cursive.
Néanmoins, nous proposons cette activité, qui tient compte de l'attachement affectif des familles à l'écriture en lettres bâtons, des programmes scolaires et du lien nécessaire entre l'écriture et la lecture. Elle ne doit pas, selon nous, occuper une place trop importante dans l'emploi du temps de la classe.
Il ne faut pas la mener trop tôt – pas avant le milieu de la MS environ – pour éviter que certains élèves n'encodent un geste immature et n'aient ensuite des difficultés à écrire leur prénom d'une autre manière, du fait de la précocité de l'apprentissage.

Pour choisir l'ordre de passage des élèves à cette activité, on choisira de travailler avec les enfants dont le prénom comporte les lettres capitales étudiées (▸ voir la progression proposée dans **CAPITALES D'IMPRIMERIE, p. 57**).

L'élève cherche son prénom parmi les étiquettes-prénoms (en capitales d'imprimerie) et place le modèle au-dessus de l'ardoise.

CONSIGNE 1 **Lis ton prénom en suivant avec ton doigt sur l'étiquette. Montre-moi la première lettre.**

Il n'est nullement indispensable de commencer par apprendre à écrire en capitales d'imprimerie pour apprendre à écrire en cursive. Il s'agit de gestes totalement différents.

Faire attention à la graphie des lettres capitales, entre autres le I et le J avec des traits horizontaux.

Nous déconseillons de reproduire le « dessin » du prénom, que ce soit avec de la pâte à modeler ou d'autres matières. Le tracé sur pointillés est également très déconseillé, puisqu'il induit contrôle visuel et lenteur.

On peut ainsi évaluer si le sens de conventionnel de gauche à droite est acquis.

CONSIGNE RITUALISÉE **1, 2, 3, soleil ! Le crayon est dans le hamac. L'ardoise est bien placée… On est prêt !**

CONSIGNE 2 **Écris la première lettre en disant le son de la lettre.**

L'enseignant rappelle si besoin les consignes pour le tracé des letrres en capitales, indiquées dans **CAPITALES D'IMPRIMERIE**. L'élève peut faire plusieurs essais – l'ardoise permet d'effacer jusqu'à ce que le tracé soit correct. Néanmoins, l'ardoise du commerce présente un inconvénient important : le rebord en bois ou en plastique empêche un bon appui de l'avant-bras. Il vaut mieux confectionner ses propres ardoises en plastifiant une feuille, qui aura ainsi exactement la taille que l'on souhaite et présentera le lignage qui convient. Pour cette activité, une simple ligne suffit.

CONSIGNE 3 **Quelle lettre vas-tu écrire maintenant ? Écris-la en prononçant le son.**

Au fur et à mesure, on relira les lettres déjà écrites en prolongeant le son pour faire entendre les syllabes, par exemple « Aaaaa – iiiiiiii – sssss – aaaa – tttttt – ou », pour Aïssatou.
Il est à noter que fréquemment, le son ne correspond pas à une lettre, mais à un ensemble de lettres : ici, le digramme (ou) de Aïssatou, mais aussi les (ss). On doit alors prolonger le son (ou) ou le son (ss) tout le temps de l'écriture des deux lettres correspondantes. À l'inverse, en cas de lettre muette, comme le d de Gaspard, on ne dit rien au moment de l'écrire.

L'enfant passe ensuite à l'écriture sur feuille, de préférence une feuille A5 sur laquelle une ligne simple est tracée.

CRITÈRES DE RÉUSSITE

- ◯ Écriture de gauche à droite
- ◯ Horizontalité et régularité des espacements
- ◯ Formation des lettres d'un mouvement des doigts
- ◯ Sens de tracé correct

À PARTIR DE LA GS

3 Les prénoms des lutins

PRÉ-REQUIS posture – tenue du crayon, p. 273 – boucles, pointes et rondes

INSTALLATION sur table

MATÉRIEL ENSEIGNANT des petits personnages

MATÉRIEL ÉLÈVE aucun

3 séances de 10 à 15 minutes

Le lutin Tilili d'une classe de GS.

Il est très utile de proposer aux enfants de travailler sur des prénoms fictifs, choisis par l'enseignant. Cela peut être le prénom de la mascotte de la classe, par exemple. Dans la méthode *De l'écoute des sons à la lecture*, de Thierry Venot[1], on trouve plusieurs sorcières qui se prénomment Maraba, Murubu, Miribi, Morobo et Mérébé. Ces prénoms viennent bien à propos renforcer le travail de phonologie et de distinction voyelles / consonnes !

Il est tout à fait possible de s'inspirer de cet exemple pour « adopter » de gentils petits lutins appelés Talala, Tululu, Tilili, Tololo et Télélé, ce qui aura pour avantage non seulement de pouvoir travailler sur les correspondances graphies / phonies, mais aussi d'être rapidement à même d'écrire leurs prénoms en cursive, puisque les lettres à tracer figurent au début de la progression d'apprentissage de la cursive.

On commencera par le lutin Télélé pour lequel on n'utilise que des petites et des grandes boucles. Lorsque les pointes auront été travaillées, on pourra ajouter Tilili et Tululu, puis, lorsque les rondes auront été vues, Tololo et Talala. L'enseignant pourra leur inventer des personnalités plus ou moins facétieuses et raconter leurs aventures ! Chaque lutin se verra attribuer une couleur pour les reconnaitre facilement.

On n'oubliera pas de travailler l'encodage, par exemple avec les gestes Borel-Maisonny.

1 Thierry Venot, *De l'écoute des sons à la lecture*, GRIP Éditions.

⚠ Les lettres doivent être collées dans l'ordre en commençant à gauche.

💡 On écrit toujours le nom propre avec une majuscule écrite en capitales d'imprimerie.

💡 On apprend à faire les accents de haut en bas (comme la pluie qui tombe).

Séance 1 collective

Cette séance ne peut avoir lieu sans avoir travaillé les prérequis indiqués précédemment.
L'enseignant affiche au tableau les lettres qui composent les prénoms travaillés en cursive et en capitales et mène une séance collective d'encodage du prénom.

CONSIGNE 1 **Nous allons écrire le prénom de Télélé. Nous allons trouver ensemble comment il s'écrit. Il commence par « té ». Quelles lettres permettent d'écrire « té » ?**

L'enseignant, en posant la question, fait le geste Borel-Maisonny du (t) (pincer en l'air) puis du (é) (main vers l'avant contre le front). Lorsque les élèves ont trouvé, il écrit au tableau Té, en oralisant : « tttttéééé ».

Ce sera l'occasion d'expliquer que seule la première lettre est en majuscule, de faire la correspondance entre les deux graphies et expliquer que c'est la règle pour tous les prénoms. Au moment de l'encodage, l'enseignant sera contraint de placer l'accent sur le e (même si le mot n'est pas encore écrit dans son intégralité).

CONSIGNE 2 Maintenant nous devons écrire « lé ». Quelles lettres faut-il ?

L'enseignant fait les gestes Borel-Maisonny pour bien montrer la succession des lettres. Lorsque les élèves ont trouvé, il écrit au tableau en oralisant. Puis il relit ce qui est écrit : « llléééé ».

CONSIGNE 3 Il manque la fin. Il faut écrire encore une fois « lé ».
Dès que le prénom aura été encodé entièrement syllabe par syllabe, l'enseignant réécrira Télélé en oralisant et sans marquer d'arrêt, en plaçant les accents en dernier. C'est l'occasion d'expliquer qu'on ne met pas l'accent sur les é tant que l'on n'a pas terminé d'écrire le prénom. Pour terminer la séance, l'enseignant lit plusieurs fois le prénom en suivant avec son doigt et fait passer plusieurs élèves au tableau pour en faire autant.

Séance 2 individuelle

Individuellement, les élèves vont découvrir le mot écrit sur leur cahier (*Télélé*) et s'entrainer à l'écrire. Avant de l'écrire, on s'assure que les élèves savent le décoder. Il est essentiel de les encourager à prendre l'habitude de lire avant d'écrire et d'oraliser ce qu'ils écrivent au fur et à mesure.

CONSIGNE RITUALISÉE **1, 2, 3, soleil ! Le crayon est dans le hamac. La feuille est bien placée... On est prêt !**

CONSIGNE **Écris le prénom de Télélé sur ton cahier en le disant à voix haute. N'oublie pas la majuscule ! Les passagers descendent à la fin du mot : on écrit les accents à la fin !**

On termine la séance avec le dessin et le coloriage du lutin de la couleur qu'on lui aura attribuée.

Séances 3 et suivantes

On procédera de la même manière pour les prénoms *Tilili* et *Tululu*. Les points sur les *i* sont des « passagers », il conviendra de les placer seulement à la fin du mot.

On pourra travailler l'écriture du prénom des lutins *Tololo* et *Talala*, qui permettra de mettre en évidence la nécessité de lever le crayon. Il est également envisageable d'agrandir la famille : *Tilulo*, *Tuléli*, etc. !

CRITÈRES DE RÉUSSITE

- ◯ Posture et tenue du crayon correctes
- ◯ Pas d'arrêt dans la trace (sauf le « saut » avant les lettres rondes)
- ◯ Tracé des « passagers » (points, barres et accents) à la fin du mot

À PARTIR DE LA GS

4 L'écriture du prénom en lettres cursives

PRÉ-REQUIS posture – tenue du crayon, p. 273 – se repérer dans le lignage – taille des lettres

INSTALLATION sur table

MATÉRIEL ENSEIGNANT des étiquettes-prénoms

MATÉRIEL ÉLÈVE une ardoise – un feutre – un cahier Seyès ou Gurvan 3 mm – un crayon triangulaire

6 séances de 20 à 30 minutes

⚠ Les prénoms portent une majuscule. Soit c'est l'enseignant qui l'écrit en cursive, soit c'est l'élève qui l'écrit en capitale d'imprimerie.

Les programmes demandent que l'élève sache écrire son prénom en écriture cursive sans modèle à la fin de l'école maternelle.
C'est donc un objectif qu'il faut viser. Malgré les grandes disparités entre les prénoms des élèves, parfois très faciles à écrire comme Lou et parfois très difficiles comme Abderrazak, chaque enfant doit apprendre à écrire son prénom en fin de GS.
Il est à noter qu'il n'est pas nécessaire de commencer par apprendre à écrire en capitales d'imprimerie pour apprendre à écrire en cursive. Il s'agit de gestes totalement différents.
L'enseignant commence par regrouper les étiquettes-prénoms de la classe par « familles de lettres ».

- **Famille 1** : les prénoms sans levers de crayon, c'est-à-dire sans lettres rondes (sans compter la majuscule initiale) :

Émilie, Julien, Céline, Lenny, Émeline, Amine…

- **Famille 2** : les prénoms avec levers de crayon mais sans enchainements difficiles (sans compter la majuscule initiale) :

Jade, David, Samaël, Camille, Doriana, Morgane, Adam, Sofian, Lola…

- **Famille 3** : les prénoms avec lettres et enchainements difficiles (ss, be, ve, br, vr, or, os, oe, z, k) :
Enzo, Gabriel, Cassandre, Ambre, Avril, Anouck, Drazyk, Jordi, Yassine, Nafissatou, Rubens, Solveig…

Les étapes ci-dessous seront à répéter pour chaque prénom.

Séance 1 collective

Cette séance ne se fait qu'une fois que l'apprentissage des lettres e, l, i, u, t, m, n, h, j, p, y aura été conduit en classe (▸ **MINUSCULES CURSIVES, p. 189**).
L'enseignant affiche ou écrit au tableau les prénoms de la famille 1 dans les trois graphies (script, cursives, capitales d'imprimerie) et mène une séance collective de lecture de ces prénoms. Il fait venir tour à tour plusieurs élèves au tableau pour montrer tel prénom en cursive, tel autre en script ou en capitales pour s'assurer de l'acquisition du vocabulaire. Au passage, on pourra expliquer que cursive signifie « courir » parce que c'est l'écriture « qui va vite ».

CONSIGNE 1 **Montre-moi « Amine » écrit en cursive, en script, en majuscules bâtons.**

Il est vraiment dommage d'utiliser le terme d'écriture « attachée », qui laisse penser que l'écriture consiste à attacher les unes aux autres des lettres qui étaient préalablement séparées, alors que le terme « cursive » rend bien compte du mouvement rapide.

Ensuite, l'enseignant écrit Amine en cursive au tableau, avec l'aide des élèves.

CONSIGNE 2 **Aidez-moi à écrire Amine. Par quoi dois-je commencer pour écrire ce prénom ? Oui, la lettre A, mais attention, en majuscules.**

L'enseignant trace le A en commentant : « Je déplie puis je plie mon pouce et je trace un petit trait en travers. Ensuite, j'écris la suite, mmmiiiiiiinnnnnnnneee. Y-a-t-il des passagers ? Un seul, le point sur le i. »

CONSIGNE 3 **Écrivez Amine sur l'ardoise.**

On accompagnera le tracé des explications : « Tracez le A majuscule en dépliant et repliant le pouce, puis tracez un trait au milieu. Ensuite, un pont, deux ponts, trois ponts.... "mmmmm", une petite pointe, "iiiiii" et deux ponts, "nnnnnnn", et enfin une petite boucle, "eeee". Voilà, "A-mi-ne". »
Ensuite, on continue avec un autre prénom. On analyse d'abord la façon dont il faut procéder : on écrit d'abord la majuscule initiale puis on enchaine toutes les lettres, on termine par les « passagers »... Pour les sons difficiles – par exemple le (ien) de Julien – on dira : « Attention, ces trois lettres-là ensemble font (ien), vous apprendrez ça au CP ! » sans s'appesantir ni mener une séance de lecture sur le sujet.

Séance 2 en atelier

Un atelier regroupant les enfants dont le prénom appartient à la famille 1 est ensuite proposé. Chacun s'exerce sur ardoise puis sur feuille lignée lorsqu'il est prêt.

Séance 3 collective

On procèdera de la même manière avec les prénoms de la famille 2. Ces prénoms auront la particularité de nécessiter un ou plusieurs « sauts de crayon » rapides. Les lettres rondes auront été vues auparavant (▸ **MINUSCULES CURSIVES, p. 189**). L'image du saut permet de maintenir la fluidité malgré les levers brefs de crayons. Pour s'entrainer à faire ce saut, on s'exercera à écrire *ece*, en disant « tourne, saute, tourne », plusieurs fois !

CONSIGNE **Copiez le prénom en commençant par sa majuscule et en sautant pour chaque lettre ronde. N'oubliez pas de dire les sons en écrivant. À la fin, faites descendre les passagers !**

Séance 4 en atelier

Un atelier regroupant les enfants dont le prénom appartient à la famille 2 est ensuite proposé ; chacun s'exerce sur ardoise puis sur feuille lignée lorsqu'il est prêt.

Séances 5 et 6 en atelier

Les prénoms présentant des difficultés particulières (famille 3) seront travaillés uniquement en atelier avec les enfants concernés. Si l'enseignant a eu le temps de voir toutes les lettres avant d'aborder l'écriture du prénom, les élèves devraient arriver à les tracer. Néanmoins, les enchainements difficiles risquent de poser des problèmes. Ils sont plutôt proposés au deuxième semestre de CP – ce qui fait qu'il est bien normal qu'ils soient difficiles à tracer à la maternelle ! On peut baisser le niveau d'exigence, au vu de la difficulté. L'utilisation de lettres rugueuses permet également de travailler ces enchainements particuliers.

CRITÈRES DE RÉUSSITE

- ◯ Posture et tenue du crayon correctes
- ◯ Pas d'arrêt dans la trace (sauf le saut devant les lettres rondes)
- ◯ Tracé des « passagers » (points, barres, accents) à la fin

RÉFLEXES PRIMITIFS

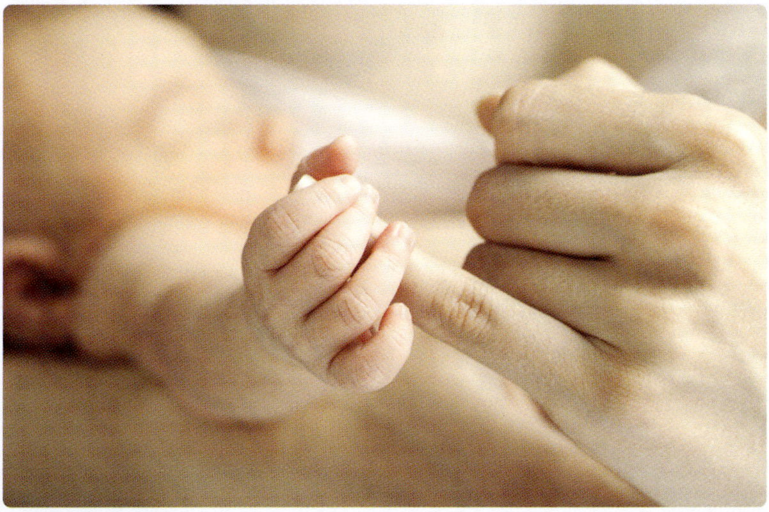

OBJECTIFS

- Intégrer les réflexes primitifs.
- Contrôler ses gestes de manière volontaire.

PROGRAMMES

ÉDUSCOL « Au cours du développement du jeune enfant, les membres inférieurs se chargent progressivement de la construction de l'équilibration dynamique et statique tandis que les membres supérieurs interviennent et se libèrent pour assurer ce qui relève de la dextérité manuelle. On observe tout d'abord, dans la plupart des conduites motrices des plus jeunes, un engagement global de l'ensemble du corps : si le bras gauche s'élève, il semble entrainer l'autre côté, symétriquement. Puis apparait peu à peu une organisation dynamique asymétrique du corps de l'enfant. » ▸ *Agir, s'exprimer, comprendre à travers l'activité physique, Objectif 1 : Agir dans l'espace, dans la durée et sur les objets*, p. 13

REMARQUES

À la naissance, le système nerveux central du nouveau-né n'est pas encore totalement mature. Au cours de son développement moteur, un certain nombre de mouvements involontaires (appelés réflexes primitifs ou archaïques) vont s'inhiber et laisser la place à des mouvements volontaires. Cependant, certains mouvements réflexes restent plus ou moins actifs, alors qu'ils devraient se mettre en veille, prêts à se réactiver seulement en cas de danger. Ils peuvent parasiter la maitrise du geste et expliquer certaines difficultés de posture et d'écriture.

Nous allons ici voir deux réflexes qui interfèrent avec l'écriture manuscrite. Les activités décrites peuvent aider à intégrer ces réflexes dans le cadre de la classe. Toutefois, de nombreux autres réflexes peuvent avoir une incidence sur l'écriture, comme le réflexe tonique labyrinthique, le réflexe main-bouche ou le spinal de Galant, par exemple. Il vaut mieux orienter vers un spécialiste si l'élève semble peu disponible aux apprentissages du fait de réflexes persistants.

À PARTIR DE LA TPS

1 Le réflexe d'agrippement

PRÉ-REQUIS aucun

INSTALLATION en classe

MATÉRIEL ENSEIGNANT un pinceau ou un crayon

MATÉRIEL ÉLÈVE un papier brouillon – des balles à picots

quelques minutes très régulièrement, 3 à 4 semaines d'affilée

Pour en savoir plus, visiter le site de Bénédicte Cazals, ostéopathe et créatrice de la formation Arc-en-flex :

SITE

Les réflexes archaïques et l'écriture

arc-en-flex.fr
https://media.mdi-editions.com/ref

La sollicitation de la paume peut déclencher des rires, des fourmillements.

Le réflexe d'agrippement fait se refermer les doigts sur la paume lorsqu'on la touche. Ce réflexe est très actif à la naissance – les bébés attrapent le doigt qu'on met dans leur main – et s'intègre peu à peu pour laisser la place aux mouvements volontaires.

Sa persistance peut favoriser soit la tenue palmaire du crayon (crayon dans le poing), soit au contraire une tenue de crayon très éloignée de la paume, pour éviter de déclencher le réflexe.

On peut passer un pinceau ou un crayon sur la paume de l'enfant et voir si les doigts se crispent ou s'agitent immédiatement. Si c'est le cas, le réflexe est actif !

Les deux activités présentées ici aident spécifiquement à l'intégration de ce réflexe, mais toutes les activités sollicitant la paume de la main proposées dans les fiches ▸ **MANIPULATIONS, p. 165** et ▸ **PÂTE À MODELER, p. 227** sont également très efficaces.

Le papier froissé

CONSIGNE **Prends la feuille de brouillon avec les deux mains et froisse-la jusqu'à en faire une boulette que tu puisses cacher dans une main. Puis défroisse-la sur la table, en la lissant bien.**

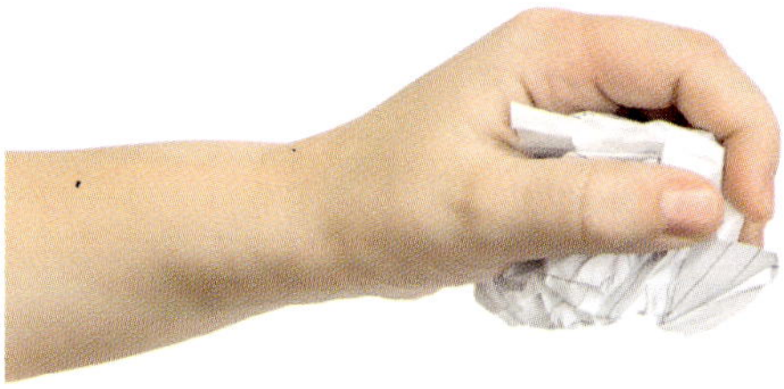

On peut offrir plusieurs niveaux de difficulté en fonction des niveaux de classe mais aussi de la progression de l'enfant. Ainsi, il est possible de varier le grammage du papier, donc sa résistance, et la taille de la feuille, puis de réaliser l'exercice d'une seule main à partir de la GS. Au moment du chiffonnage, les muscles des doigts sont sollicités et la zone qui déclenche le réflexe est activée. Au moment du défroissage, l'enfant n'utilise plus la force mais la mobilité des doigts et doit travailler en ouverture de la main, tout en continuant à faire pression sur la zone réflexe.

Les balles à picots

CONSIGNE **Avec ta paume, fais rouler la boule sur la table dans tous les sens.**

On trouve des balles à picots à bon marché au rayon animalerie des grandes surfaces, à destination des chiens ou des chats.

Cette activité peut être source de grande détente ou au contraire de réactivation du réflexe (chatouillements, rires). En la pratiquant régulièrement, on aide le cerveau à intégrer la sensation et les réactions diminuent. On peut aussi faire rouler la boule entre les deux mains, puis le long de l'avant-bras.
Prolongement possible : en GS, et avec des balles à picots de petite taille, on peut proposer de faire tourner deux balles l'une autour de l'autre dans une seule main. Cette activité, en plus de solliciter la zone réflexe, favorise la mobilité du pouce.

CRITÈRES DE RÉUSSITE

- ○ Bonne mobilité des doigts
- ○ Réflexe mieux intégré (atténuation de la réaction)

À PARTIR DE LA TPS

2 Le réflexe tonique asymétrique du cou

PRÉ-REQUIS aucun

INSTALLATION en salle de motricité

MATÉRIEL ENSEIGNANT aucun

MATÉRIEL ÉLÈVE des petits sacs de graines

quelques minutes très régulièrement, 3 à 4 semaines d'affilée

La capacité à traverser la ligne médiane est indispensable en lecture (mouvements oculaires de gauche à droite) et en écriture (déplacement du bras de gauche à droite).

Manipuler la tête très lentement, sans couvrir les oreilles de sa main.

Lorsque l'enfant tourne la tête d'un côté, son bras et sa jambe s'étendent de ce côté tandis que l'autre bras et l'autre jambe se fléchissent.
Le réflexe tonique asymétrique du cou incite à n'utiliser qu'un côté de son corps. S'il est mal intégré, il a des conséquences négatives sur la latéralisation et la coordination. Ce réflexe peut aussi avoir un impact important sur la posture : l'élève aura tendance à tendre le bras dès qu'il tourne la tête, provoquant des chutes d'objet ou des coups involontaires. Il pourra au contraire maintenir sa tête, écrire tête couchée sur la table ou enrouler ses pieds autour du pied de la chaise pour contrer le réflexe.

Pour vérifier si le réflexe tonique asymétrique du cou est présent chez un enfant, on peut lui proposer de se positionner debout, yeux fermés, pieds joints et bras tendus vers l'avant, mains relâchées. On se place derrière lui et on lui tourne tout doucement la tête d'un côté, puis de l'autre, en lui demandant de ne pas bouger. Si les bras suivent le mouvement de la tête, c'est signe que le réflexe est actif.

Les mouvements croisés vont aider à l'intégration du réflexe tonique asymétrique du cou en fluidifiant le passage de la ligne médiane. On se reportera à la fiche ▸ **LATÉRALITÉ, p. 131**, pour y trouver plusieurs activités utiles : marche à quatre pattes, grand huit en bambou, mouvements croisés.

On peut également mettre en place des activités spécifiques.

Le petit arc-en-ciel

CONSIGNE 1 **Passe le petit sac de graines d'une main à l'autre en le regardant.**

Cette activité permet à l'élève de bien prendre conscience de ses deux mains et de les coordonner.

Dans les plus grandes classes, après s'être entrainé à passer le sac d'une main à l'autre, on pourra ensuite faire tourner un sac de graines en ronde en disant « lance » (l'enfant lance le sac en l'air puis le rattrape), puis « donne » (l'enfant donne le sac à son voisin). Il est important de synchroniser le geste et la parole.

CONSIGNE 2 **Lance et rattrape le petit sac de graines puis donne-le à ton voisin.**

Pour les petits, lancer et rattraper à une seule main est difficile. Le sac ne doit pas être lancé trop haut. Au début, on insistera sur le fait qu'il faut faire un tout petit mouvement, qui le fait à peine décoller de la main.
Variantes possibles, en fonction de l'âge et du niveau : faire circuler plusieurs sacs de graines dans la ronde en même temps, changer le rythme (« lance, lance, donne », par exemple) ; en GS, démarrer avec le sac de graines sur le dos de la main, puis le rattraper en retournant la main.

Le grand arc-en-ciel

CONSIGNE **Prends un sac de graine dans une main et ouvre les bras tendus. Fixe le sac du regard. Puis fais le chemin de l'arc-en-ciel et conduis le sac jusqu'à l'autre main, sans le quitter des yeux une seule seconde !**

Cette activité de poursuite visuelle est fatigante et ne doit pas être menée trop longtemps. Les enfants ne se rendent pas forcément compte du moment où leur regard lâche l'objet qu'ils sont censés fixer. Il vaut donc mieux faire l'exercice sous le contrôle d'un adulte.

Je vois / je ne vois pas

⚠ Il peut être nécessaire de rester un moment sur le « je vois » avant d'aborder le « je ne vois pas », qui est plus difficile.

CONSIGNE **D'abord, tends un bras horizontalement, avec le sac de graines sur la paume de ta main, et replie l'autre bras. Suis le sac de graine des yeux. Ramène les bras au milieu et change de main, puis recommence. Ensuite, fais le contraire : tes bras font le même geste mais au lieu de regarder le sac, regarde de l'autre côté !**

Il est intéressant d'oraliser au fur et à mesure : « je vois », « je ne vois pas ».

CRITÈRES DE RÉUSSITE

- ○ Dissociation des deux mains
- ○ Dissociation des mouvements de la main et de la tête

RYTHMES

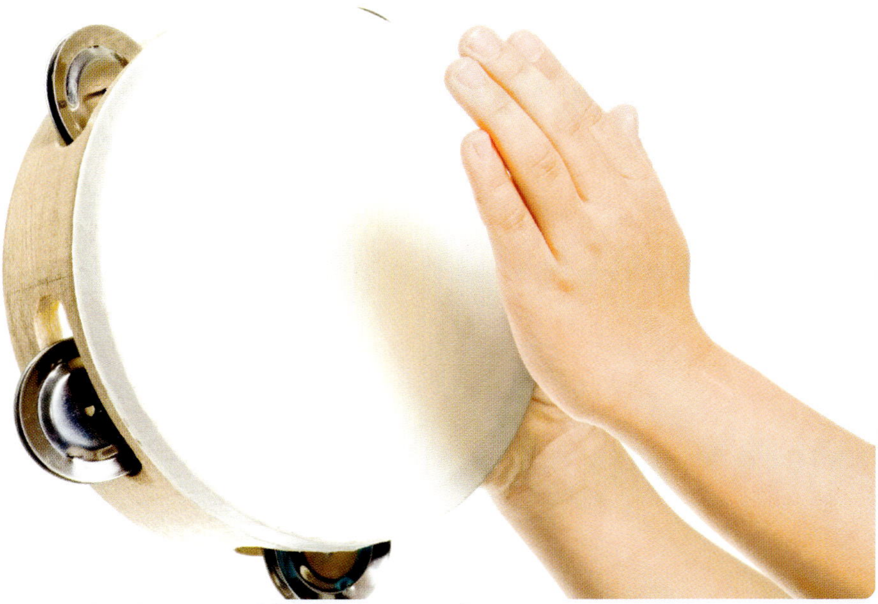

OBJECTIFS

- Marquer une pulsation régulière.
- Suivre un rythme.
- Synchroniser gestes et paroles.

PROGRAMMES

BO 2021 « Dès la Petite Section, les enfants sont sensibilisés à la composante sonore des mots par de l'écoute active et des jeux (jeux vocaux, comptines chantées, formulettes, chansons, petits poèmes, textes courts, etc.) qui stimulent leur curiosité et leur attention à l'univers des sons. ▸ p.7

ÉDUSCOL « Des activités de graphisme ou de dessin peuvent renvoyer implicitement à des caractéristiques de l'écriture. Elles peuvent concerner des formes, mais aussi des contingences spatiales : rythmes d'espacements, horizontalité de la ligne, etc. Leur transfert dans l'écriture ne se réalisera que moyennant un réinvestissement successif d'activité en activité jusqu'à ce que le lien avec l'écriture puisse émerger et être explicité. » ▸ *Le graphisme à l'école maternelle*, p. 5

À PARTIR DE LA MS

1 La peinture à l'éponge

PRÉ-REQUIS connaitre une comptine

INSTALLATION au tableau puis debout à une table

MATÉRIEL ENSEIGNANT aucun

MATÉRIEL ÉLÈVE une feuille – de la peinture – une éponge

3 à 5 minutes

On commencera cette activité au tableau (ou sur un mur de l'école en extérieur) avec une éponge mouillée qui laisse une trace éphémère. Il s'agit d'effectuer un déplacement horizontal, de gauche à droite, en laissant des traces régulièrement espacées, tout en chantant une chanson. Arrivé à court de place, on apprendra à « aller à la ligne », c'est-à-dire à retourner à l'extrémité gauche du tableau ou du muret et à recommencer.
La même activité sera ensuite proposée sur table, de préférence debout. L'enfant va matérialiser la comptine en tapant la pulsation avec son éponge trempée préalablement dans la peinture.

CONSIGNE **Marque le rythme de la chanson par des traces régulières.**

L'élève chantait « Ba-teau-sur-l'eau-la-ri-viè-re-la-ri-viè-re... » tout en tapant la pulsation avec un marqueur chunkie.

CRITÈRES DE RÉUSSITE

- ◯ Déplacement de gauche à droite
- ◯ Retour à la ligne
- ◯ Synchronisation rythme et c
- ◯ Pulsation régulière

⚠ Faire des essais préalables pour trouver la bonne consistance et la bonne quantité de peinture, afin que l'élève puisse réaliser l'exercice sans avoir à rependre de la peinture, ce qui interromprait le rythme.

💡 On peut remplacer les éponges par des marqueurs à embout en mousse de type « chunkie ».

💡 Penser à orienter les enfants face aux repères gauche / droite installés dans la classe.

⚠ Il est important que l'élève connaisse parfaitement la chanson pour que la scansion ne vienne pas ralentir la pulsation.

À PARTIR DE LA MS

2 Le tambourin

PRÉ-REQUIS aucun

INSTALLATION en petits groupes, en cercle

MATÉRIEL ENSEIGNANT des étiquettes « rythmes »

MATÉRIEL ÉLÈVE 1 tambourin par élève

10 à 20 minutes

On commence par la découverte les différentes caractéristiques du tambourin : sa forme ronde, la peau tendue, la mailloche. Il est important de laisser le temps de la découverte libre. On propose ensuite aux enfants de produire des sons « doux » et « forts ». Lorsque la notion d'intensité est suffisamment acquise, l'enseignant propose des rythmes alternant les sons doux et forts.
On convient ensuite d'un codage pour indiquer doux, fort et « chut » (silence). Par exemple, un petit rond pour doux, un grand rond pour fort, un rond barré pour « chut » : ○ ◯ ∅. On s'appliquera ensuite à « lire » le codage à voix haute collectivement.
Une fois la lecture du codage acquise, on joue la « partition ».

CONSIGNE **Avec le tambourin, joue la partition indiquée au tableau.**

L'activité se prête à de nombreuses variantes : un élève peut jouer un rythme et l'enseignant le noter au tableau ; un élève peut écrire un rythme et les autres élèves le jouer, etc. En **GS**, on pourra proposer des suites de rythmes de plus en plus longues, du type « fort, doux, chut, doux, doux, fort » ou ajouter une intensité intermédiaire, moyenne, que l'on pourra oraliser en disant « et » ou tout autre mot monosyllabique que l'on jugera adapté.
Cette activité se rapproche de celle proposée par Thierry Venot dans son ouvrage *De l'écoute des sons à la lecture*.[1] Elle prépare à l'écriture-lecture en installant le déroulé dans l'espace, de gauche à droite, comme symbole du déroulé dans le temps.

Si vous ne disposez pas de tambourins, on peut réaliser le même travail en frappant dans les mains plus ou moins fort.

Il est intéressant de proposer parfois des séries du type « doux, doux, chut, doux » ou « fort, fort, fort ».

CRITÈRES DE RÉUSSITE

- ○ Identification des différentes intensités
- ○ Codage correct
- ○ Agencement des symboles de gauche à droite

1 Thierry Venot, *De l'écoute de sons à la lecture*, GRIP Éditions.

À PARTIR DE LA GS

3 Le guidage vocal

PRÉ-REQUIS les boucles et les pointes

INSTALLATION debout devant le tableau puis sur la table

MATÉRIEL ENSEIGNANT aucun

MATÉRIEL ÉLÈVE une craie ou un feutre de tableau

1 minute par élève

On peut utiliser le grapho-dé présenté p. 56 pour varier les combinaisons.

L'écriture est la trace d'un geste. Le contrôle kinesthésique, c'est-à-dire par le mouvement, est essentiel dans son apprentissage. Il faut éviter le plus possible de demander à l'élève de reproduire des formes observées, ce qui l'inciterait à mettre en place un contrôle purement visuel. On privilégiera au contraire un guidage par le son.

Séance 1

Une fois que le geste producteur de la boucle est acquis grâce à l'exercice des foulards (p. 47) et des boucles sur le tableau (p. 50), on peut combiner des petites et des grandes boucles.

On peut faire défiler les élèves à tour de rôle devant le tableau, puis les faire retourner à la file.

Un élève va au tableau. L'enseignant lui donne un rythme, par exemple : « deux p'tites, deux grand' », pour tracer *eell*. L'élève trace la série de petites et grandes boucles au tableau, tout en scandant le rythme en même temps que l'enseignant.
La série est répétée plusieurs fois, avec un espace entre chaque. Si l'élève a du mal à laisser cet espace, on peut l'ajouter au rythme, en disant « chhhhhhut ». Par exemple : « deux p'tites, deux grand', chhhhhhut ».

⚠ Sur feuille, il faut vérifier que seuls les doigts de l'élève bougent, pas son poignet.

CONSIGNE 1 **Trace des boucles : deux p'tites, deux grand' et dis-le à voix haute en même temps.**

Pour tracer *llee*, on dira :

CONSIGNE 2 **Trace des boucles : deux grand', deux p'tites et dis-le à voix haute en même temps.**

Séance 2

L'étape suivante consiste à produire des pointes. Il faut faire le même geste que celui de la boucle (avancer mais sans tourner). On pourra faire observer aux élèves que la pointe est une boucle étrécie.

Ainsi, pour tracer  :

CONSIGNE 3 Tourn', tourn', tourn', point', point', point'.

Pour tracer  :

CONSIGNE 4 Point', point', grand' point'.

Séance 3

On reprend ensuite le même travail sur feuille : cette fois, ce sont les doigts qui bougent pour tracer les formes, et c'est le bras qui bouge entre chaque tracé. Le guidage vocal aide à garder le rythme. On ajoutera un bruitage « chhhhhhut » pour aider à déplacer l'avant-bras entre chaque série de gestes.

CRITÈRES DE RÉUSSITE

Au tableau

- ◯ Déplacement en pas chassés
- ◯ Synchronisation gestes et voix
- ◯ Mouvement du bras

Sur feuille

- ◯ Glissement de l'avant-bras entre les tracés
- ◯ Synchronisation gestes et voix
- ◯ Mouvement des doigts

SCHÉMA CORPOREL

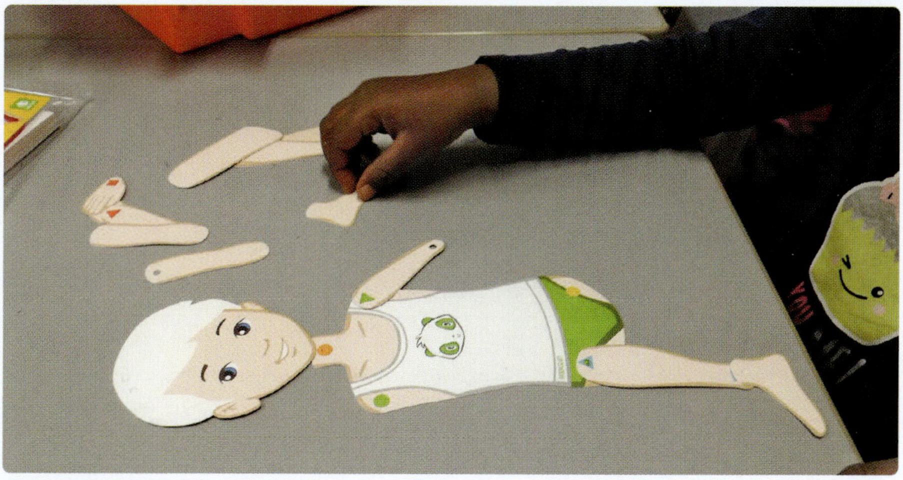

OBJECTIFS

- Repérer les différentes parties de son corps, en particulier celles impliquées dans l'écriture.
- Mieux se situer dans l'espace pour mieux l'appréhender.
- Prendre conscience de sa respiration.
- Être capable de se détendre.

PROGRAMMES

BO 2021 « Ce qui est attendu des enfants en fin d'école maternelle : Situer et nommer les différentes parties du corps humain, sur soi ou sur une représentation. ▸ p. 20

ÉDUSCOL « Au cours de la scolarité maternelle, les situations vécues doivent permettre d'opérer une meilleure connaissance par l'enfant des limites de son corps. Ce processus est dépendant d'un meilleur repérage des différentes parties du corps et de la manière dont ces différentes parties s'organisent et s'articulent entre elles. L'identification de ce corps, que l'enfant reconnait progressivement comme le sien, repose évidemment sur les sensations kinesthésiques provoquées par le vécu corporel [...], mais est également conditionné par une profonde interaction avec le langage qui sous-tend, organise, ordonne progressivement les connaissances induites. »
▸ *Agir dans l'espace, dans la durée et sur les objets*, p. 15

« Le point de départ de cette meilleure construction d'un corps identifié est d'abord la sensation. Les rituels de danse ou d'entrée dans l'activité visant à la détente, à l'écoute de soi, à la baisse du tonus, aident l'enfant à procéder progressivement à un autocontrôle corporel, à mieux ressentir les informations sensorielles provenant de son corps et provoquées par la mise en situation. »
▸ *Agir dans l'espace, dans la durée et sur les objets*, p. 16

« Le corps de l'enfant, progressivement mieux identifié, va devenir également mieux situé dans l'espace. » ▸ *Agir dans l'espace, dans la durée et sur les objets*, p. 16

À PARTIR DE LA MS

1 Le nom des doigts

PRÉ-REQUIS connaitre le nom des couleurs

15 à 20 minutes

INSTALLATION sur table

MATÉRIEL ENSEIGNANT aucun

MATÉRIEL ÉLÈVE une feuille – un crayon triangulaire – des crayons de couleurs ou des feutres

Certains auront besoin de faire plusieurs essais avant de réussir à tracer le contour de leur main.

Si la main « contourée » est la gauche, il y a de grandes chances que l'enfant soit droitier et inversement.

Avant cette activité, l'enseignant prend soin d'apprendre à ses élèves plusieurs comptines utilisant le nom des doigts (▸ COMPTINES ET JEUX DE DOIGTS, p. 75).
On prend aussi un temps pour observer sa main, ses doigts et comparer leurs tailles.
On propose alors de dessiner le contour de sa main à l'aide d'un crayon (ou d'un feutre).

CONSIGNE 1 **Pose ta main à plat sur la feuille, les doigts bien écartés, et trace son contour. Commence par le poignet et fais le tour de tes doigts jusqu'à l'autre côté du poignet.**

Une fois le contour effectué, l'enseignant demande à chaque enfant de quelle main il s'agit et le corrige s'il se trompe, en utilisant les repères placés dans la classe. Sous chaque dessin, on note la légende : « main droite de Salim », en oralisant.
Lorsque chaque élève a le contour de sa main, on lui propose une dictée-coloriage.

CONSIGNE 2 **Prends le crayon violet pour colorier le pouce.**

On laisse le temps de l'exécution puis on continue ainsi avec les autres doigts, avec une couleur différente. On prendra bien soin de montrer sur sa propre main quel doigt il convient de colorier, tout en disant son nom.
Une fois les cinq doigts coloriés, on interroge les élèves : « Quel est le nom du doigt bleu clair ? Montre-moi l'annulaire sur le dessin et sur ta main. »

Tous les enfants n'auront pas mémorisé le nom des doigts à l'issue de cette activité. Il conviendra donc de réutiliser régulièrement le vocabulaire.
De multiples prolongements en arts plastiques et en graphisme peuvent être proposés.

CRITÈRES DE RÉUSSITE

- ◯ Respect des consignes
- ◯ Réponse correcte aux questions

À PARTIR DE LA MS

2 La respiration

PRÉ-REQUIS aucun

INSTALLATION en salle de motricité ou en extérieur

MATÉRIEL ENSEIGNANT aucun

MATÉRIEL ÉLÈVE un sac de graines par enfant

30 minutes

VIDÉO

La grenouille, méditation pour les enfants

Éditions Les Arènes
https://media.mdi-editions.com/p3l

On peut aussi utiliser des tapis de gymnastique pour mener l'activité en extérieur.

On peut convoquer l'activité lors des moments d'écriture, en disant aux enfants : « respirez comme quand vous avez le sac de graines sur le ventre. »

Très souvent, les enfants en difficulté avec l'écriture écrivent en apnée, ce qui bloque leur geste et empêche toute fluidité. Il est essentiel de prendre conscience de sa respiration et de respirer en écrivant. Lorsqu'on préconise d'écrire en parlant, c'est d'ailleurs un moyen d'obliger l'élève à utiliser son souffle ! Dès la maternelle, cette prise de conscience du souffle en relation avec la fluidité du mouvement peut s'effectuer à travers de nombreuses activités : la danse, le chant, ou même le yoga et la méditation.
Pour commencer, on demande aux élèves d'enlever leurs chaussures. Puis on forme une grande ronde, et on s'allonge sur le sol.

CONSIGNE 1 **Place le petit sac de graines sur ton ventre et observe comment ça se passe dans ton corps.**

L'enseignant guidera ensuite l'observation : « On ferme les yeux. On sent sa tête qui touche le sol, et puis son dos qui touche aussi le sol, les fesses, les cuisses, les talons, les bras et le bout des doigts. Il y a quelque chose qui bouge tout seul : le sac de graine monte et descend sur le ventre. C'est la respiration, l'air qui rentre et qui sort dans le corps, qui le fait bouger. »

Après quelques minutes de silence, l'enseignant invite les enfants à se relever doucement. Puis, pour redynamiser les enfants, on leur propose de tapoter les différentes parties du corps.

CONSIGNE 2 **Frottez-vous les mains, puis la tête, puis les joues… (nommer toutes les parties du corps). Voilà, le corps est bien réveillé !**

CRITÈRES DE RÉUSSITE

- ○ Écoute attentive
- ○ Participation active

À PARTIR DE LA GS

3 Le pantin

PRÉ-REQUIS aucun

INSTALLATION en salle de motricité ou en extérieur, puis en classe

MATÉRIEL ENSEIGNANT aucun

MATÉRIEL ÉLÈVE un pantin à découper – des attaches parisiennes

5 séances de 20 minutes

Pour pouvoir mobiliser les bonnes articulations lors du geste d'écriture – articulations des doigts pour diriger le crayon, articulation de l'épaule pour déplacer le bras – il faut prendre conscience de leur existence. Les jeunes enfants perçoivent généralement leurs membres d'un seul bloc, sans discerner la pliure du coude, du poignet, du genou, etc.
Il est donc important de mener un travail d'élaboration du schéma corporel. Lors de l'écriture, on pourra ensuite conseiller aux élèves de ménager l'articulation du poignet, qui est fragile.

Penser à prendre des photos qui serviront à récapituler toutes les articulations observées.

Séance 1

On commencera cette activité en salle de motricité ou en extérieur. On invite les enfants à rechercher à quels endroits le corps peut se plier.

CONSIGNE 1 **Tendez les bras tout droit, puis pliez-les. À quel endroit se plient-ils ? À quel endroit ne peuvent-ils pas se plier ?**

On repèrera ainsi les articulations de l'épaule, du coude et du poignet. Puis on fera de même avec les jambes pour identifier la hanche, le genou et la cheville.

Dans l'écriture manuscrite, le mouvement cursif s'effectue par flexions et extensions du pouce. Aux élèves, on dira « plie » ou « tends » ton pouce et non pas « monte » ou « descends ».

CONSIGNE 2 **Restez debout tout raides, comme des robots. À mon signal, utilisez l'articulation de l'épaule !**

Les bras doivent alors mouliner. On fait pareil pour les autres articulations : l'avant-bras qui tourne autour du coude, la main qui tourne autour du poignet, puis avec les membres inférieurs la jambe qui tourne autour de la hanche, le genou qui se plie et se tend (on ne peut pas le faire tourner), le pied qui tourne autour de la cheville.

Séances 2 et 3

De retour en classe, l'enseignant propose de réaliser un pantin articulé.

CONSIGNE 1 **Découpez les différentes parties du corps puis coloriez-les. Faites un petit trou à l'emplacement des points noirs.**

On s'attachera à ce que les enfants reconnaissent bien les parties du corps découpées. C'est l'occasion de revoir le vocabulaire.
On peut aussi faire une dictée coloriage comme dans l'activité « Le nom des doigts », p. 258 : « Colorie les mains en bleu, les avant-bras en vert, etc. »

CONSIGNE 2 **Reconstituez le pantin à l'aide des attaches parisiennes.**

CONSIGNE 3 **Pliez ou tendez les articulations de votre pantin et mimez la même position.**

On remarquera alors que nos articulations ne permettent pas de prendre toutes les positions que le pantin peut prendre ! On pourra chercher les positions possibles / impossibles pour un être humain.

Dans la perspective de préparation à l'écriture, il est alors important d'utiliser les termes « plier » et « tendre » (et / ou « déplier »).

Séance 4

Untitled (Dance), *Keith Haring, 1987.*

L'activité peut être prolongée en arts plastiques, par exemple à partir de l'œuvre de l'américain Keith Haring.
En groupe classe, on invite les élèves à s'exprimer librement sur l'œuvre : c'est l'occasion de voir si le vocabulaire des séances précédentes est réinvesti.

CONSIGNE 1 **Décrivez cette peinture. Que voyez-vous ?**

On peut ensuite proposer de réaliser une composition « à la manière » de Keith Haring. Par groupe de trois ou quatre, les élèves installent leurs pantins en mouvement sur un fond peint d'une couleur claire, réalisé en amont.

CONSIGNE 2 **Installez vos pantins. Ils doivent faire des mouvements, mais attention : des mouvements possibles !**

Pour éviter que le pantin bouge, on peut le fixer avec de la pâte repositionnable.

Une fois les pantins installés, chaque enfant dessine le contour de son pantin (l'aide d'un adulte ou d'un camarade sera sans doute nécessaire).

Séance 5

À tour de rôle, les élèves repassent sur les contours avec un gros marqueur et peignent l'intérieur des silhouettes au pinceau.

CONSIGNE **Repassez sur les contours de votre pantin avec le marqueur. Ensuite, choisissez chacun une couleur différente pour peindre l'intérieur de la silhouette.**

L'enseignant peut enchainer sur l'observation de la main et faire remarquer que les doigts aussi se plient et se tendent grâce aux articulations.

Quand la production plastique sera terminée, on demandera à chaque groupe de venir mimer son « tableau » devant le reste de la classe. Ce sera de nouveau l'occasion d'utiliser les termes de « plier » et « tendre », et de prendre des photos amusantes !

CRITÈRES DE RÉUSSITE

- ◯ Découpage et reconstitution correcte du pantin
- ◯ Connaissance des noms des parties du corps
- ◯ Description correcte des positions du pantin

SENS CONVENTIONNEL DE L'ÉCRITURE

OBJECTIFS

- Automatiser le sens conventionnel de l'écriture.
- Savoir gérer le retour à la ligne.
- Se repérer dans l'espace de la feuille.

PROGRAMMES

BO 2021 « En Petite Section, [...] les exercices graphiques, en habituant les enfants à contrôler et guider leurs gestes par le regard, les entrainent [...] à prendre des repères dans l'espace de la feuille. En Moyenne et Grande Sections, ils s'exercent [...] à gérer l'espace graphique (aller de gauche à droite, maintenir un alignement, etc.). » ▸ p. 8

ÉDUSCOL « Les apprentissages graphiques [...] permettent principalement le développement de fonctions nécessaires à la maitrise de toute activité grapho-motrice [...] :
– les processus perceptifs visuels permettent la discrimination des formes, l'observation de leurs organisations [...] ;
– la représentation mentale et la reproduction des organisations spatiales, des alignements, des trajectoires, des positions relatives des tracés. » ▸ *L'écriture à l'école maternelle*, p. 7

LIVRET VERT « Tout au long de l'année, différents ateliers sont mis en place : ils visent à faire percevoir aux élèves le sens et le rythme d'alignement des objets. Les élèves doivent apprendre à revenir à la ligne une fois la première ligne terminée. Les élèves s'approprient ainsi le sens gauche-droite de l'écriture. Ce travail d'alignement est mis en relation avec un travail sur le rythme : le professeur frappe dans ses mains le rythme d'une comptine tandis que les élèves alignent les petits objets. [...] L'élève utilise des gommettes afin de laisser une trace du travail. » ▸ p. 56

À PARTIR DE LA PS

1 Les alignements

PRÉ-REQUIS aucun

INSTALLATION sur table

MATÉRIEL ENSEIGNANT aucun

MATÉRIEL ÉLÈVE des gommettes

10 à 15 minutes

Dans un premier temps, on propose aux enfants d'aligner au sol ou sur la table des objets que la classe possède en plusieurs exemplaires : planchettes, voitures, cailloux, etc.
Puis, on leur demande de coller des gommettes sur un support, en prenant soin de bien commencer l'activité à gauche du support. On ne proposera qu'une seule ligne dans un premier temps, avant de travailler le retour à la ligne.

Le support doit être très inducteur : une bande étroite pour inciter le plus possible à l'horizontalité.

CONSIGNE 1 Colle une gommette sous chaque arbre, dans le bon ordre, de gauche à droite.

On peut utiliser les termes « gauche » et « droite », mais en n'oubliant pas de les expliquer par l'exemple (avec les repères spaciaux dans la classe par exemple).

On donnera ensuite à chaque élève des séries de gommettes représentant des objets au choix : ils devront les coller en les alignant.

CONSIGNE 2 Colle les gommettes « dans l'ordre », en laissant un petit espace entre chaque.

Pour les élèves en difficulté, on peut tracer une ligne pour marquer l'horizontalité.

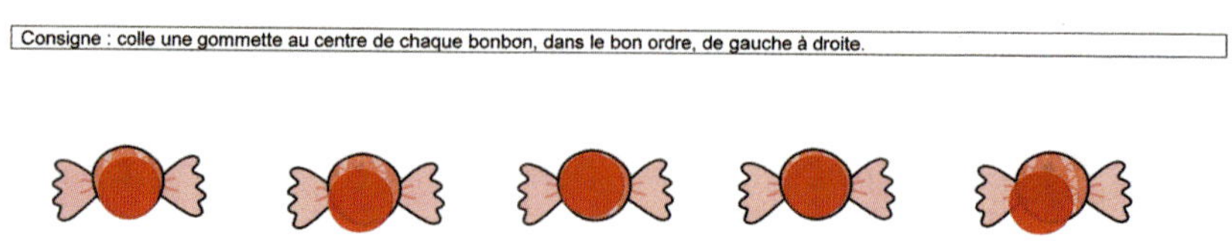

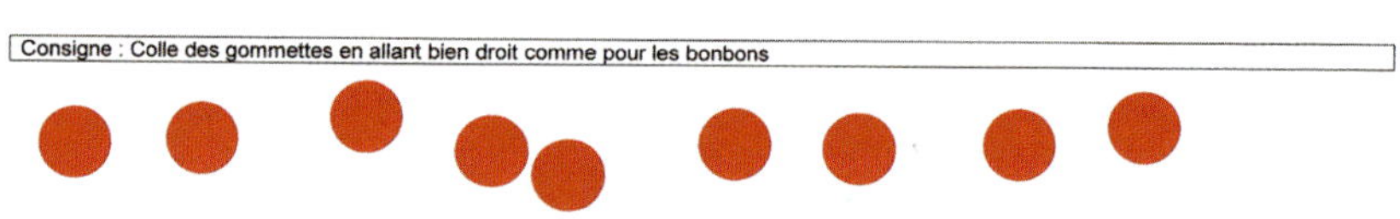

À partir de la MS, on pourra décliner cet exercice avec des gommettes géométriques et préférer des formes avec une base plane.

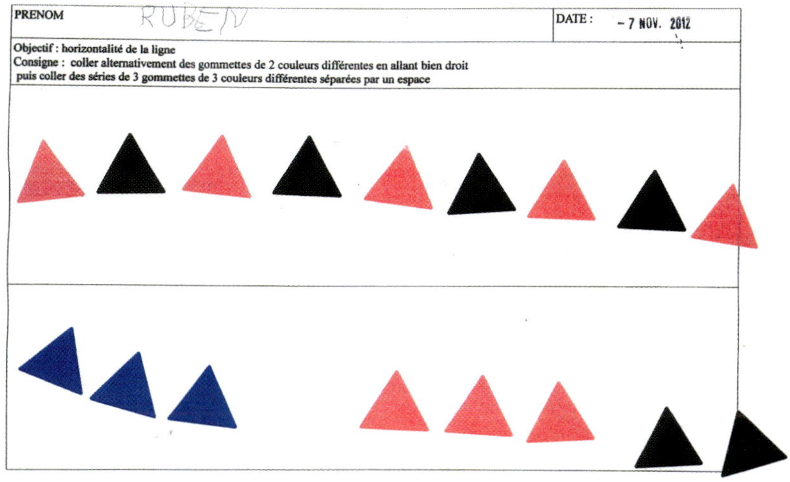

Progression possible :

En PS : Une seule ligne de gommettes régulièrement espacées

- Sur une bande étroite ou sur une feuille A5 vierge
- Des gommettes « fantaisie »

En MS et GS : Plusieurs lignes de gommettes

- Sur un support A5 vierge
- Des gommettes géométriques
- En variant les rythmes et les dimensions

CRITÈRES DE RÉUSSITE

- ○ Horizontalité
- ○ Espacements réguliers
- ○ Retour à la ligne (à partir de la MS)

À PARTIR DE LA MS

2 Serrez-espacez

PRÉ-REQUIS aucun

INSTALLATION en salle de motricité

MATÉRIEL ENSEIGNANT aucun

MATÉRIEL ÉLÈVE aucun

5 minutes

Cette activité permet aux élèves de s'approprier le vocabulaire de l'écriture.

On peut profiter des repères de la salle s'ils sont utilisables (carrelage, latte de plancher).

L'enseignant divise la classe en deux groupes : un sera observateur et l'autre acteur. Le groupe des acteurs s'aligne contre le mur.

CONSIGNE 1 **Le groupe des observateurs, observez les enfants alignés contre le mur. Sont-ils serrés ou espacés ?**

Les espacements n'étant pas forcément réguliers, ils pourront noter que Viktor et Amélie sont serrés, tandis que Kaïs et Téo sont espacés, et Rayan et Émile sont très espacés.
On peut proposer aux observateurs de faire des suggestions pour rendre l'espacement régulier : « Viktor et Amélie, espacez-vous un peu. Rayan et Émile, rapprochez-vous. »
On intervertit alors les groupes.

CONSIGNE 2 **Les acteurs contre le mur, donnez-vous la main et serrez-vous épaule contre épaule. Vous êtes serrés comme des sardines. Maintenant, tendez vos bras et déplacez-vous pour ne pas toucher le voisin. Laissez retomber vos bras. Vous êtes espacés.**

Ensuite, on peut demander aux élèves de se serrer ou de s'espacer rapidement, selon la consigne de l'enseignant.

CONSIGNE 3 **Attention… serrés ! espacés ! espacés ! serrés !**

Cette activité aide à percevoir les espaces entre les lettres et à éviter les télescopages.

CRITÈRES DE RÉUSSITE

- ◯ Observations correctes
- ◯ Respect des consignes
- ◯ Bonne perception des espaces

À PARTIR DE LA MS

3 Les parcours de motricité

PRÉ-REQUIS les pas chassés

INSTALLATION en salle de motricité ou en extérieur puis en classe

MATÉRIEL ENSEIGNANT du matériel de motricité

MATÉRIEL ÉLÈVE une grande feuille format raisin – de la peinture

3 séances de 30 minutes

La métaphore de l'avion servira en classe à bien penser à lever le crayon pour le retour à la ligne. À chaque fois que l'enseignant arrivera en fin de ligne, il fera remarquer : « Attention ! Je m'envole (en montrant le chemin du crayon) et je reprends sur la ligne du dessous. »

Séance 1

L'enseignant propose un parcours de motricité avec le matériel à sa disposition.
Voici un exemple :

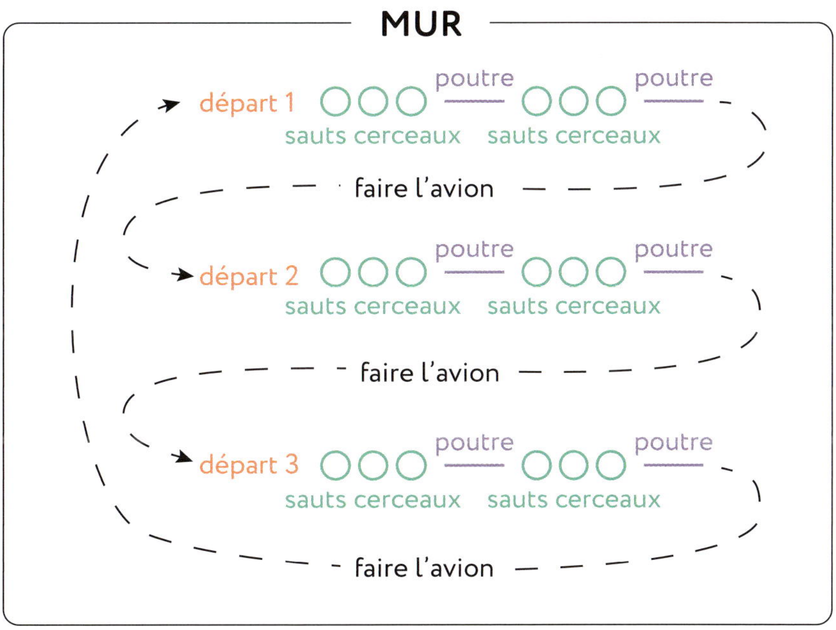

On divise la classe en trois groupes. Chaque groupe va se placer en file indienne devant un point de départ (1, 2 et 3).
Avant de lancer l'ensemble des enfants sur le parcours, on montre l'exemple en faisant faire le parcours au premier de chaque groupe. Ainsi, l'élève parti du départ 1 arrivera au point de départ 2, tandis que celui du départ 2 arrivera au point de départ 3. Enfin, celui du départ 3 se rendra au point de départ 1.
Pour « faire l'avion », les élèves s'envolent en battant des bras.

CONSIGNE **Faites le parcours sans vous dépasser et sans vous bousculer. Pour revenir au départ de chaque ligne, on fait l'avion.**

En fin de séance, on demande aux enfants de décrire le parcours à voix haute et on explique qu'il faudra s'en souvenir pour le ré-installer la fois suivante. On dira par exemple : « saute, saute, saute, maaaaaaaarche, saute, saute, saute, maaaaaaaarche, on s'envole. »

Si l'effectif de la classe est trop important ou le local trop exigu, faire deux groupes.

Séance 2

Lors de la deuxième séance, on demande aux élèves de réinstaller le parcours. On s'appuiera sur la « comptine » mémorisée : « saute, saute, saute, maaaaaaaarche, saute, saute, saute, maaaaaaaarche, on s'envole ».

CONSIGNE **Installez le même parcours que la dernière fois.**

On pourra ensuite proposer aux élèves de créer des variantes, en utilisant éventuellement d'autres objets : par exemple, des cerceaux dressés verticalement, dans lesquels il faut passer.

On peut également faire l'activité avec des feutres de type « chunkie » ou à la peinture à doigts.

Séance 3

On pourra réinvestir le parcours en classe, en le représentant à la peinture, avec une petite éponge sur de grandes feuilles.

CONSIGNE **On va représenter le parcours qu'on a fait. Pour les cerceaux, on dessinera un rond. Pour les poutres, on fera un trait. Il ne faut pas oublier de s'envoler pour retourner à la ligne !**

CRITÈRES DE RÉUSSITE

- ○ Mémorisation du parcours
- ○ Retour à la ligne correct
- ○ Synchroniser gestes et paroles

À PARTIR DE LA MS

4 Les rythmes sur la table

PRÉ-REQUIS connaitre une chanson

INSTALLATION sur table individuelle

MATÉRIEL ENSEIGNANT aucun

MATÉRIEL ÉLÈVE aucun

10 à 15 minutes

Pour montrer l'exemple, comme l'enseignant est face aux élèves, il faudra qu'il fasse les gestes dans leur sens.

Il faut répéter l'exercice plusieurs fois, et aider ceux qui n'y arrivent pas bien en leur prenant la main.

L'enseignant choisit une chanson connue de tous dont on va reproduire la pulsation en tapant sur la table. Il marque les temps sur la table à intervalles réguliers, de gauche à droite, en commençant en haut à gauche (du point de vue des élèves). En fin de vers, il va alors « à la ligne » : on descend légèrement et on recommence une nouvelle ligne à partir de la gauche de la table, et on entame le vers suivant de la chanson.

CONSIGNE **On va chanter « Pomme de Reinette » en tapant sur la table, comme ceci.**

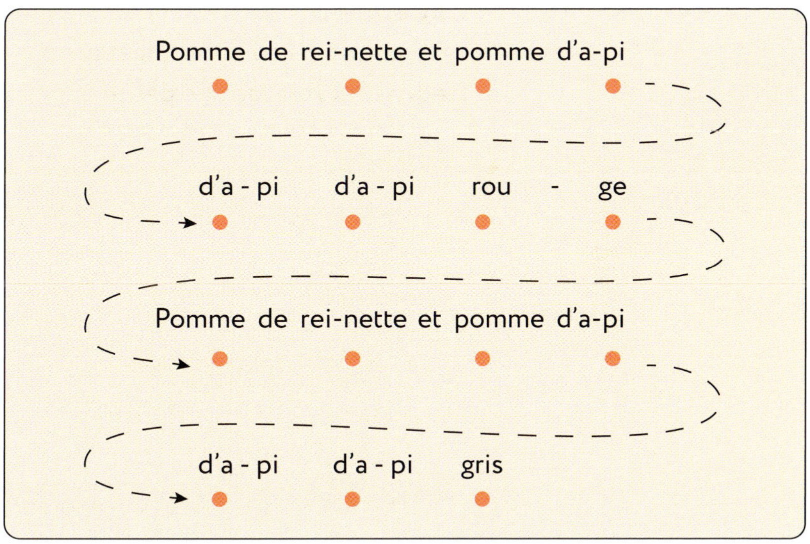

- ● On tape sur la table de gauche à droite
- ➔ On « va à la ligne »

CRITÈRES DE RÉUSSITE

- ◯ Bonne gestion de l'espace
- ◯ Régularité de la pulsation
- ◯ Retour à la ligne correct

À PARTIR DE LA MS

5 La remise en ordre chronologique

PRÉ-REQUIS aucun

INSTALLATION sur table

MATÉRIEL ENSEIGNANT aucun

MATÉRIEL ÉLÈVE une feuille A4 au format paysage – une série de photos séquentielles – des ciseaux – de la colle

10 à 15 minutes

Choisir de préférence des photos prises en classe où les enfants se reconnaissent.

Il est important de travailler sur du vécu pour que les notions temporelles ne soient pas abstraites.

Le travail sur les images séquentielles est riche car il suppose d'abord de travailler sur la lecture et l'analyse des images. Il permet d'enrichir le langage, en travaillant notamment sur les connecteurs logiques et spatiaux-temporels (avant / après, d'abord / ensuite, au début / à la fin).
En MS, l'enseignant propose d'abord seulement une série de trois images (début, milieu, fin) mises en ordre sur une ligne horizontale, de gauche à droite. En GS, on pourra proposer jusqu'à six images. Plusieurs thèmes sont possibles : les différents moments de la journée, les étapes de la réalisation d'une recette faite en classe, la décoration du sapin, une sortie, les plantations de la classe, etc.

CONSIGNE 1 **Découpe les photos et colle-les dans l'ordre.**

Lorsque l'histoire est remise en ordre, on proposera de raconter l'histoire en faisant une dictée à l'adulte.

CONSIGNE 2 **Peux-tu me dicter les phrases pour raconter l'histoire ?**

CRITÈRES DE RÉUSSITE

- ○ Remise en ordre chronologique
- ○ Respect de l'horizontalité
- ○ Capacité à raconter l'histoire

TENUE DU CRAYON

OBJECTIF

- Automatiser la bonne tenue du crayon.

PROGRAMMES

BO 2021 « [En MS et GS, les élèves] s'entrainent également aux gestes propres à l'écriture et ils apprennent à adopter une posture confortable, à tenir de façon adaptée l'instrument d'écriture. » ▸ p. 8

ÉDUSCOL « La tenue adaptée peut être décrite ainsi : le crayon est bloqué entre le pouce et la première phalange du majeur, l'index reposant sur le corps du crayon. Cette tenue présente l'avantage de libérer les phalanges pour le tracé des lettres cursives et de réduire les efforts musculaires. » ▸ *L'écriture à la maternelle*, p. 18

LIVRET VERT « Concernant le tracé des lettres, il faut être vigilant dès le début et modéliser le geste d'écriture. Pour cela : être vigilant à la tenue du crayon et à la posture de l'élève lorsque celui-ci écrit (dos droit, mains posées sur la table). » ▸ p. 46

À PARTIR DE LA PS

1 Les comptines pour tenir le crayon

PRÉ-REQUIS aucun

INSTALLATION en regroupement

MATÉRIEL ENSEIGNANT aucun

MATÉRIEL ÉLÈVE aucun

10 minutes quotidiennement

Ces comptines permettent l'ancrage kinesthésique du point de contact entre le pouce et le côté du majeur, là où l'enfant devra tenir son crayon.
Avant de les chanter, on peut aider les enfants à bien visualiser ce point de contact. Pour cela, un bon moyen est de tracer à l'aide d'un feutre des points sur les doigts de l'enfant, aux points de contact du crayon : sur la pulpe du pouce et sur le côté du majeur.

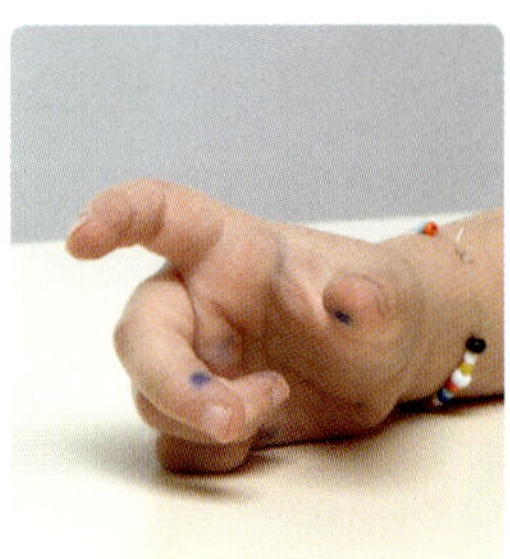
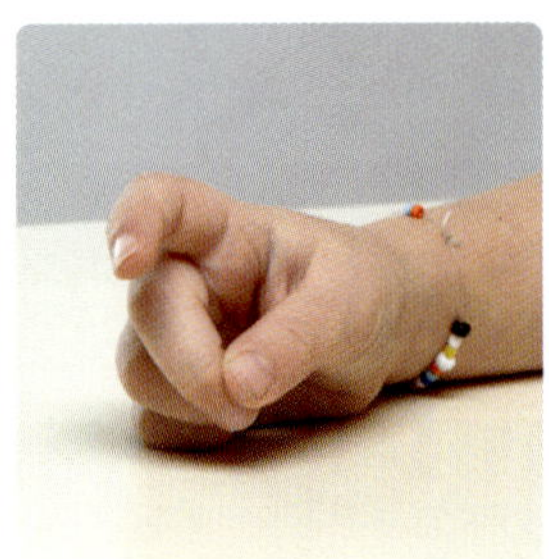
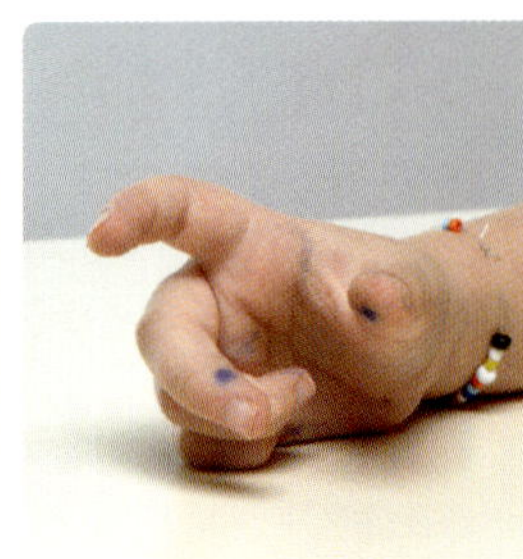

La clochette

Ding, ding, ding, fait la clochette *(joindre les points en arrondissant les doigts)*
Ding, ding, dong, fait le carillon *(joindre les points en arrondissant les doigts)*
Dong, dong, dong, fait le gros bourdon *(joindre les points en arrondissant les doigts)*
Nous irons tous à la fête *(croiser les bras)*
Avec la musique en tête *(croiser les bras)*
Ding, ding, ding *(joindre les points en arrondissant les doigts)*
Ding, ding, dong ! *(joindre les points en arrondissant les doigts)*

VIDÉO

La clochette

Éditions MDI
https://media.mdi-editions.com/f5a

VIDÉO

La totomobile

Éditions MDI
https://media.mdi-editions.com/f5b

La totomobile

Ah, tut-tut, pouêt-pouêt, la voilà *(joindre les points sur une main, puis l'autre)*
Ma totomobile *(mimer la tenue du volant d'une voiture)*
Ah, tut-tut, pouêt-pouêt, la voilà *(joindre les points sur une main, puis l'autre)*
Qu'est-ce qu'elle fait donc là ? *(croiser les bras)*

Jour mémorable de sa première sortie *(mimer la tenue du volant – lever un doigt sur « première »)*
Lorsqu'elle entra dans une boulangerie *(mimer la tenue du volant)*
Dans une boulangerie ?
Miam ! *(se frotter le ventre)*

Ah, tut-tut, pouêt-pouêt, la voilà *(joindre les points sur une main, puis l'autre)*
Ma totomobile *(mimer la tenue du volant d'une voiture)*
Ah, tut-tut, pouêt-pouêt, la voilà *(joindre les points sur une main, puis l'autre)*
Qu'est-ce qu'elle fait donc là ? *(croiser les bras)*

Jour mémorable de sa deuxième sortie *(mimer la tenue du volant – lever deux doigts sur « deuxième »)*
Lorsqu'elle entra dans une poissonnerie *(mimer la tenue du volant)*
Dans une poissonnerie ?
Beurk ! *(se boucher le nez)*

CRITÈRES DE RÉUSSITE

- ◯ Jonction des points correcte
- ◯ Mémorisation de la comptine

À PARTIR DE LA MS

2 1, 2, 3... soleil !

PRÉ-REQUIS aucun

INSTALLATION au coin regroupement ou en atelier

MATÉRIEL ENSEIGNANT un feutre bleu

MATÉRIEL ÉLÈVE aucun

5 minutes, à répéter

La tenue du crayon est la même pour les gauchers que pour les droitiers, en symétrique.

Si les enfants n'arrondissent pas les doigts, leur dessiner le soleil sur la main.

Le poster 1, 2, 3... soleil !

https://ecriture.mdi-editions.com

L'enseignant trace des points sur les doigts de l'enfant, aux points de contact du crayon : sur la pulpe du pouce et sur le côté du majeur. Les enfants doivent joindre les deux points, en arrondissant les doigts (d'où la notion de « soleil »), et non en tendant le pouce, comme ils ont tendance à le faire.

Cette position – les doigts en « soleil » – devra se retrouver une fois le crayon en main, puisque les enfants ne doivent pas avoir le pouce collé au crayon mais tenir ce dernier entre la pulpe du pouce et le côté de la dernière phalange du majeur. Cette tenue du crayon permet une meilleure mobilité du pouce et une pression moindre de l'index.

CONSIGNE **Tu as le poing fermé. 1 Lève le pouce. 2 Lève l'index. 3 Lève le majeur. Pose les points l'un sur l'autre et fais un soleil bien rond !**

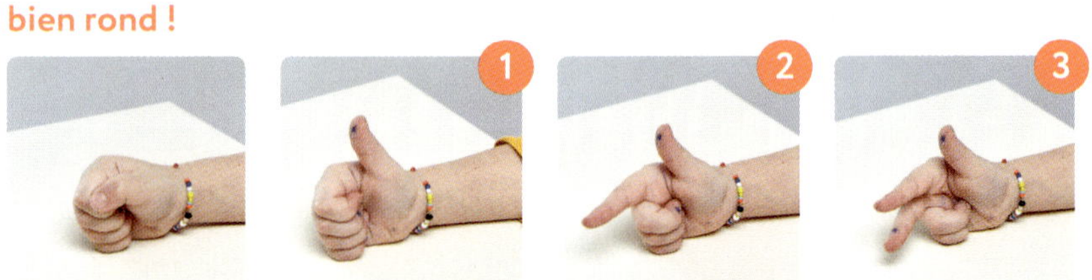

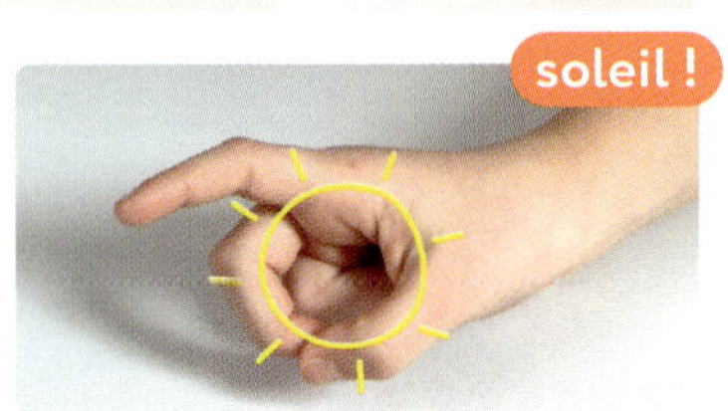

CRITÈRES DE RÉUSSITE

- ◯ Pouce et majeur arrondis
- ◯ Annulaire et auriculaire repliés
- ◯ Alignement main-poignet

À PARTIR DE LA MS

3 Lever le doigt avec le crayon

PRÉ-REQUIS 1, 2, 3 soleil, p. 276

INSTALLATION en atelier

MATÉRIEL ENSEIGNANT un feutre

MATÉRIEL ÉLÈVE un crayon triangulaire

5 minutes, à répéter

Après avoir tracé des points sur les doigts des enfants, l'enseignant leur demande de mettre les doigts « en soleil », c'est-à-dire arrondis. Il montre la commissure entre le pouce et l'index, qu'il peut appeler « le hamac à crayon » : c'est là que va reposer le crayon.

CONSIGNE 1 **Faites 1, 2, 3… soleil ! Posez le crayon dans son hamac et coincez-le entre les deux points. Maintenant, levez le doigt en gardant le crayon dans le hamac.**

Il faut proposer aux enfants de poser le coude sur la table quand ils lèvent le doigt, ce qui stabilise la position. Il ne faut pas que le pouce soit collé au crayon.

Laisser au moins un demi-centimètre entre les doigts et la mine du crayon.

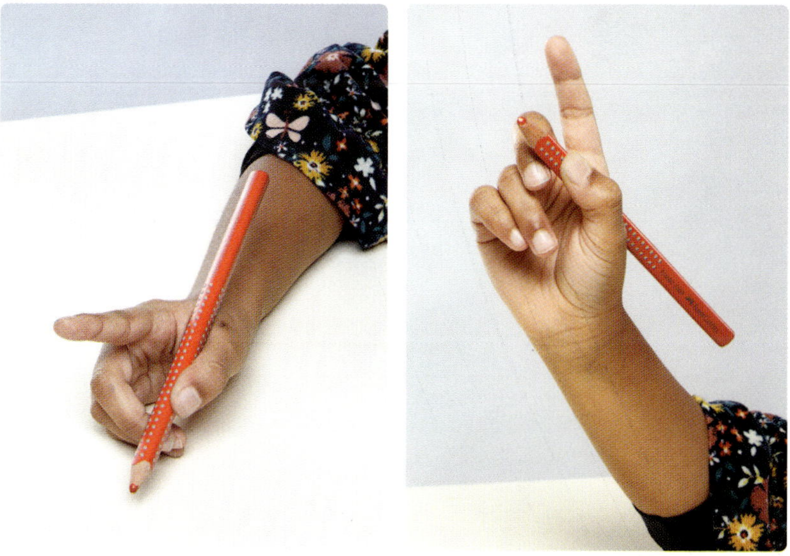

Le crayon repose dans le « hamac », les doigts sont arrondis.

La tenue du crayon ne doit pas être crispée, l'index doit être léger.

Bien vérifier la hauteur de la chaise. Si elle est trop basse ou trop haute, l'avant-bras ne pourra pas être bien posé.

Il est essentiel d'habituer dès le début l'élève à garder son poignet dans l'axe de l'avant-bras. Pour cela, on peut dessiner une fleur sur le bras de l'élève et lui montrer que la tige, dont le tracé court sur le poignet, ne doit pas être pliée.

Ne pas hésiter à faire soupeser le crayon pour vérifier qu'il est très léger et donc qu'il n'y a pas besoin d'utiliser beaucoup de force pour le porter ! Les enfants mettent souvent une pression bien trop importante. On peut ensuite leur dire qu'on va venir leur « chiper » le crayon et qu'il ne faut pas que la pression nous en empêche.
On vérifie ainsi que les doigts ne sont pas crispés.
À partir de cette position « doigt levé », on propose ensuite à l'enfant de poser le bras, puis seulement ensuite de poser l'index souplement. Le fait de décomposer le mouvement en deux temps (le bras puis le doigt) aide à relâcher la pression de l'index.

CONSIGNE 2 **Posez l'avant-bras sur la table. Ensuite, posez tranquillement votre index sur le crayon en le gardant bien en soleil.**

La tige de la fleur qui court sur le bras de l'élève et sur son poignet ne doit pas être pliée.

CRITÈRES DE RÉUSSITE

- ◯ Pouce et majeur arrondis
- ◯ Annulaire et auriculaire repliés
- ◯ Alignement main-poignet en appui sur la table

À PARTIR DE LA MS

4 La fléchette

PRÉ-REQUIS lever le doigt avec le crayon, p. 277

INSTALLATION en atelier

MATÉRIEL ENSEIGNANT un feutre

MATÉRIEL ÉLÈVE un crayon triangulaire

1 minute, puis quelques secondes à chaque prise de crayon

VIDÉO

La fléchette

Éditions MDI
https://media.mdi-editions.com/ozt

Une fois que l'enfant s'est entrainé à lever le doigt avec le crayon, puis à poser le poignet sur la table, l'enfant s'exerce à plier et tendre le pouce pour faire reculer et avancer le crayon. Ce geste va permettre d'intégrer le fait que le pouce dirige le crayon. Il est essentiel de le mettre en place convenablement et de le rappeler à chaque fois qu'un outil d'écriture est pris en main.
Si l'enfant a pris de mauvaises habitudes de tenue du crayon, il est possible que quelques secondes après, il déplace ses doigts et revienne à ses anciennes habitudes. Le fait de faire la fléchette à chaque fois devrait progressivement lui permettre de changer ces habitudes et de rester sur une tenue de crayon efficace.

⚠ Le crayon doit reculer et avancer, pas basculer. Il ne faut pas le tenir trop près de la mine.

💡 On peut préparer une petite cible en face de la mine du crayon et demander à l'enfant de la viser.

CONSIGNE **Plie et tends le pouce pour faire reculer et avancer le crayon.**

CRITÈRES DE RÉUSSITE

- ◯ Annulaire et auriculaire repliés
- ◯ Alignement main-poignet en appui sur la table
- ◯ Flexion et extension du pouce

À PARTIR DE LA GS

5 La chenille qui oublie tout

PRÉ-REQUIS lever le doigt avec le crayon, p. 277

5 minutes, à répéter

INSTALLATION en atelier

MATÉRIEL ENSEIGNANT un feutre

MATÉRIEL ÉLÈVE une paille ou une baguette chinoise

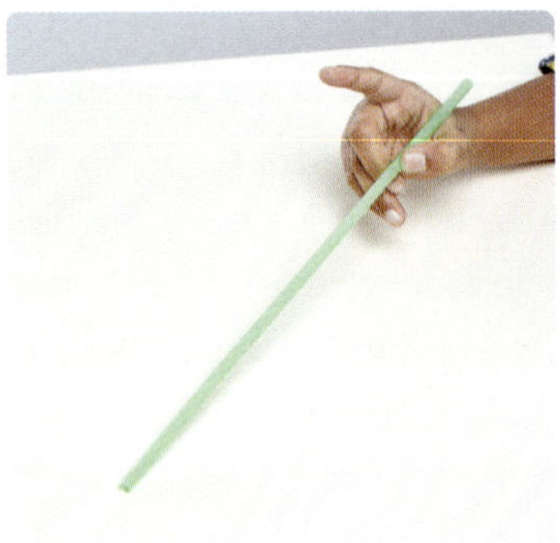

La paille matérialise le chemin que la chenille doit parcourir pour aller de sa maison (le haut de la paille) à la plage (le bas de la paille). On va proposer aux enfants de faire le trajet de la chenille jusqu'à la plage, puis dire qu'elle a oublié quelque chose et la faire repartir à la maison. L'index représente la chenille. Il se tend et se plie pour faire avancer la main sur la paille. Avant de démarrer le trajet, l'index fait une petite caresse à la paille, pour vérifier qu'il n'est pas crispé.

CONSIGNE 1 **Tends et plie ton index le long de la paille pour faire avancer la petite chenille jusqu'à la plage.**

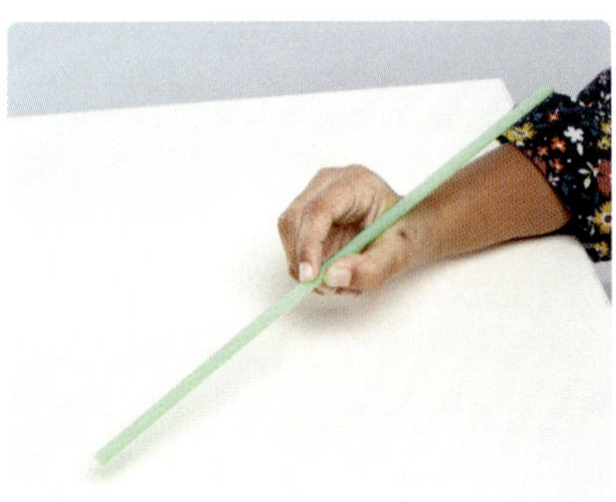

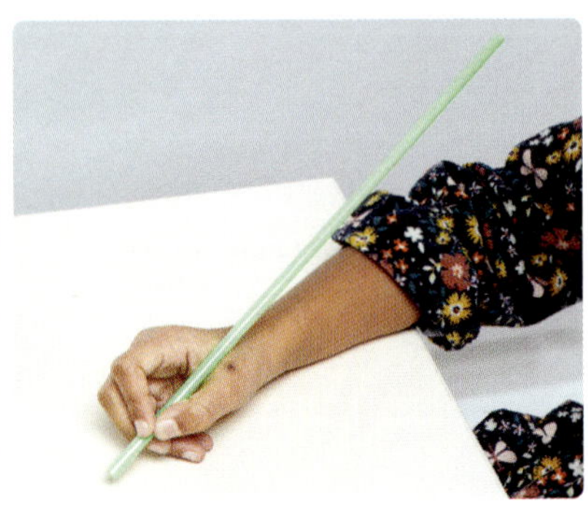

Le pouce et le majeur glissent sur la paille. Seul l'index se lève. Les points, tracés sur la pulpe du pouce et le côté de la dernière phalange du majeur, sont toujours au contact de la paille.

Les doigts glissent sur la paille jusqu'à arriver tout en bas (« à la plage »).

CONSIGNE 2 **La chenille a oublié son maillot de bain (puis sa crème, puis son pique-nique...) ! Elle va retourner le chercher en funiculaire. Tiens la paille avec ton autre main et fais-la coulisser jusqu'en haut.**

On peut proposer aux élèves les plus à l'aise de faire rentrer la chenille « à pied ». Le geste est plus difficile, car l'index doit repousser la paille.

L'autre main vient faire coulisser la paille pour revenir au point de départ.
Attention : il ne vaut pas tirer trop loin, sinon la paille tombe du hamac à crayon (commissure entre le pouce et l'index).
La partie « funiculaire » peut également être assurée par l'adulte qui anime l'atelier, en particulier lors des premières séances de travail, car la coordination est difficile.

CRITÈRES DE RÉUSSITE

- ◯ Annulaire et auriculaire repliés
- ◯ Alignement main-poignet-paille
- ◯ Mobilité de l'index
- ◯ Points au contact de la paille

TRACÉS PRÉPARATOIRES À L'ÉCRITURE

OBJECTIFS

- Mettre en place les prérequis de l'écriture : posture et tenue du crayon.
- Exécuter des tracés volontaires avec les doigts.
- Automatiser les gestes de base de l'écriture, des chiffres, des capitales et des lettres cursives.

PROGRAMMES

ÉDUSCOL « Il est évident que l'habileté grandissante à tracer des motifs, des lignes de différentes natures, à les agencer avec aisance, est un atout pour l'écriture de mots. Cependant, l'apprentissage de l'écriture, ses règles et conventions, le ductus des lettres, ne peuvent prendre sens qu'en situation d'écriture ; les lettres sont des signes, des symboles qui font partie d'un code et non des dessins ou formes graphiques. » ▸ *L'écriture à l'école maternelle*, p. 7

LIVRET VERT « Il est indispensable de distinguer les exercices graphiques de l'écriture bien qu'il soit nécessaire de proposer aux élèves des situations qui leur permettent de travailler le graphisme avant de les inscrire dans des apprentissages plus techniques. » ▸ p. 45

REMARQUES

Nous avons regroupé ici les graphismes qui permettent de travailler les gestes nécessaires à l'écriture des lettres cursives, mais aussi des capitales d'imprimerie et des chiffres. Ces tracés permettent aussi le renforcement de certaines compétences : tenue du crayon, flexion et extension du pouce, sens du geste, déplacement du bras.

À PARTIR DE LA MS

1 Les traits verticaux et horizontaux

PRÉ-REQUIS tenue du crayon, p. 273 – la fléchette, p. 279

5 minutes, à répéter

INSTALLATION sur table

MATÉRIEL ENSEIGNANT aucun

MATÉRIEL ÉLÈVE un dessin permettant de réaliser des traits verticaux ou horizontaux en pliant le pouce ou les cahiers d'écriture MS ou GS – un crayon triangulaire

Nous ne proposons volontairement aucun tracé préparatoire à l'écriture pour la PS, il nous parait en effet primordial de garder à l'esprit qu'il n'y a pas d'écriture en PS. Pour les activités graphiques possibles à mener dès ce niveau, reportez-vous à la fiche ▸ GRAPHISME DÉCORATIF, p. 103.

En MS, donc, l'objectif de cette activité est d'apprendre à tracer de petits traits verticaux, de haut en bas, et horizontaux, de gauche à droite, par un mouvement du pouce.
Il faut veiller à la posture des élèves : ils doivent être installés avec les pieds posés à terre, assis face à la table. La feuille d'exercice est positionnée dans le sens de leur avant-bras (donc inclinée par rapport à la table). Entre chaque tracé, l'élève doit glisser son avant-bras vers la droite pour garder la bonne posture et ne pas devoir tirer sur ses doigts ou mobiliser son poignet.
Ce geste sera ensuite réinvesti dans le tracé des capitales d'imprimerie et des chiffres, puis dans l'écriture cursive.

CONSIGNE RITUALISÉE **1, 2, 3, soleil ! Le crayon est dans le hamac. La feuille est bien placée… On est prêt !**

⚠ Il faut veiller à bien placer la main sous le dessin, avec la feuille parallèle au bras.

💡 Proposer des supports sur lesquels vous matérialiserez des colonnes pour faciliter le positionnement de l'avant-bras.

Les traits verticaux

Ne pas proposer de trop grands barreaux, sinon ce n'est pas le pouce qui va fléchir mais le poignet.

CONSIGNE **Pose la pointe de ton crayon en haut et plie le pouce.**

Exercice des barreaux du cahier d'écriture MS, p. 26, ou GS, p. 7.

Les traits horizontaux

La largeur du barreau de l'échelle correspond peu ou prou à la largeur d'un mot quand on écrit ; l'exercice permet d'exercer la mobilité des doigts dans cette amplitude.

Ne pas hésiter à indiquer un point de départ pour éviter que les barreaux soient tracés de droite à gauche.

CONSIGNE **Pose la pointe de ton crayon à gauche et avance sans bouger ton poignet.**

Exercice des barreaux de l'échelle du cahier d'écriture MS, p. 28.

CRITÈRES DE RÉUSSITE

- ◯ Posture correcte
- ◯ Tracés réalisés par un mouvement des doigts
- ◯ Traits verticaux tracés de haut en bas
- ◯ Traits horizontaux tracés de gauche à droite

À PARTIR DE LA MS

2 Les ronds

PRÉ-REQUIS tenue du crayon, p. 273 – la fléchette, p. 279

5 minutes, à répéter

INSTALLATION sur table

MATÉRIEL ENSEIGNANT aucun

MATÉRIEL ÉLÈVE un dessin représentant des demi-pommes à compléter ou le cahier d'écriture MS – un crayon triangulaire

Les ronds, puisqu'il s'agit de tracés préparatoires à l'écriture, doivent être réalisés dans le sens anti-horaire.

Pour mettre en place l'encodage de ce geste essentiel, il est recommandé de commencer par des ronds ouverts, en complétant par exemple des demi-pommes, ce qui permet aux enseignants de vérifier très facilement le sens du tracé – à condition, bien entendu, que les élèves aient pris l'habitude de réaliser les tracés dans le sens descendant grâce au travail précédemment mené sur les traits verticaux.

Le but est d'encoder le sens de rotation des lettres rondes, qui sera également utile pour le tracé de certains chiffres.

Les élèves doivent être installés face à la table, les pieds à plat, la feuille ou le cahier positionné dans le sens de leur avant-bras.

La taille de la pomme doit plus ou moins correspondre à l'amplitude des doigts de l'élève.

On peut dessiner une petite feuille à la pomme et dire de monter vers la feuille.

CONSIGNE RITUALISÉE **1, 2, 3, soleil ! Le crayon est dans le hamac. La feuille est bien placée... On est prêt !**

CONSIGNE **Pose la pointe de ton crayon en haut et trace la demi-pomme en n'oubliant pas de monter au départ.**

Exercice des demi-pommes du cahier d'écriture MS, p. 29.

La taille des objets à entourer ne doit pas être trop grande, pour que l'élève puisse faire l'exercice en ne bougeant que les doigts.

Attention : Il ne s'agit pas de tracer un demi-cercle, mais bien de prendre une impulsion vers le haut avant de redescendre. Si on inscrivait le résultat sur un cadran d'horloge, le départ serait à 2 heures, pas à midi.

Une fois le sens de rotation des doigts acquis grâce au travail sur la demi-pomme, il est recommandé de le réinvestir rapidement en proposant aux élèves d'entourer des formes. Les consignes peuvent être très variées : « entoure la forme identique au modèle », « entoure le nombre correspondant à la collection »... Dans tous les cas, l'enseignant s'attachera à rappeler le geste de la demi-pomme aux élèves, avant qu'ils ne commencent l'activité :

CONSIGNE **On va entourer en commençant comme la demi-pomme.**

Pour entourer les éléments semblables au modèle, l'enfant commence par le tracé de la demi-pomme.

CRITÈRES DE RÉUSSITE

- ◯ Posture correcte
- ◯ Tracés réalisés d'un mouvement des doigts
- ◯ Tracés en sens anti-horaire
- ◯ Point de départ correct

À PARTIR DE LA MS

3 Les traits obliques

PRÉ-REQUIS tenue du crayon , p. 273 – la fléchette, p. 279

5 minutes, à répéter

INSTALLATION sur table

MATÉRIEL ENSEIGNANT aucun

MATÉRIEL ÉLÈVE un dessin permettant de réaliser des traits obliques en tendant et pliant le pouce ou le cahier d'écriture MS – un crayon triangulaire

Les élèves doivent être installés avec les pieds posés à terre, assis face à la table. La feuille d'exercice est positionnée dans le sens de leur avant-bras (donc inclinée par rapport à la table). Le but de l'exercice est d'apprendre à tracer les traits obliques par un mouvement du pouce. Entre chaque tracé, l'élève doit glisser son avant-bras vers la droite pour garder la bonne posture et ne pas devoir tirer sur ses doigts ou mobiliser son poignet.
Ce geste sera ensuite réinvesti dans le tracé de certaines capitales d'imprimerie et de certains chiffres.
Plusieurs tracés différents peuvent être proposés : lignes brisées, traits obliques descendants.

CONSIGNE RITUALISÉE **1, 2, 3, soleil ! Le crayon est dans le hamac. La feuille est bien placée… On est prêt !**

⚠ Les lignes brisées ne doivent pas être trop longues, ce qui obligerait l'élève à déplacer son poignet ou à tirer dessus.

Les lignes brisées

CONSIGNE **Pose la pointe de ton crayon en bas de la couronne. Tends et plie ton pouce en avançant pour tracer la couronne.**

Exercice des couronnes du cahier d'écriture MS, p. 32.

Les traits obliques descendants

CONSIGNE **Pose la pointe de ton crayon sur la flèche. Plie ton pouce en reculant ou en avançant pour tracer les ailes de la flèche.**

Les traits obliques, nécessaires à maitriser pour le tracé des capitales d'imprimerie et de certains chiffres, sont généralement tracés de haut en bas, mais pas toujours : la lettre A, par exemple, demande de démarrer le geste en bas.
Il est donc pertinent de proposer des lignes brisées, permettant de travailler le tracé des obliques par un mouvement du pouce.

Exercice des flèches du cahier d'écriture MS, p. 33.

Dans un deuxième temps, on proposera des tracés discontinus, cette fois toujours dans le sens descendant, c'est-à-dire en pliant le pouce. Là encore, l'enseignant insistera sur le geste (« plie bien ton pouce ») plutôt que sur la trace (« fais un trait qui descend »).
En fonction du thème abordé en classe, on pourra trouver un folklore différent pour ces tracés : nous proposons ici l'empennage des flèches, mais on peut demander aux élèves de faire les branches du sapin, de décorer les voiles du bateau…

CRITÈRES DE RÉUSSITE

- ○ Tracé d'un mouvement des doigts
- ○ Précision du tracé

En partant systématiquement de la flèche, les traits seront discontinus, alors que dans la ligne brisée, ils étaient continus. Il est intéressant que les élèves maitrisent les deux façons de faire.

Si l'enfant a du mal, repasser par l'exercice des traits verticaux, p. 284.

À PARTIR DE LA MS

4 Les rouleaux

PRÉ-REQUIS tenue du crayon, p. 273 – la fléchette, p. 279

5 minutes, à répéter

INSTALLATION sur table

MATÉRIEL ENSEIGNANT aucun

MATÉRIEL ÉLÈVE un dessin permettant de réaliser des rouleaux ou le cahier d'écriture MS – un crayon triangulaire

⚠ Le rouleau ne doit jamais être le point de départ du rond, contrairement à la demi-pomme. Il doit donc toujours être travaillé en geste discontinu.

Il est recommandé d'attendre que les enfants aient bien automatisé le sens de rotation du rond (anti-horaire) avant d'aborder avec eux le sens du rouleau, qui est contraire (horaire).

Pour guider le geste, on peut dire à l'enfant « roule ».

Le rouleau, qui est tracé dans le sens horaire, ne doit pas être appris avant que le sens du rond ne soit bien automatisé. En effet, aborder les deux ensemble risquerait de créer de la confusion.
Ce tracé se trouve dans les majuscules d'imprimerie B, D, P, R, dans les chiffres 2, 3 et 5 et dans les lettres cursives s, k et x.

CONSIGNE RITUALISÉE **1, 2, 3, soleil ! Le crayon est dans le hamac. La feuille est bien placée… On est prêt !**

CONSIGNE **Pose la pointe de ton crayon en haut de la tasse et trace l'anse en tournant et descendant en même temps, dans le sens du rouleau.**

Les anses

Bouge les doigts en partant du haut et fais le rouleau pour tracer les anses.

Exercice des anses du cahier d'écriture MS, p. 34.

CRITÈRES DE RÉUSSITE

- ◯ Tracé d'un mouvement des doigts
- ◯ Sens horaire
- ◯ Précision du tracé

À PARTIR DE LA MS

5 Les yoyos

PRÉ-REQUIS tenue du crayon, p. 273 – la fléchette, p. 279

10 minutes, à répéter

INSTALLATION sur table

MATÉRIEL ENSEIGNANT aucun

MATÉRIEL ÉLÈVE un dessin permettant de réaliser des traits en pliant et dépliant le pouce ou les cahiers MS ou GS – un crayon triangulaire

Il convient de vérifier qu'au moment de laisser une trace sur le papier, l'élève ne remplace pas le mouvement du pouce par un mouvement du poignet. Ne pas proposer de yoyos trop hauts qui induiraient une extension du pouce trop importante.

En cas de pression trop importante de l'index, le trait sera probablement de biais et trop appuyé.

L'élève est bien assis devant la table, les pieds posés à plat.
La feuille est posée parallèlement à son avant-bras scripteur.
Le tracé se fera d'un mouvement des doigts.
Cet exercice travaille la flexion et l'extension du pouce.

CONSIGNE RITUALISÉE **1, 2, 3, soleil ! Le crayon est dans le hamac. La feuille est bien placée... On est prêt !**

CONSIGNE **Plie et tends le pouce plusieurs fois, comme pour la fléchette.**

Exercice du yoyo du cahier d'écriture GS, p. 6.

CRITÈRES DE RÉUSSITE

- ○ Posture correcte
- ○ Flexion et extension du pouce

À PARTIR DE LA GS

6 Le rond des fleurs

PRÉ-REQUIS tenue du crayon , p. 273 – la fléchette, p. 279

10 minutes, à répéter

INSTALLATION sur table

MATÉRIEL ENSEIGNANT aucun

MATÉRIEL ÉLÈVE une feuille avec des tiges de fleurs ou le cahier d'écrture GS – des crayons de couleurs triangulaires

⚠ Bien vérifier le sens de rotation au départ.

Le sens de rotation du rond a été travaillé grâce à la demi-pomme, comme point de départ des activités consistant à entourer une image. Il s'agit maintenant de consolider le sens de rotation et de prendre de la vitesse, ce qui servira de base au tracé de la boucle.

CONSIGNE RITUALISÉE **1, 2, 3, soleil ! Le crayon est dans le hamac. La feuille est bien placée... On est prêt !**

CONSIGNE **Pose la pointe de ton crayon au bout de la tige, puis tourne, tourne, tourne tes doigts dans le sens de la feuille.**

En changeant de crayon de couleur à chaque fleur, l'enfant s'entraine à reprendre en main son crayon. On peut lui conseiller de faire 1, 2, 3, soleil ! et la fléchette à chaque fois qu'il change de crayon.

Les fleurs

Fais tourner le crayon en bougeant ton pouce pour faire le rond des fleurs.

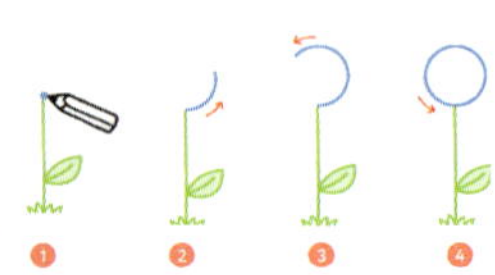

Exercice des fleurs du cahier d'écriture GS, p. 8.

CRITÈRES DE RÉUSSITE

- ◯ Tracé d'un mouvement des doigts
- ◯ Départ de rotation en bas
- ◯ Sens de rotation anti-horaire

À PARTIR DE LA GS

7 Les yeux de chat

PRÉ-REQUIS tenue du crayon, p. 273 – les yoyos, p. 279

10 minutes, à répéter

INSTALLATION sur table

MATÉRIEL ENSEIGNANT aucun

MATÉRIEL ÉLÈVE une feuille de papier – des crayons de couleurs triangulaires

Bien vérifier le sens de rotation. On part du bas, dans le sens de l'écriture.

Si le mouvement est correctement réalisé, le rond devrait à peu près coïncider avec le trait du yoyo, puisque la taille de l'un et de l'autre correspondent à l'amplitude des doigts de l'enfant.

On peut faire tracer les yeux de personnages ou d'animaux existants, ou au contraire proposer aux enfants de tracer d'abord les yeux puis de dessiner la tête du chat autour.

L'élève est bien assis devant la table, les pieds posés à plat. La feuille est posée parallèlement à son avant-bras scripteur. Le tracé se fera d'un mouvement des doigts.
La mobilité des doigts a été travaillée grâce au geste du yoyo, le sens de rotation et le départ en bas grâce au rond des fleurs. Le tracé de l'œil de chat reprend ces deux éléments combinés.

CONSIGNE RITUALISÉE **1, 2, 3, soleil ! Le crayon est dans le hamac. La feuille est bien placée... On est prêt !**

CONSIGNE **Fais le yoyo plusieurs fois avec ton crayon, puis, en partant du bas, pouce plié, tourne ensuite plusieurs fois, comme pour le rond des fleurs.**

Des chats dessinés en GS à partir du tracé des yeux.

CRITÈRES DE RÉUSSITE

- ◯ Posture correcte
- ◯ Tracé d'un mouvement des doigts
- ◯ Départ de rotation en bas
- ◯ Sens de rotation anti-horaire

À PARTIR DE LA GS

8 Les pelotes

PRÉ-REQUIS tenue du crayon , p. 273 – les yeux de chat, p. 293

INSTALLATION sur table

MATÉRIEL ENSEIGNANT aucun

MATÉRIEL ÉLÈVE une feuille de papier – des crayons de couleurs triangulaires ou le cahier d'écriture GS

10 minutes, à répéter

Si on ne veut pas devoir déplacer le poignet, il n'est pas possible de faire plus de trois ou quatre boucles.

Ce mouvement est celui de la boucle, forme de base de l'écriture cursive. On peut dire : « tourne et avance ».

Si l'enfant a du mal à lâcher prise et travaille trop dans l'application au lieu de se laisser porter par le geste, ne pas hésiter à lui proposer de faire l'exercice les yeux fermés.

L'élève est bien assis devant la table, les pieds posés à plat. La feuille est posée parallèlement à son avant-bras scripteur. Le tracé se fera d'un mouvement des doigts.
On part du bas, en tournant les doigts, comme pour tracer le rond des fleurs ou le tour de l'œil de chat. Une fois l'élan pris, on tourne les doigts en avançant – ce qui donne l'impression d'une pelote de laine en train de se dérouler.

CONSIGNE RITUALISÉE **1, 2, 3, soleil ! Le crayon est dans le hamac. La feuille est bien placée... On est prêt !**

CONSIGNE **Tourne avec ton crayon de plus en plus vite, puis déroule la pelote.**

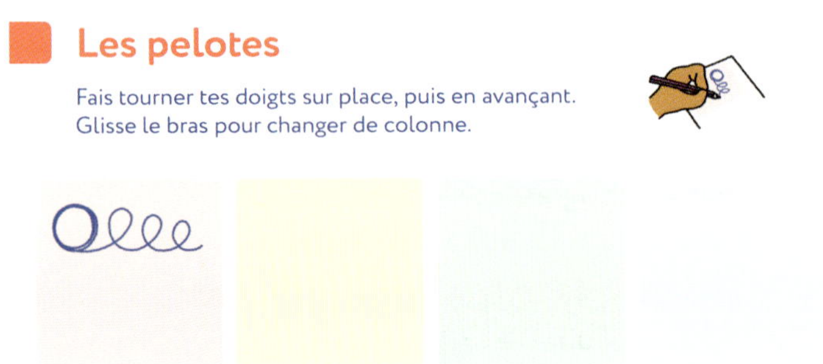
Les pelotes

Fais tourner tes doigts sur place, puis en avançant.
Glisse le bras pour changer de colonne.

Exercice des pelotes du cahier d'écriture GS, p. 15.

CRITÈRES DE RÉUSSITE

- ◯ Posture correcte
- ◯ Départ en bas et sens de rotation anti-horaire
- ◯ Fluidité du geste

Cet ouvrage est conforme à la nouvelle orthographe.
www.orthographe-recommandee.info

Direction éditoriale : Marjorie Marlein
Édition : Juliette de Abreu
Conception graphique et mise en pages : Hugues Vollant
Iconographie : Laure Penchenat et Juliette Barjon
Fabrication : Sébastien Argant

Ce livre est imprimé sur du papier
issu de forêts gérées durablement.

Crédits photographiques

Couverture © Frédéric Hanoteau

P12 Adèle Combes **P13** éditions MDI **P14** REA / Nicolas Tavernier **P15** www.sylvie-sedillot-plasticienne.com **P16** ADOBE STOCK PHOTO **P19** Adèle Combes **P20** Frédéric Hanoteau **P22** Isabelle de Freitas **P28** REA / Pierre Merimée **P45** Julie Patriat **P46** Agathe Cymer **P49** Nathalie Madelaine **P52** Céline Dagobert **P55** Émilie Pavie **P57** Mélissa Balmelle **P58** Adèle Combes **P65** éditions MDI **P69** Mélissa Balmelle **P72** Adèle Combes **P75** Catherine Abraham – Compagnie Oxalie – www.compagnie-oxalie.fr **P85** Émilie Pavie **P86** Émilie Pavie **P89** Mélissa Balmelle **P91** Émilie Pavie **P93** Isabelle de Freitas **P95 g** Sophie Borgnet **P95 d** Émilie Pavie **P103** Patrice Levieux – ecolematernellegellow.over-blog.com **P105** www.galeriedesartsdufeu.fr **P108 h** Zaubette **P108 b** Mélissa Balmelle **P109** Mélissa Balmelle **P110** Minneapolis Institute of Art / The John R. Van Derlip Fund / ©Yayoi Kusama **P111** Mélissa Balmelle **P112** Mélissa Balmelle **P113** Agathe Cymer **P114** dessin : Sophie Borgnet **P119** Sophie Borgnet **P117** crayons rocks – laboutiquegraffiti.com (droits réservés) **P121-130** Frédéric Hanoteau **P123** b ADOBE STOCK PHOTO **P126 h** Émilie Pavie **P131** SHUTTERSTOCK **P135** ADOBE STOCK / Oksana Kuzmina **P136** ADOBE STOCK / Sergey Novikov **P138 g** ADOBE STOCK / Yacobchuk **P138 d** ADOBE STOCK / yurolaitsalbert **P139** Grand huit moteur – HT6036 – hoptoys.fr **P144** Maud Barbara **P149** Agathe Cymer **P151** Matériel Montessori Pour Tous - Fabricant français **P152** Samirra Trari **P153** éditions MDI **P156** Matériel Montessori Pour Tous - Fabricant français **P157** éditions Nathan **P160** ADOBE STOCK / Kirill Gorlov **P162** EDITIONS NATHAN, Collection Puzzles Les Contes **P163** Puzzle La Ferme-DJECO **P165** Émilie Pavie **P166** Lucie Pehaut **P168 h** Émilie Pavie **P169 h** Émilie Pavie **P170-171** Claude Combacau **P172** lesmercredisjolis.com **P173 h** lesmercredisjolis.com **P173 b** sylviedesclaibes.com **P175** ADOBE STOCK PHOTO **P176** SHUTTERSTOCK **P177** ISTOCK / fatihhoca **P178** ADOBE STOCK / Halfpoint **P188** éditions MDI **P228** Shutterstock / Ekaterina_Minaeva **P229** Frédéric Hanoteau **P230 h** Frédéric Hanoteau **P230 m** Frédéric Hanoteau **P230 b** SHUTTERSTOCK **P231** ISTOCK **P233** Frédéric Hanoteau **P235** g école Sainte-Marie Le Pouliguen **P235 d** éditions MDI **P236** éditions MDI **P245** arc-en-flex.fr **P246 h** arc-en-flex.fr **P246 b** ADOBE STOCK / Igorkol_ter **P248** arc-en-flex.fr **P249** arc-en-flex.fr **P251** ADOBE STOCK PHOTO **P255** éditions MDI **P257** photo : La classe de Laurène - « kit corps humain » : Pandacraft **P262** marloubujo.maternelle **P263** Keith Haring artwork / Keith haring Foundation **P273-281** Frédéric Hanoteau **P283** Mélissa Balmelle **P285 h** Émilie Pavie **P285 b** Mélissa Balmelle **P293** Émilie Pavie

Toutes les autres photographies viennent des autrices Isabelle Godefroy et Laurence Pierson.

N° éditeur : 55258 • ISBN : 9782223114320
Code projet : 10306578 • Dépôt légal : Mai 2022
Achevé d'imprimer en Février 2025 par Bona S.p.A. à Turin en Italie